百年中國的譜系敘述

康正果◎著

序

童子功、豔情詩與文評家
——康正果的「文化熱」

康正果作自傳（《我的反動自述》，明報出版社2004年初版；臺灣允晨版為《出中國記》），獲史學家余英時撰序舉薦，洋洋萬言，此後別人想再給他作序，已經不可能了。那篇〈人生識字憂患始——中國知識人的現代宿命〉，是迄今我所讀到過的最精彩的書序，直把那宿命說到大知識分子馮友蘭與毛澤東的關係，對比之蘇東波與宋神宗，點撥出毛澤東比「封建皇帝」霸道未知幾許，而現代極權下的讀書人也遠非古代士大夫們幸福。青年康正果劫難卻也傳奇的經歷，令余先生做如此大文章，其中必有道理，我猜他自少年便浸淫舊學，於祖父的「寂園」中遍讀國學典籍，修得「童子功」，必定是一個原因，余先生引正果為文化知己，是無疑的，這份殊榮，海外並無幾人幸有焉。

自光緒三十一年廢科舉，繼而「五四」廢文言倡白話，坊間風氣「以適之為大帝，績溪為上京」，國學廢弛，國人亦不識原典，恐怕陳寅恪歎喟「赤縣神州值數千年未有之巨劫奇變」，就是這光景，王國維亦「殉道」於此，而非清室。中國不只傳統沉淪，文化崩解，語文也完全是另一套，道德、人文因此「皮之不存毛將焉附」，甚至產

生梟雄毛澤東——「全世界幾百年、中國幾千年」才出一個，也當作此解。所以，在這「天蠻地荒」中誰能遇上一堆古書，便是福氣，像康正果那樣，要不是「大躍進」時他惹禍而被父母送進「寂園」，他何能遇到祖父塵封的藏書呢？而自修國學、重接元氣的康正果，竟跟這世道格格不入起來，舉止如「不食人間煙火」，用上海話說叫「戇大」，後來搞到勞改的地步，不是又氣煞他的父母？

我在國內並不認識康正果。八十年代那一場「文化熱」，沸沸揚揚，他似乎並未介入，而他卻是一個標準的「民間文化人」，見諸報端電視上的那些「文化名人」（自然也包括我），大概沒有一個比他更懂舊學和傳統，於此可見那「文化熱」的水分了。又者，康正果之於舊學，偏重冷僻一角——古典詩詞中的女性研究，他的碩士論文就是寫晚唐詩人韓偓的《香奩集》，但給「槍斃」了，後來改寫杜甫的「詠物詩」才通過。我想除了「左」的問題，恐怕當時中國的教授們懂古代「豔情詩」的也沒幾個，於此又可見中國學術的水分了。康正果在八十年代後期也算「崛起」於文化界「各路諸侯」之間，靠的是一本《風騷與豔情》，那極搶眼的書名，與當時主流話語中的「文明」、「興亡」一類大論說，可謂「落霞與孤鶩齊飛」。

我與康正果相遇，晚在1995年春，那是我遭遇車禍後的第三年，稀裡糊塗被請到耶魯去參加一個華人的文化討論，在臺上發言時，我自覺口才已鈍，講得索然無味，人也很謙卑，眾人大概覺得我被車禍毀了。臺上還坐著一個大漢，站起來個頭在一米八以上，態度收斂沉默，主人介紹他就是大名鼎鼎的康正果，令我一時無法將這大漢跟「豔情詩」對照起來！

我倆第一次見面，竟沒說一句話，那隔膜無疑是「文化上」的，他大概對我這樣的「文化激進主義」者，有點敬而遠之？但我們對於

中國的現實，竟有「相知恨晚」的感覺，那是後來才知道的。我倆怎麼又接上了頭，細節忘了，只記得有一天，康正果從耶魯來電話談他讀了李昌平的書，讀得幾度眼眶潮濕，「就像當年讀你的《洪荒啓示錄》」，而我卻不知道李昌平是誰，原來車禍後我對國內已經冷漠，若非他這個電話，我還覺察不到。

中國已經陌生，但在常識層面並不會比我們所知相去太遠。康正果很感慨毛澤東陰魂不散，我說也可解釋爲什麼新左派成時髦，但基本問題跟八十年代沒有很大區別，還是權力沒有制衡，基層幹部很容易成爲豺狼；他要我再寫，我說我順不出一個頭緒來：八十年代聯產承包，還土地給農民，爲什麼會淪喪到今天這個地步，成了惡霸遍地？我回答不了這個問題。不久，康正果寫了本書收入的「三農問題」一文，伊妹兒給我，六十多頁，要我列印出來給余先生送去。我想，康正果勞改後在農村眞的當過幾年農民（並非僅僅知青），那些年的磨練，使他從此不再可能作爲一個城裡人去看待農民和農村，由此而窺見中國問題的根基，遠非書本知識可以提供；同時，也令他可以毫無障礙從古典「香豔詩」一下子跳到「現代農村惡霸」，這豈非爲余先生引東坡句說他「人生識字憂患始」又添一解？

康正果在耶魯教授漢語和中國文學，平素裡勤於筆耕，涉獵廣泛，動輒萬言，卻並不討好於「短平快」的互聯網式文風和讀風，他不以爲然，心存題目，得暇動筆，不寫手癢，大致上有兩大範圍：文學評論與文化批評。他的文學評論，自是他「豔情詩」研究在當代敘述裡的順延，眼光峻刻，參照宏闊，每每有膾炙人口之語，在中國文評界可謂獨樹一幟。這本《百年中國的譜系敘述》屬於後者，在我看來，乃是康正果來到海外後著迷了他個人的一場「文化熱」之結晶，此其一；其二則是，他在「反動自述」之後，又不禁要對令天下讀書

人死去活來的這個世道探個究竟，否則便白遭了那場罪似的，不像很多人遭過罪還會去效勞那個制度——此「犬儒」之謂也。

中國近現代史的梳理，是七、八十年代的顯學，史學家余英時、林毓生等以西學框架，從中剝離出一條激進主義和「反傳統」的思想史脈絡，可謂「五四」以後僅見的一種睿識，但這路研究，又漸漸沉寂下去。不過在民間，尤其是海外，有心人承繼余、林之餘緒，在這個路向上繼續探索、耕耘，亦有所獲。康正果自然敏感於此，遍尋同道，所得不過幾人，皆欣然命筆與之呼應。收入本書的「三人論」（周劍岐、李劼、胡志偉），恰好分別來自臺灣、大陸、香港，又無疑代表三地的民間學人水準，可一窺中國百年沉淪後知識分子身臨其境的思考與感懷；又因三地文化背景的迥異，三人衍生出各自不同的批評視野、焦點和人文韻致，並在康正果的「批評的批評」之下，匯攏成一部文化言說三重唱。

來自臺灣的周劍岐，與康同庚，其「無意做成名成家的學問」，「帶著自己內心的困惑，去閱讀中求疏解」，「有個心無芥蒂的感覺，步入行無掛礙的情境」，頗令康正果激賞，並坦誠地承認周「對我思想上開導尤多，糾正上也用力甚勤」。周劍岐耿耿於「民國世代」之血性義烈，以其自創的「血性質地觀」，獨闢蹊徑疏理近現代以來，中國農業社會向現代工商社會轉型期間，中共暴力革命插入所憑藉的「左情左思症」，其特徵是「既激烈反傳統又滿懷民族主義情緒的矛盾」、「高漲的義憤與自卑的怨詛陽亢陰虛」，由此必然「崇拜民眾」，於是將俄國販來的「人民」觀，直接代替「民族」，正好把自己無根的個人與虛擬的大眾，結合成一頂堂皇的「普羅」冠冕，最終演變成一群「物靈殘缺」而嗜血的共產黨人，領導著一個「平庸惡」氾濫的社會。周劍岐於是極度緬懷所謂「民國新文化」，那「在

北伐、抗戰苦難的戰火考驗下應運而生的,從梁啓超、章太炎到張愛玲、沈從文,其精神素質、人文風貌,即使與英倫的維多利亞和德國威瑪等現代文化相比,也毫不遜色。」

「上海本地人」李劼,多年著力於晚近歷史,自稱「不再以理念為轉移,從而也不再以尋找規律為然,僅僅以歷史的人物和故事作為描述的物件」,「在評梟雄而說士林的人物臧否中,以紛然雜列的賦體筆法鋪陳了一幅百年來政治演變和文化滄桑的寫意長卷」,康對他汪洋恣意「侃」歷史的妙論,贊之為「才力」與「膽識」,如「加給孫中山頭上的『流氓』帽子,斥其『上斷改良之路,下啓國共之禍』」,而「覺得用『流氓』稱呼毛澤東及其一夥都高抬了他們,掃視七千人大會,他看到的竟是這等模樣:『近看是一夥無知無畏的草莽,遠看是一群史無前例的瘋子。』李劼的速寫何其傳神!」但康進而指出,其「放言縱論冥冥中似乎就傳達了後毛共時代國人歷史意識覺醒中資訊混雜和思慮躁亂的狀態,鬱積在很多人心中的歷史追悔情緒就這樣通過他的筆端發出了眾聲喧嘩的混唱」,「作為敘述者,他在一定程度上也可以說是被動地代言了群體的歷史積怨。」

李劼這本《梟雄與士林》推出一個「人文精神光譜」,以四九為界,厚「前」而薄「後」,褒「改良」而斥「革命」,極度鍾情王國維、陳寅恪,偏愛辜鴻銘,同情梁濟,鄙視馮友蘭、熊十力,微詞梁漱溟以及「上賊船」的羅隆基、王造時、儲安平,甚至「紅朝御譯」錢鐘書,「對五四以降文藝界『革命憤青』的撻伐則出手最狠」,即郭沫若、成仿吾、蔣光慈、李初梨、馮乃超一千人,直斥為「一群野娼」、「革命的小騷貨」,入木三分地解構其「激進的衝動與其說基於文化理念,不如說是出自一種遲到者的焦灼。朝著辛亥革命望洋興嘆倒也罷了,讓他們不安的是,參與新文化運動也遲了半拍……於

是，他們只能想方設法與新文化運動諸子攀比，誰更革命。」李的這個解構，恰與周劍岐對毛澤東「怨憤」心結的剖析，有異曲同工之妙——年輕毛澤東因外語太差而不肯留學，到北京發展又被「文化精英」冷落，「似乎一直都為他那一身外省的土氣所累，以致長期處於不入流的地位」，因此他「一直遵循的都是尼采所說的『從反方向尋找確定價值的行動』：從否定『外界』、『他人』和『非我』開始」，是一種「出於自卑心理而竭力提升平庸者及其平庸的顛覆與倒錯」。

康正果寫第三人的那篇〈史海神探，檮杌剋星〉，就幾乎是在給香港國史專家胡志偉作傳了，行文間掩飾不住他對在香港「孤軍奮戰」三十年的這位前輩之敬重，盛讚其「著書立說，一貫揭偽打假，翻史海之冤案，暴文壇之醜事，賣文修史，樂此而不疲」。四九變天以後，「面對大陸方面一手遮天的歷史敘事和臺灣那邊的保持沉默，胡志偉只有以私修國史為己任」，他著《毛澤東欽點的108名「戰犯」歸宿》，既彪炳國軍將領抗日戰爭「中流砥柱」的歷史功績，也緬懷戰敗作囚、殺身成仁的將領，如黃維、康澤、陳長捷；它既是「忠義譜」也是「罪責錄」，衛立煌等所謂「葬送大陸的四大罪人」有之，潛伏的中共奸細和投降將領亦有之。胡「捍衛」國民黨和蔣介石到了癡迷之境，不惜四面出擊，觸犯者從《李宗仁回憶錄》編者唐德剛教授、批評孫中山的史家袁偉時，直到寫毛傳而非難胡宗南的張戎。康正果大書胡的「死硬作風」，不禁令我想起中共的「造反神話」，我曾寫過這麼一段文字：「這部閹割歷史的當代史，從五十年代大規模展開，較早見諸文字的是一套《紅旗飄飄》叢書，由解放軍各色將校大書歷次戰役的『常勝』回憶，人人自我造神，其中的『佳作』選入中小學課本；稍後便由全國政協組織出版一套叢書，定名

《文史資料選編》，令所有投降被俘的國民黨將領自述敗亡經歷，向世人現身說法另一個邊緣人集團在中國的恥辱史。」由此可見，抗擊這強勢話語霸權的唐吉訶德，僅僅胡志偉一人而已。

周劍岐說；「除卻活人的氣質素養，文字是空的，話是空的，文化又何嘗不空？」所以他們的近現代文化耙梳，皆有「人」的自覺，周是重構「民國世代的血性義烈」，他說「要談先進文化，就得以民國文化為主體」；李劼則「談林昭的精神光譜時，更多地強調了她吳越女子的陽剛」；「江浙vs湖南，就是先進的資本主義經濟和資產階級文化vs落後的小農經濟和經毛共粗俗化的無產階級文化。」有趣的是，本書收入的〈一九四五年以來台灣的文化譜系〉，恰好是「一個大陸人的海外觀」（台灣觀？），跳出前一個「階級性」（「資產」、「無產」）的光譜序列，引入另一種「殖民性」的光譜序列，我們又何妨不可以拿「殖民地」的概念，來通觀中國近現代史——1848年以降的「半封建半殖民地」中國(中共話語)、「馬關條約」以降的「日本殖民」台灣、四九以降的「馬克思主義專制(共產殖民？)大陸」、八九以降的「全球化」經濟殖民中國？嚴格的說，此文梳理的不是寬泛性的文化，而是狹窄的「國家認同」脈絡，雖然臺灣只是一個島嶼，卻在時空上穿越了極為繁雜的夷夏、中外、東西、新舊、帝制民國、閩南中原等等隧道，人文和社會心理所經歷的異化和創傷，又豈止是異族外寇？但是文化史的描述，應該納入「民族認同」的變異歷程，從此文的嘗試便得到了印證。假如這個路向可以成立，我們嘗試去辨析中國人自五四以降，在習俗、語言、行為、心理上，離「漢唐明清」人近，還是離歐美西洋人近，就不言而喻了。這個已然喪失了「華夏魂魄」的民族，手裡攥的最後一張王牌卻是「民族主義」，因而必須聲嘶力竭，其中緣故，又被康正果娓娓道來，讀者不妨細讀他

收入本書的那篇〈中國的民族／國家主義焦慮〉。

蘇曉康

2011年春

目次

第二章　1945年以來台灣的文化譜系——一個大陸人的海外觀

第三章　中國的民族／國家主義焦慮──致海內外愛國華人

第四章　一個血性思者的質文熔煉──閱讀周劍岐

第五章　史海神探，橋杌克星——胡志偉及其重審現代史的編著

第六章　從傳統到現代的悲愴變奏——漫議李劼的歷史敘述和人文關懷

導言

從價值轉換到歷史還原

一

　　本書所收六篇長文大多數寫於我那本自傳——《我的反動自述》——出版之後，各篇文章的寫作動因及其論題的側重雖各有不同，但對於「如何詮釋百年中國從傳統走向現代」這一中心議題則關注始終，並以遞進展開的走勢在各篇間構成了一定的連貫和交響的呼應。用「百年中國的譜系敘述」來命名這本文集，自信還算切合內容而突出要點，儘管它印上封面擺到書店裡未必特別搶眼。

　　2011年即將到來，兩岸當局都在為迎接那可慶賀的一百週年做各自的準備。媒體上最近已就此展開政治造勢的熱議，文化市場為製造賣點也有了相應的動作。面對此「百年中國」話題的眾聲喧嚣，再環顧身邊的老少中青，出生於四十年代的我不由撫今追昔，紛雜的思緒中驟然有一種生命和歲月的季節感溢於情懷。正如春有春的氣韻，秋有秋的風味，不同年代的人群都具有各自特殊的代徵。四十年代的中國之命運曾充滿希望的曙光，但後來卻逐步被導向了致命的歧途。我不遲不早，正在此由希望轉向危機的關頭來到了人世。我說它「不遲」，是強調我至今還記得大陸未被「解放」時某些溫馨的情景，即使在已進入「新社會」的最初幾年，民國世代的氣韻還殘存於當時的

日常生活，也體現在很多親屬長輩的身上。又說它「不早」，則是慶
幸我不像父祖輩背負沉重的歷史包袱，在他們於土改、反右等運動中
頻遭衝擊的日子裡，我因年齡尚小，不只幸免於那一波波政治狂瀾的
攪擾，且有機會在祖父的花園內靜心讀書，趕在文革大破四舊前，及
時博覽了家藏的經史子集和民國年代出版的不少名著。好比是黑暗酷
寒降臨前一霎溫煦的晚照沐浴了我的身心，讓我在精神貯備上得到了
足夠自強的充電，以致我後來雖被打成反動分子，長期被迫勞動改
造，但在我心裡，卻並不覺得自己做錯了什麼，也從未真心接受那強
加的改造。就我當初的年齡和水平來說，我那個「思想反動」，哪談
得上有什麼明確的政治觀點和獨特的思想，它在很大的程度上不過是
我這類天性的人在當時的情勢下很容易招惹的一種罪過，是由於我比
其他人更固守一己之區區喜好，因而不可避免地與黨天下主流趨勢發
生了不幸的踫撞。幾年前，《我的反動自述》在海外出版，每當與讀
者談話時被問及我那個「反動」的內涵，我常以「性情反動」的自我
界定作答。

　　性情反動的人喜不喜歡什麼，乃發自他的內心感受，而非取決於
利害的權衡。他不會為表現積極，追求入黨而把自己明明認為的
「是」說成黨所判定的「非」，把自己心悅的「好」說成黨所誣衊的
「壞」。是非好壞之辨，自古及今人同此心，向來都屬於良知和常理
的範疇，是普通人無需置疑的做人準則。但在1949年後，中國大陸的
事情卻發生了前所未有的顛倒。之所以會有那麼多人一批批被揪鬥、
監禁，甚或殺害，就因為武力奪權的中共集團硬要把良知和常理認為
的「是」和「好」橫加上「封建」或「資產階級」等一系列屬於反動
的罪名，從而方便地扣在需要批判和打倒的敵人頭上。很多依然行其
所是而流露其所好的人便在那顛倒黑白的風暴中遭到迫害，從身心受

損直到枉送掉性命。而更多的人則於大勢所趨下或被迫作偽，或積極表態，在互相欺瞞中捲入一場場政治運動。我頗感幸運的是，顛簸造次中基本上還算保持了我那個性情反動的本色，直到六四後舉家移居到美國，在拉遠的距離外回顧走過的道路，才對我硬挺著走出來的世界漸有了比較明確的認識。

倘若說我所秉持的性情反動，是我的父母、家世和那個出生年代給予我身心發展的人格遺澤，是我個人情意結構的硬核，是我在撰述自傳過程中體悟到的生命根基，那如今我進而要對百年中國的曲折歷程作此一譜系敘述的嘗試，便可說是從個人經驗出發，帶著我充沛的感性深入到國家民族命脈的系絡中辨別是非曲直，去努力糾正被顛倒的價值序列了。

是非好壞的判斷本植根於價值序列的構成，人們喜歡或不喜歡、認同或不認同的事物之可被喜歡或不被喜歡、值得認同或不值得認同，不只固有其客觀存在的高低優劣之分，同時也與不同的人自身質地的高低優劣之分存在著一定的對應和聯繫。常言道，仁者見仁，智者見智。然而不仁不智者不惟無視於仁和智，且會在更多的情況下趨同不仁不智的事物。由此可見，越是高等的價值，越不易感受識別，越少有人直覺到它的可貴，反而是較低層次的價值常容易為更多的人賞識和接受。這樣看來，由通俗或庸俗向低俗、惡俗的下降也就只差一兩個臺階。我這樣來描述價值序列的結構，並無一味崇「高」和專斷貶「低」的用意，價值序列所顯示的只是高低的等差及其排列，連帶著各行其是的運動。這一差別的普遍存在與自由、民主、平等之類的現代觀念並無對抗性的矛盾，只要它處於各安其位，各正性命的穩定狀態。在傳統社會中，陽春白雪不管多麼曲高和寡，下里巴人不管多麼粉絲眾多，也不曾有人站出來煽動群眾，號召他們用暴力顛倒兩

者的位置，更不至於給前者扣上「封建統治階級腐朽沒落」的帽子，給後者戴上「人民大眾文藝」的桂冠。這種連不同層次的品味也被意識形態化的現象始於中共所倡導的階級鬥爭，自從鬧土地革命起，他們便以窮人翻身作號召，開始在中國社會的根基上打眼放炮，最終炸翻了固有的價值序列。

二

　　這種顛覆價值序列的方式讓我想到了尼采在《論道德的譜系》一書中對「善」與「惡」、「好」與「壞」兩組道德觀念追根溯源的討論，以及對弱者的怨恨心理所作的病理分析。與古代中國的世家大族重門第修家譜的傳統相類似，在古代西方社會中，譜系或譜系學（genealogy）所關注的乃是領主和貴族的血統和家世，通過確立代表譜系的家徽，可以顯示合法的財產和權勢。是尼采最先借用譜系學這一追根溯源的方法，對當時流行的道德觀念展開顛覆性的批判，建立了革命性的價值理論。按照尼采的說法，「好」與「壞」的觀念屬於主人道德，蓋指主人對自身的良好感覺，是他們對自己的強力意志之肯定。這種以第一人稱自居的心態使主人享有了自己支配自己的自由。相對而言，「壞」只是自我肯定的主人對奴僕居高臨下，保持距離的俯視眼光。對主人來說，「壞」屬於被排除在外的範圍，是他自我肯定的光圈外無關緊要的陰影，而真正值得重視的乃是，要保持體面的身份，他必須通過充分發揮個體的生命力來維繫自己的良好感覺。因此，在他的眼中只有競爭的對手，並無可恨的敵人。對手間只存在強力的較量，即使你身為統治者，也需在較量中砥礪志氣，磨練人格。一旦在格鬥中失敗，便只有放下架子接受教訓，承認對方的勝

利。在這一性質的競爭中只有高低之分,並無什麼對錯可言。毋庸否認,尼采對主人道德的陳述在後來一直引起不同的質疑和非議,這裡無暇涉及那些枝節問題。我在此對他的部分說法特作發揮,並無意求諸歷史的實證,而是要藉以描摹一種不局限於階級劃分的人格狀態,突出其普遍存在的,並非爲某一特定階層所獨有的血性倫理價值。

與主人的自我肯定正好相反,奴僕必須通過他人來界定自己。主人的那個「好」是天不變道亦不變的,奴僕則渴求投機和變天。他因對主人心懷羨妒而滋生了怨恨情緒,尼采稱其爲ressentiment,即一種因缺乏強力而壓抑自己所產生的負面反應,一種情感的消化不良症慪成的有害酸氣。奴僕的貧困感不只緣於自己的貧窮,更使他難堪的是與主人相比,他深感自己太窮。主人因此而成爲他打心底仇視的對象。但又由於他深知自己無力打倒主人,便只好在意念上把主人當作敵人,在一邊詛咒其「邪惡」的同時,一邊把自己設想成受苦受難的「好人」。這樣一來,對方被說得越邪惡,他自己就相應地顯得更美好了。由此可見,對比主人的重對手而無敵人,奴僕則需通過樹敵以立己,且本能地懷有醜化敵人的強烈傾向。必須指出,讀了尼采所描述的奴隸狀態,實不必硬拿去與古希臘羅馬存在過的奴隸制掛鉤。就我個人的讀者反應來說,還是更傾向從廣義的和比喻性的含義上理解其中的道理。比如說,任何人一旦遭遇貧窮、無力、低賤、被剝奪、受難、病痛和醜陋等不幸,就很容易失去自我肯定的強力,以至精神上受到奴役的創傷。這樣的情境人世上隨處皆有,不管誰都有陷入的可能。由此而滋生的怨恨也一直都存在著,並在不同的程度上對有關的人群及其生活產生毒化的作用。但那一切只是發生在日常生活中的現象,僅在局部的和個別的範圍內自生自滅。不幸在精神奴役創傷無比深重的苦難中國,隨著中共掀起的階級鬥爭星火燎原,愈演愈烈,

日常生活性質的怨恨才被全面引爆，裂變出前所未有的破壞力量。

三

關於這種怨恨發生的恐怖連環爆，可從本書首篇討論三農問題的文章說起。三農問題的成爲熱門話題，始於1990年代末，它此後一直在持續惡化，迄今未從根子上得到解決。我自2001年冬開始接觸這方面的材料，便從我曾經落戶農村的感受出發，把聯產承包制以及鄉鎮弊政的當前危機置於中共農村政策和農業路線的脈絡中作尋根究底的考察。當時雖未有意運用上述的譜系探源方法，但就我父母兩家雙料地主成分的家庭背景和我在農村接觸父老鄉親的經驗而言，我很早就對黃世仁、周扒皮之類醜化地主形象的電影和小說懷有直覺的反感。與其說那是我作爲「地主階級的孝子賢孫」對共產黨鬧革命的仇視，不如說是我對革命的反現實主義虛假美學自發的本能抵制。我的「思想反動」其實始於我在表達方式和審美趣味上與中共及其庸眾的尖銳對立。有關土改中的暴力和罪行，雖說都是從近年來不斷公布的材料中了解到的，但早在1950-1970年代我長大成人的過程中，從我身邊很多可親可敬的地主活人身上，我已感性地確認了他們與文藝宣傳上那類刻板的地主形象迥然不同。對誇大性污衊他們的宣傳，我自發地保持著漠視的距離。諷刺的是，回憶我在農村落戶多年的經歷，我發現，反倒是貧下中農的積極分子中，尤其是生產隊的大小幹部中，卑劣粗俗者竟然爲數不少。由此也可見，中國農民，無論是富還是貧，大體上還是以淳厚勤勞者居多，樂於分他人財產和甘心寄生在人民公社化制度上的劣質農民，顯然只占極少數。甚至可以說，就連那一部分少數，也多是中共階級鬥爭的風浪中增生出來的渣滓。如果說現代

農民的素質已呈現出劣化的趨勢,那也只能說是三農問題日益嚴重的結果。因此我認為,討論當前的三農問題,不能簡單地就事論事,只局限於當前造成諸多問題的語境,而應上溯到公社化以及土改的倒行逆施中檢討其根源,追究始作俑者的罪責。毛澤東路線所導致的現代化歧途也不應只從反右算起,實際上自新中國建立開展土改運動,三農就被導上歪路。

我的第一個問題是,中國農村社會的經濟文化長期落後,到底是不是地富對貧僱農的剝削造成的?經過研究和對比,有充分的數據和事實證明,是土地資產不能轉為工商資本,農村的剩餘勞力無法轉入非農業生產的瓶頸導致了普遍的貧窮和長期的落後,由此引發了貧富之間的衝突。這一矛盾本可通過發展現代化經濟,在農村實行和平的社會改革來逐步解決,但在大革命的二十年代,中共為乘勢壯大武裝奪權的力量,竟盲目在南方的局部地區首先發動土地革命,結果激化了本可以緩和的衝突,導致了國共長期的互相殘殺。

中共的不少領導人均出身地富家庭,包括毛澤東在內,他們這些地富子弟為什麼甘願背棄家庭,熱心領導窮苦農民去搞打土豪分田地的運動?讓我們再回到尼采的道德批判。尼采批判基督教道德,在一定的程度上也針對著當時歐洲流行的利他主義(altruism)學說。批判利他主義,並不意味著尼采完全排斥現實生活中普通人利他的行為和態度,他的批判立場基於他對人類正當的利己心之捍衛,他極為不滿的是那些通過宣揚利他主義理論來充當教義監護的激進者所作出的高調姿態,及其偏重後果的功利主義取向。他認為這種過分抬高他人重要性的取向一旦過頭,必然貶低個人的價值,阻撓個人的充分發展,促成集體主義的膨脹,最終致導致人群的劣化。蘭德(Ayn Rand)有幾句話可為尼采的不滿和擔憂作一生動的解釋。她說:

　　應不應該給乞丐一個硬幣並不是問題。問題是假若你沒給出這個硬幣，你是否還有權活在世上，問題是你是否要沒完沒了地施捨硬幣給不斷向你伸手的乞丐，問題是你得拿自己的生命和存在的道德目的抵押他人的需要。難道人必須成為自我犧牲的動物？每一個自尊的人都會回答「不」，而利他主義者卻說「是」。

尼采和蘭德抨擊的利他主義思潮未必與中共的土地革命有直接的聯繫，但正是挺起了類似的教義監護人高調姿態，手握了剝奪他人財產的正義旗號，早期共產黨中投入農運的激進分子硬是把紅色的打富濟貧奉為救助勞苦大眾的崇高使命。須知，在那個讀書人仕進無路的時代，革命其實也是一種新興的職業，參加革命，在很大的程度上可以為某些無業的文化青年提供頗為理想的出路。革命固然不是請客吃飯，但不可否認，大量的革命者都是到革命隊伍中謀飯碗的。接下來的問題是，一時間組織起成千上萬人的紅軍隊伍，軍糧、軍費以及整個革命團體的總開支從何而來？瑞金的蘇維埃政府又沒有財政收入，到底有哪個利他主義的個人或團體曾捐獻錢財資助過紅軍？

　　翻檢記錄當年蘇區真實情況的材料，特別是曾任紅軍高級將領的龔楚回憶錄，我才發現，原來打土豪分田地並非救濟窮人的利他活動，其真實的和現實的目的是從富人家中搶到糧食和錢財，用來養活紅軍的隊伍和草創中的蘇維埃政府。而大量入夥的紅軍士兵，則來自本應轉向非農業生產，卻因經濟凋敝而無處可去的農村剩餘勞力。中共這支小米加步槍的武力之得以日益壯大，其強力意志的資源汲取了被昇級的窮人怨恨，其人力資源主要來自未能妥善轉化的農村剩餘勞力。兩股資源的低劣質地決定了其蠢動的盲目性和浪費性，革命於是

被鬧成一場燃燒怨恨的烈火，它消耗了大量的過剩人口，最終也破壞了本來已很凋敝的農村經濟。紅軍的武裝鬥爭還另有一至關重要的國際資源，它來自布爾什維克的蘇聯。正是從那個國際無產階級革命的中心，紅軍獲取意識形態和物資上的補給，照搬回黨和軍隊的組織形式，並不斷地接受任務，按莫斯科的指令展開種種危險的行動。兩種劣質的本土資源在錯誤的外來導向下就這樣殺入中國現代化的進程，其富國強兵的衝動和努力固然不容否認，但它的實現過程卻敗壞了中國固有的傳統文化，也扭曲了初步引入的西方文明，造成了低下暴力對現代自由民主價值的野蠻踐踏。

四

因此，你若真以為中共很民族主義，具有建立現代民族國家的明確意識，那你就大錯特錯了。在〈中國的民族／國家主義焦慮〉一文中，我從探源英倫的民族國家之形成及其資本主義經濟發展的動力出發，對民族主義的內涵和要旨稍予梳理，粗略勾畫了它向四方傳播的概況。從一系列無可辯駁的事實可以看出，中共集團在求取倖存的整個過程中，其所作所為不只一點也不民族主義，且有損於國家利益，拖累了民族的新生。但中共善於利用國人的民族主義情緒，而那情緒也正好具備供其長期寄生的條件，因此中共才得以從中激發出打擊敵對一方的動力，一步步壯大了自己的聲勢。

中國的民族主義焦慮源於國人的他者心態，一種用別人的眼光看自己，把自己視為他人的心態。未受西方衝擊的中華帝國一直以天朝自居，你不管認為它多麼落後和專制，它畢竟持有自我肯定的民族元氣。及至晚清屢受列強侵凌，國力衰弱的事實終於使國人——特別是

知識人——在西方文明的鏡子中照出了自己很不起眼的影像。那就是
國家貧弱和國民愚昧的形象，一種用外來標準自己把自己定格成「他
者」的形象。中國人失去了文化自信，開始把國家的貧弱歸罪於中華
傳統。這一他者心態的文化論述首先爲中共打倒封建地主和一切舊權
威的暴民導向提供了順理成章的口實。對比日本較爲成功的現代化經
驗，我們不難發現，在保持傳統價值序列的情況下向現代社會轉型，
不但有益於社會的穩定和民族元氣的維護，且易於有效地吸納和融合
自主引入的西方價值。不幸在中國，他者心態泛濫成災，隨著傳統的
價值序列在暴力革命中遭到破壞，底層的粗暴力量隨即以沉渣泛起之
勢占據上風，湧入權力中心。

　　這一價值顛倒的過程分三個階段完成。其一，通過內戰的獲勝，
中共武力奪取政權，顛覆了上承辛亥革命的民國價值，截斷了由傳統
向現代過渡的正道。其二，通過反右，將民主黨派和知識分子群體踏
到無產階級專政的腳下，背棄新民主主義建國綱領，將辛亥、五四、
抗戰幾代精英人物摧殘殆盡，扼殺了共和國眞正實現「共和」的生
機。在評論李劼的文章——〈從傳統到現代的悲愴變奏〉——中，我
特別提到林昭的同學李雪芹談及林昭的一幕。李雪芹所說的那段話再
明顯不過地顯示，來自農村的女學生初入高等學府，乍一面對資產階
級情調的民國女子，其微妙的心理所聯繫的政治判斷：她這一邊私下
那樣豔羨，但另一邊轉臉便換上不以爲然的面孔。毛澤東其實就是一
個拔高放大貼金塗彩的李雪芹，而現代中國知識分子的群體受難，就
是林昭個案漫無邊際的擴散和株連。反右後的大陸社會儘管已一片肅
殺，但民國畢竟上承中華數千年文明傳統，趕走國民黨政府，批臭資
產階右派，並不等於就徹底消除了舊社會在新社會深遠的影響。李雪
芹一類人物盡可以通過入團入黨在政治和權位上提昇身價，卻無法以

他們的是非好惡扭轉普通人的是非好惡,甚至連自己的是非好惡都難以踏實放心地把握。所謂「階級鬥爭處處有」的那個焦點就膠結在這裡:粗鄙低下者是號稱當家作主了,但「外行領導內行」的他們仍不具備自我肯定的良好感覺,仍需沿襲奴僕界定自己的方式來加固他們做主人的姿態。他們之所以在價值的確認上不惜採用橫掃一切牛鬼蛇神和「破四舊」的運動方式,是因為他們必須通過全面否定的方式從物質上,甚至人體上毀壞消滅了讓他們感到壓抑的價值,才得以肯定他們那個並不具備實質內容的無產階級文化。第三個階段的文化大革命就這樣在毛澤東的一再鼓動下全面引爆。對毛本人來說,更重要的是,要用被動員起來的紅衛兵怨憤暴力趁勢打倒黨內一大批使他產生李雪芹那種不適感的人物。毛所顧忌的那些老人,借用陳丹青的說法,多屬於共產黨人內的「民國範兒」。長期以來,面對他們獨當一面的領導能力,對比他們的品位和風範,毛澤東有時候難免爽然自失,致使他一種相形見絀的困窘如芒刺在背。由此可見,價值序列的客觀存在及其與主體人格的對應和聯繫多麼形影相隨而難以僭越,即使位尊如毛澤東者,戴上了黨國的皇冠,仍無法祛除那個妨礙他充分肯定自己的沐猴陰影。僭越的罪過必帶來自戕的災難,毛澤東在黨的九大上躍居頂峰的那一刻,即已開始了紅太陽的隕落。

綜上所述,中共的種種作為,實在是既不國家,也不民族的!這個集團自稱以民富國強為己任,所積累的富如今已相當可觀,但卻更多地富到共黨一族身上,所鍛造的強也不可小覷,但都最大限度地集中於對內專政機器的強化,至今尚未能有效地武裝起一個崛起的大國應具備的強大國防。六十來年的發展,在提高人民生活水平方面,做到的和自誇的實在還有很大的差距,僅從這一點來評價,就不符合英倫民族主義增強國民財富的經典內涵。至於要檢討中共在民族主義作

爲上對外的表現，對比一下同樣是極權專制的蘇俄在維護領土完整和
衛國戰爭上的赫赫武功，再查一查中共與蘇共合作過程中就國家利益
上所作的交易，中共還有臉談什麼愛國和主權！能暫免於賣國主義罪
責的起訴，就是他們很僥倖的現狀了。

五

　　在評論胡志偉、李劼和周劍岐三位作者論著的文章中，我除了繼
續揭示中共在百年中國從傳統向現代轉型道路上所導引的歧途及其惡
果，更重點討論了三位作者的論述所突出的民國價值，評述他們如何
通過價值觀的矯正，洗刷了中共抹黑已久的歷史真相。

　　胡志偉是一位深具民國情懷的作者，多年以來，他勤奮致力現代
史研究，編著了很多有關國共鬥爭史的通俗讀物。直到胡志偉那些揭
示歷史真相的書籍陸續在海外暢銷的日子，大陸民眾還很少知道，抗
日戰爭的勝利，對國民政府和中共集團有著完全不同的意義和後果。
前者因此而付出了慘重的代價，在贏得勝利之後，立即面臨維持戰後
殘局的嚴重危機。但後者卻在國軍浴血奮戰期間，抓機會鑽空子發展
壯大了兵力，進而趁勢將政府的危機推向絕境，最後打贏了內戰。國
民政府不管爲贏得抗戰勝利付出了多麼慘重的代價，遷台後都只好作
爲打斷的牙齒吞入肚子，蔣介石忙於鞏固他在那裡的外來政權，中華
民國在大陸的那段經歷，此後便成爲有所忌諱的痛史而很少提說。但
對摘取了桃子的中共來說，卻正逢勝利者編寫歷史的大好年月，在政
府統一頒發的歷史課本上，從未參加一場大會戰的中共至今仍被頌揚
爲抗日戰爭的中流砥柱。包括我這樣「思想反動」的人物，移居美國
多年，對於誰打了抗戰誰基本上沒打的史實，也與幾乎所有的大陸民

眾一樣因缺乏了解而稀裡糊塗。這的確是一個可悲的反諷，在大量的海外大陸移民中，不管是反共的還是不反共的，我發現，由於長期接受學校的黨化教育，每論及有關國共兩黨的歷史問題，常顯得是非混淆而觀念模糊，仍囿於黨史所灌輸的說法。近年來，我的寫作內容之所以轉向百年中國的譜系敘述，在很大的程度上即出於排解此類困惑的求知衝動。我本是中文系出身，興趣和專長多限於文學研究和批評，近年來轉向現代史方面的閱讀和寫作，就是要以個人在黨化教育歷史觀上的突破來帶動更多讀者的突破。對我這樣一個常在網路上發表文章的作者來說，提高價值識別的水平，構建正確的歷史觀，自然要比埋頭學院的學術研究更刺激，更富挑戰，也更貼近一個走向晚年的生命在知性上的熔煉。在我閱讀補課的大量書籍中，就有胡志偉正面書寫國軍抗戰功績和揭穿中共黨史謊言的幾本讀物。

華夏文明在某种程度上可謂一史的文明，自古以來，史書的編寫和傳閱始終發揮著政治倫理的警戒作用。每一代新朝都有責任為前朝修史，不管那個滅亡的前朝有過多大的罪過，修史者都須嚴守古今一致的褒貶原則：對於君主的賢明昏聵和臣屬的忠義奸佞，俱應秉筆直書，持論公允。這裡面仍然是對手與對手較量的關係，勝歸勝，敗歸敗，即使由勝者書寫雙方較量的歷史，也絕不容許顛倒是非，信口雌黃，把髒水全潑向失去話語權的一方。中共最缺德，也最無史德的一點就是違背了這一嚴正的修史傳統，長期以來，全靠他們那一整套歪曲事實的黨史來維持其「偉光正」的形象。胡志偉則以私修國史為己任的勇氣與中共的偽史針鋒相對，窮追不捨，必欲揭一個底朝天而後快。他採取把被顛倒的歷史再顛倒過來的做法，以列傳的方式為毛澤東欽點的108名「戰犯」重訂褒貶，恢復了古代「以真偽論人品」，而「不以成敗論英雄」的品評標準，重建了被篡改的價值序列。如

今，隨著中共僞史工程的日漸剝落，現政權寒磣的過去已越來越多地暴露在眾目睽睽之下。如果說胡志偉最初發表他那些編著的年月，曉得中共沒打抗戰的國人還十分之少，而自五年前世界反法西斯勝利六十週年紀念至今，中共的抗戰空白史便越來越露出貧乏的箱底，其衣不蔽體的窘態已無所逃於天下。今日，凡看過幾部新編抗戰電視劇的大陸觀眾，都對那事情略知其一二，儘管官方還在吃力地維持既定的說法。然而假的就是假的，僞裝終被剝去，連現行歷史課本的編者似乎都不好意思再完全沿用以前那些已騙不過人的假話，在敘述抗戰史的課文內容上因無所適從而只好含糊其辭，一筆帶過，致使課堂上老師可講的現代史內容被刪減得越來越少。最近出了個有名的歷史老師袁騰飛，針對那內容貧乏的課本，他挺起南史氏無畏的胸膛，把揭穿中共僞史的課堂演講搬上網路，已通過視頻傳遍了國內外的網友。

與胡志偉繼承傳統史學，以編排「忠義譜」和「罪責錄」的方式重構價值序列的取向不同，李劼以雄健的鋪排創建了他鑑賞文化精英的精神光譜。對於晚清和五四已降的文化人，通行的論述多按思想史或文學史之類的設限分別羅列他們的文本，泛論所表現的思想，然後根據主流意識形態的標準給出個乾巴巴的評定。李劼的精神光譜撇開此類學科分割，拓展出一片融合的視野，從唯文本讀解轉向了人物品鑒，突顯出不同人物在其所處的時代背景中所呈現的人文異彩。光彩的亮度與人文環境的自由度總是呈正比的，通過人物之間的對比，李劼讓我們明顯地看到，被稱爲舊社會的民國年代之所以群星璀璨，才俊輩出，是當時那遠較新社會自由的環境養育和包容人才的結果，同時也與那個正在轉向現代的過渡期去古未遠有一定的關係，在很多西化的知識分子身上，或多或少還留存著傳統文人剛毅的風骨和儒雅的

氣度。那是一個舊有的價值序列正在吸納新的價值，並開放出文化嫁接之花的年代，文化人的精彩就精彩在那個推陳出新的天真階段。在精神光譜上曾放異彩的文化人中，早死的或出走的一群可謂死得適時或走得幸運，最不幸的是活下來留在新社會跟黨走的愛國學人，他們為建設新中國留下來不走，或從國外趕回來服務，到後來均受到不同程度的摧殘。因此在李劼譜寫的光譜上，1949便成為生死攸關的陰陽交界，在人物的際遇上劃下了明暗對比的一條界線。曾經發光彩的人物此後都逐漸黯然失色，甚至有不少人為爭取「進步」而甘願改變顏色，像珍珠蛻變成魚目。而特別可悲的是，自1940-50年代以降長在紅旗下的人群中，好像立秋後長出的嫩苗，再也沒成長出可與老一輩文化人比肩的俊傑。普希金曾慨嘆有才幹的人生活在俄羅斯十分可怕，但即使在那樣可怕的沙皇時代，仍有大詩人普希金輝映文壇，流布佳話，並活出了一系列俄羅斯大師。兩相比照，對一個既沒養育出新一代文化精英，又扼殺了大量舊一代文化精英的新中國，你又該如何想像和形容它的可怕！

六

　　具有台灣背景和美國經驗的周劍岐在他的博客文集中展現了更為深遠的視野，在本書嘗試譜系敘述的每一步驟中，幾乎都從他的論述得到相關的啓迪。他所勾繪的民國世代遠非時下那種情趣性的民國懷舊，與李劼的文化失樂園情懷或胡志偉過於黑白分明的翻案取向都有所不同。耐人尋味的是，他的民國論述所作的透視並不靜止於那一段過去，而是穿過它向它連接的傳統延伸下去，探測了從歷史深層流通到後來的東西，包括從先秦的民德歸厚到江湖的血性義烈，直到辛

亥、北伐、抗戰的剛毅不悔……歷時與共時交織在一起，從而顯現出一個並不僅僅等於國民黨政府的民國世界，一個從傳統正在自發地長入現代的發育階段，一個古今、新舊、中西和城鄉相混雜的兼容年代。基於他對西方資本主義幾百年發展過程的了解，以及他從中洞察到的民主制度形成過程中詭異的辯證關係，他的論述中對中國自由主義論壇空談理論的泛文傾向多有中肯的批評。他建議熱衷轉述西方經典文本的人士應從英法兩國從帝制到共和經歷的混亂和鬥爭中認清民主制度形成過程的曲折和吊詭，提醒讀者要讀懂資產階級如何為爭取自身的利益而爭鬥出自由文明的果實。就周劍岐本人多年來的閱讀和思考來說，正是帶著他自己獨特的中國問題在西方資本主義發展的進程中感悟到某些可資對照的人物和事件，他然後再回顧所矚目民國世代，才逐漸聚焦到一些具有潛在因素的方面，在地方豪強、富商、鄉紳和所謂的民族資本家等長期以來被否定的階層及其被忽視的作為中，他試圖探求出可能引申到當前的發展線索。

因此，周劍岐的民國論述和對中共現代化歧途路線的批判就遠超出那種僅作為反共姿態的泛藍訴求或逢共必反的情緒性言論，他一再試探和苦心點撥，就是要把他論述的長鏡頭推進到被一度中斷的文化—政治—經濟生命力在改革開放的今日可能還魂新生的穴位上。在「閱讀周劍岐」這篇長文中，我之所以稱他為「血性思者」，就是要突出，一方面他的文化觸角連接著民國的血脈，另一方面，他熟讀西方典籍的頭腦內另有一套識辨價值序列的方法論框架。他放在網上的博客文章之所以讓某些讀者讀起來甚感吃力，是因為他試圖闡述的傳統更偏重於那些活在人和事中的東西，更著力於激活古今相通的文化血脈，與讀者通常讀慣了的快餐文本的確有懸殊的差異。至於周劍岐文中費力傳達的西方觀念，如果把它們引入中文語境的過程比成草木

的移植，周筆下的文字大都像那種根上滿帶溼土的植株，可謂為原汁
原味活過來的轉換作出了非常紮實的準備，但對讀者來說，麻煩的卻
是，你得先挖下自己的樹坑，需連根帶土栽進去，才能整體地領會它
的枝枝葉葉。而主要靠中譯本接受西方學說的讀者，長期以來，已經
習慣接受插在瓶中的花枝，只有一目瞭然，鮮艷奪目的東西，看起來
才覺得順眼。自然，面對周那種疙里疙瘩的文字，就覺得不易吃透
了。這裡實在是梗阻著一種難以穿透的「隔」，我的表述只能充當勉
為其難的中介。

　　對周劍岐來說，投向過去年代的凝視從來都不是流失到過去的，
他一直在多維的掃描中摸索著一種三級跳躍的角度，要從過去反照到
現在，進而折射到將來。現在大量的批評言論都對當前的全面腐敗大
加撻伐，舉目所見，無非黑吃黑的黑老鼠遍地橫行。周劍岐向無義憤
填膺的衝動，卻別有心思審視否定之否定的現象，比如仔細觀察一下
黑老鼠是否長出了褪色的灰皮，甚或幾根依稀可見的白毛。在他看
來，平庸也許正是中國社會轉型過程中命裡注定的基調，中共的平庸
惡不但至今還那麼惡，新一代資產階級的平庸性似乎也在所難免。很
難指望正義的理想呼喚會呼喚來令人滿意的現實，未來的可能性也許
就在那兩種平庸的摩擦中相克相生，去負負得正了。問題在於當今的
論壇要以什麼樣的話語帶領方向，為價值序列上可能出現的變數注入
積極的因素。類似的問題，我在「閱讀周劍岐」的文章中均有所涉
及。總的來說，周劍岐的論述一向敏於覺察和勤於捕捉健動的因素，
國內外反共厭共的人士常好談論中共何時崩潰的問題，與他們不同，
周更為擔憂的問題是崩潰後如何善後和重建的棘手現實。因此他特別
建議我們要思考關注，從現在直到那個不知將會以何種方式崩潰的時
候，更值得發現和促成的健動因素究竟是什麼？

七

中華民國在台灣的存在多少是有些天意之所在,六十年來,民國價值不但在那裡得到延續和發展,而且以它的民主新貌向大陸民眾提供了可對比參照的樣板。就這一點來看,那一塊隔海分治的島嶼不但是百年中國的譜系敘述中不可或缺的部分,而且是一個承上啓下的關鍵部分。中共「一定要解放台灣」的決策之一再受阻而拖至今日仍遙遙無期,不能說不是天意爲這一個「百年中國」轉向下一個「百年中國」留下的伏筆。現在,想像中渡海登陸該島的解放軍仍處於「狼來了」的狀態,極具戲劇性的一個現象是,想像了六十年之久,如今率先上岸者卻置換成前來觀光的大陸遊客。等十三億中國人中一定數量的人口都輪番參觀了那個威權退場後的國度,在他們的觀感中,哪一邊的價值更好,就對比得更加分明,像李劼精神光譜上的景象一樣,會令人不禁發出「既有今日何必當初」的慨嘆了。

我當初撰寫這篇論台灣文化譜系的文章,雖僅出於應景學術會議,現在收入本書,再聯繫上述集中剖析中共導引歧途的各篇文章,對比之下,該文有關台灣由威權轉向民主歷程中可感嘆的人物和事件就愈益突顯出民國正根的示範價值。「民國」不僅不是國民黨一黨專利的政體,也從沒有被規定爲任何一個政黨可以專政的國體。中華民國的憲法從總綱即規定國體「爲民有民治民享之民主共和國,」明確了「中華民國之主權屬於國民全體。」儘管漫長的戡亂威權期在台灣製造過深爲世人詬病的白色恐怖,但畢竟有憲法所規定的基本價值恆定在那裡,民國的正根還是爲台灣人民和民進黨最終爭取到民主權利打下了基礎,起碼爲後來向憲政的轉變提供了依據。再轉過來看一看

中華人民共和國憲法總綱的條文，它把國體規定為「工人階級領導的、以工農聯盟為基礎的人民民主專政的社會主義國家。」而且緊跟著就以警示的口氣宣示：「禁止任何組織或者個人破壞社會主義制度。」一篇莊嚴的國家憲法，怎麼一開篇即露出外交部那個很兇的發言人蠻橫的口氣！請注意，中國共產黨的黨章與共和國的憲法是相表裡的，黨章上開頭即界定「中國共產黨是中國工人階級的先鋒隊，是中國特色社會主義事業的領導核心。」可見，憲法上所謂的「工人階級」，不過是共產黨的代稱，而所謂的「社會主義制度」，只是為一黨專政發明的一個漂亮說法。中共這個歪苗從根子上就拒絕「民有民治民享」，也正是從此一根基出發，與國民黨分道揚鑣，越走越遠。直到今天為止，經濟上的改革已改到這步田地，政改上還是沒有一寸一分的退讓。如此炙手可熱的經濟繁榮會不會單行道地長久好下去？腐敗、民怨、亂象，一大堆由於政改滯後所造成的社會問題會惡化到什麼地步？台灣的民主成果能在多大的程度上撬動大陸的板塊？隨著選票民主的熱潮在台灣越漲越高，藍綠兩方在爭議中可求的共識還有多少？在兩岸經濟交往日趨熱絡的形勢下，對於那邊並未撤除的導彈，這邊的國防到底有多大的迎戰實力？兩岸如今都在迎接百年大慶，但不知兩岸的政要和民眾究竟在如何思考上述的嚴峻問題？誰在一天天好起來？誰在一天天爛下去？這個被叨念了六十來年，在兩岸之間互相推搡而至今還不確定的問題，在下一個一百年將呈現出何種確定的走勢？

2010年歲末

第一章

脫貧與致富的悖謬

—— 誰製造了三農問題？

向普通讀者說「三農」

去冬以來，報刊網站上常讀到討論三農問題的文章，友人周劍岐與我多次談及此一話題。我因有過農村落戶經驗，提及三農，有感於心而一時難以訴諸口者甚多，躊躇旬月，欲言又止者再三焉。周君因促我全面研讀相關文字，寫一篇面向普通讀者的文章。周君持論冷峻，深思明辨，常發人之所未發，交談中使我獲益尤深。此文之寫成，實我與周君學問砥礪，思想互動之成果也。寫作過程中，我發現國內外朋友每聽我提及「三農」一詞，多有不知我所云的反應，故不避繁冗淺陋，就先從該詞的出籠切入以下的討論。

從官語到熱門話題

「三農」（農業、農村、農民）一詞本為中共官方用語，常見於各級政府下發的文件，也常傳播於幹部們人云亦云之口。像很多行政套語一樣，其作用不過給相關的政策法令乾巴巴貼上一個歸類的標籤。長期以來，這標籤一直都向下面和外界顯示出黨和政府對農業的重

視，對農民疾苦的關懷，以及黨的農村工作中不可否認的重大成就。
當然，所有這些表面文章的效果早已是黨和政府很久以前良好的自我
感覺，近年來風衰俗怨，三農方面出了成堆的問題，且越來越多地暴
露在眾目睽睽之下。上訪的冤民成群結隊，暴力抗議事件接二連三，
官員們實在擔心亂了求穩定的大局，這才從他們口中不安地冒出了三
農問題之說。而隨後，報刊網站上也就跟著出現了日趨激烈的相關論
壇。

　　「三農」這一標籤於是從過去的封條式官語變成了今日公眾群策
群議的熱門話題。其中有激起社會公憤的記者報導，有觸目驚心的實
地調查，還有個別的普通農民在網上跟貼上去的怨訴，更有鄉鎮幹部
站出來為民請命的呼喊……所有的事實都讓聽慣了官方套語的公眾感
到失望和吃驚：原來這個靠農民運動起家，且自稱是為貧苦農民謀福
利的執政黨一直都在坑害農民，原來憲法上聲稱以工農聯盟為基礎的
新中國打一開始就把農民壓在最底層！那麼農民到底是怎樣失去了原
先屬於他們的土地的？為什麼占全國人口四分之三的農村居民一直要
受戶口隔離制度的管制？政府既然明知農民的收入微薄之極，何以至
今仍未對他們減免高額的稅費徵收？農民都被剝奪了哪些社會保障？
而同時他們又遭受了哪些嚴苛的行政束縛？在網上的中國農奴控訴論
壇中，諸如此類的問題真是多得難以在此逐條列舉，你若拉出其中的
任何一個事例叫那些還記得土改中訴苦大會情景的人看上一眼，其悲
慘的情節都足以使他們生出時間倒流的感覺。當年曾以自家成分為榮
的貧下中農們恐怕一時還難以想通，這改革開放的好年頭何以無端罩
上了如此濃重的舊社會陰影？受過黨的階級教育的幾代人自然不難
從中看出他們熟知的社會不平現象，特別是讀了鄉黨委書記李昌平
那本名叫《我向總理說實話》的書，讀到書中村民棄田成群外流的

圖景，讀到留在村裡的老人都說這世道再沒有什麼活頭的憤懣，義憤填膺者想必都由不得要慨歎起「吃二遍苦、受二茬罪」那句老話了。

尋找深遠的禍根

　　中國農村到底都出了什麼問題？有人把種種不良現象簡單地歸罪於腐敗──由官員的腐敗到制度的腐敗。有人則認為中央的政策倒不錯，錯的是下邊的幹部沒有貫徹好。或期待臃腫的縣鄉級機構主動裁員，或面對聯產承包制的困境懷念起集體耕作的好處。三農問題形同一團亂麻，若只是就事論事地評說是非，是很難把問題全部說清楚的。因為三農問題的根源深遠，早已存在，並不是實行了土地承包政策才出現的。手頭有一本1999年廈門大學出版社所出的新書，題為《毛澤東農民觀透視》。讓我感到十分驚訝的是，時至今日，該書從頭到尾仍對毛在農村工作方面的種種言論和作為滿口讚賞。顯然，按照官方的論調，包括很多普通中國人模糊的認識，像土改和合作化那樣的運動似乎仍然屬於偉大的革命實驗，即使其執行過程中有所偏差，也都已劃入保險櫃似的括弧，可以封起來存而不論了。但也有眾多的論著突破了這樣的設限，如白沙洲散見於網上和報刊上的系列文章所作的歷史性揭示，曹錦清等人在他們合著的《當代浙北鄉村的社會文化變遷》一書詳實的記錄中所指點出來的清晰脈絡，他們的論述全都讓我們看到，今日的三農問題不只是孤立地發生在改革開放以來的新問題，而是歷次運動和共產黨整個農村工作留下的後遺症，甚至可以說是百年來中國激進的土地改革思潮鬧騰出來的總報應。應該把它置於中國土地制度變遷史的背景中，特別是中共創立至今各階段農

村工作路線的參照中作一認眞的梳理和檢討。本文的探源就是嘗試追
尋那被掩埋的蹤跡，觸摸其禍根，揭示其癥結，爲澄清當前三農問題
的前因後果勾畫出一個可供參照的歷史坐標來。

階級鬥爭論的歷史謬說

農民靠土地務農，農業需通過合理而有利的使用土地以求得發
展，因此土地及其所有權問題是一切的基礎，要談論三農問題，首先
得從土地制度談起。

自1949年中共執政以來，歷史教科書一直偏重階級鬥爭史觀的建
構，在關於歷代土地問題的敘述上多強調兼併土地的大地主與廣大農
民之間的敵對和矛盾。歷史課堂上灌輸給學生的往往是這樣一幅圖
景：每到了王朝的末年，所謂「富者田連阡陌，貧者無立錐之地」的
情況便逼迫得廣大的失地農民揭竿而起，武裝奪權。一場農民起義戰
爭過去後，很多地主在戰亂中滅亡，其產業遭到破壞，遂留下大量可
供分配的空地。新王朝在建立之初吸取前朝的教訓，一開始總要向農
民實行讓步政策，重新分配土地給農民耕種，社會經濟從而得到發
展。按照課本上的說法，因爲封建王朝是維護地主階級利益的政權，
承平日久，地主的兼併勢必又趨嚴重，失去土地的農民隨之增多，於
是再起戰亂。剝削造成了貧窮，窮極導致造反，歷史便在這一貧困經
濟的怪圈內惡性循環，只有接連發生的農民戰爭會推動社會緩慢地進
步。這大約就是非專業的普通歷史課堂上灌輸給學生的歷史概況，至
少我這一代人小時候學的都是這一套說法。它無非要讓我們記住這幾
條道理：其一，封建社會的主要矛盾是地主與農民的矛盾。其二，消
滅地主是解決衝突和消除剝削壓迫唯一有效的辦法。其三，實現均田

是勞動人民的社會理想，也是全體農民脫貧致富的基礎。

然而這種迎合現實政治需要的歷史觀並不符合中國的歷史眞實。縱觀中國歷代各朝，出於充實賦稅和穩定社會的考慮，對豪強的兼併土地，朝廷均持限制和阻止的政策。從某種程度上說，朝廷與大地主的利害衝突其實更甚於千萬個小農戶。土地兼併的實質是，國家實行了累退稅制，官員又有免稅的特權，小戶貧者耕地無利可圖，因負擔不起田賦才棄田而去，逃入大戶富室以求蔭庇，從而擺脫官府的賦稅。國家因此流失了大量提供賦稅的人丁，自然國家在政策上要反對兼併。至於均田制，也並非後來的「土地平分」論者設想的那麼理想。其實歷史上曾實行過的均田制乃是大亂後土地荒蕪，人丁銳減的情況下，朝廷強迫推行的一種經濟恢復政策。與其說那是朝廷對人民的恩賜，不如說是國家爲生息人口而派給受田者的負擔，因爲其論口授田的分配方案完全建立在土地國有的基礎上。有趣的是，這一束縛耕者爲國家種地的辦法正與今日的家庭聯產承包制形成了前呼後應的對比，制度上的戲仿不能不令人撫今追昔，隱隱看出了中共改革中的歷史返祖現象。然而隨著人口的不斷增加，不再收還的私田逐漸增多，必須收還的公地相應地減少，多次劃分後，耕地日益變成分散的小塊，私有土地隨之擴大起來，均田制終趨於破壞[1]。不管怎麼說，國家的需要始終是個無底洞，官府無盡的誅求必導致生產的破壞，結果又是逼得貧困戶投靠了大戶。個人或群體在具體的歷史情境中往往就是這樣地做出被動的選擇，國家財政的過量汲取無形中竟促成了國家本不希望發生的情況。

1　參看趙岡、陳鍾毅，《中國土地制度史》（台北：聯經，1982），頁33-51，179-187。

租佃制及中國農業的困境

但總的來說，唐宋以降，大地主的土地擁有量一直都在下降，無地農戶也隨之同步減少，據各方面的統計，截止20世紀初，全國百分之七十左右的農田都由業主自耕。可見農業的嚴重問題主要不在於地權的高度集中，而在於地少人多，資源匱乏，特別是小農戶眾多，土地在細密的耕作過程中被分得七零八碎，致使畝產量無法大幅度提高。據趙岡等人的研究，規模經營的莊園農業自宋以後即無利可圖，地主因此轉而出租土地給佃農耕種。不惟無地者租佃，少地者或雖有地卻家中富於勞力者也需求租佃。農村的剩餘勞力太多，租佃者寧願交納重租也不放棄多種莊稼多收穫的機會。五四以來的革命話語始終強調租佃制的剝削因素，包括我個人在內，幾乎所有按照教科書所灌輸的教條來想像歷史的人，可以說對地主剝削農民的罪惡全都銘心刻骨而又深惡痛絕。我們的歷史意識本能地仇視富人，談起了舊時代農民的貧困，大都會不假思索地把它歸罪於地主剝削的結果。但如果我們能擱置成見，擯棄薰染已久的義憤，去實際地考察歷代的土地制度，多少總會認識到，在整個社會無法給剩餘勞力提供出路的情況下，正是通過租佃制，需要租地的農戶才獲得耕田而食的機會，因而才逐漸發展出一種普遍適用於華夏大地的生產方式。所以可以初步總結說，中國歷代土地制度的變化，均在經濟因素的影響下自然而發生，並非人為的政治制度硬行設計的結果。其中人口的不斷增長，始終都是一個起主要作用的動力[2]。在生產力落後的古代社會中，用墾

2　同上，頁419-432。

荒和提高畝產量的方式發展農業都極有限度，且受到技術、資金的極大限制。除非降低人口出生率，或把過剩的勞力全轉入非農業生產，均田或抑制兼併的措施都不足以徹底解決缺少耕地的嚴重問題。而要把過剩的勞力轉入非農業生產，只有發展了工商經濟，使地主士紳有條件集中土地投資工商業，建立了城鄉經濟的交流，才有可能逐步實現。可惜歷朝政府多重農抑商，視經商為末，以「末」而致富者尚多有廣治田產以「本」守之的現象，不要說由地主把地產轉換成商業投資的做法一直缺乏條件，就連有限的工商利潤都常會返回去廣置地產，最終把資本凝凍在鄉下。就是在這樣長期的土地產業積累下，大量的待租土地為租佃制的擴展增強了慣性。這就是我們常說的落後的小農經營，它在此狹窄的迴旋中長期凝滯下來，形成了前現代中國經濟結構的瓶頸。

　　當然，這也與國家的鼓勵有關，國家只知道用「輕賦薄徭」的政策抓住廣大的農戶，從而擴大賦稅的徵收面，結果在無形中促成了人口的增多和耕地的分散。但脆弱的小農經濟絕不可能滿足朝廷不斷增加的財政需求，而政府又無法通過發展工商業開通財源，結果隨著農戶負擔不斷增加，一碰到大範圍的天災人禍，或外患頻仍，便加劇農村經濟的崩潰，最後釀成大規模的動亂。民普遍窮，國也富不起來，種種社會問題交相滋長，致使地少人多的固有矛盾更加惡化，這就是進入民國後，中國社會從歷史上承襲下來的農村問題。因此我們在談論中共的農民運動及其土地革命之前，必須確定一個符合歷史實際的出發點，那就是：生產力的落後既不該簡單地歸罪於地主的剝削，窮人的脫貧更不應該靠破壞生產的打劫富人以得到暫時的緩解。想當初，志在救亡的讀書人大都喜歡談論如何向列強學習製造所謂堅船利炮的技術，卻很少見有人留心研究人家如何走向富強的經歷。因此可

以明確地總結說，中國革命的根本不幸在於，大量的革命者不懂經
濟，根本沒弄清中國貧弱的眞正原因，就在20世紀初那個歷史全面失
序的情況下，盲目地煽動起農村中部分仇視富人的貧困戶，亂哄哄拿
地主士紳開了刀。

孫中山的土改構想

　　孫中山提出「平均地權」和「耕者有其田」的口號時，他和他的
國民黨人還抽不出手來全盤考慮社會改革和經濟發展方面的細節問
題。國民政府固然建立了，但到手的政權差不多是個空架子，財政收
入沒有著落，軍隊尚待組建，面對列強和軍閥割據的干擾，國民黨只
有向可能求得支援的勢力靠近，借助國際和國內可與合作的力量以求
自身的發展。正是處於此一窘迫的境地，孫中山才提出了聯俄、容共
和扶助工農的政策。聯俄的實質是接受蘇聯的援助和採納那些派來的
布爾什維克顧問所給的建議。容共的作法是出於國民黨左派人士的偏
好，在自己的黨內培植一股更容易聯繫工農大眾和談論馬列主義革命
理論的力量，以期建立反抗帝國主義和軍閥的統一戰線。在這一特殊
的時期，國民黨內部的革命思潮因而特別趨於激進，幾乎同容入的共
產黨同聲相應，一個鼻孔出氣。從某種程度上說，共產黨早期的擴大
影響及逐漸得勢，多半都是北伐前的國民黨不得已親近了蘇聯，又急
於從工農中動員革命力量的選擇所促成的。所謂近朱者赤，正因存在
著這一國民黨的赤化傾向，才從而激化了其內部左右兩派勢力的衝
突。
　　但需要澄清的是，就孫中山本人的態度而言，聯俄、容共並不意
味著認同馬列主義及其階級鬥爭的路線。他明確指出，「馬克思研究

社會問題所有的心得，只是見到社會進化的毛病，沒見到社會進化的原理，所以馬克思只可說是一個社會病理學家，不能說是一個社會生理學家。」因此，孫中山從來都不主張用蘇俄的暴力革命方式解決中國的問題，他常說中國人只是大貧與小貧之分，並精闢地點出中國的問題「是患貧，不是患不均」[3]。顯然，中國的改造在於如何有步驟地脫貧，而非重複歷代農民造反過程中那種打富濟貧的掠奪行徑。按照中山路線的構想，耕者有其田的目標乃是在大局穩定後，與振興資本等國計民生整體上走向現代化的過程中以和平的方式去實現的。他明確反對「奪富人之田為己有」的強暴方式，他進而指出，由國家收買全國土地，也「恐無此等力量」，所以「最善者莫如完地價稅一法」。歸納起來，其程式即是：規定地價，照價收稅，然後照價收買和漲價歸公[4]。可惜這些構想僅粗具輪廓，尚未提上議事日程，孫中山便遽爾病逝。而在他逝後不久，國民黨在當時的國民革命根據地廣東急劇左傾，黨內激進的革命論調一時達到頂峰，其中製造聲勢，鼓動社會，搞得轟轟烈烈的，首為南方那些人多地少地區的農民運動。

《中國農民》及早期農運的激進思潮

我從學校圖書館的書庫中翻出了幾本《中國農民》月刊，這些發黃的舊雜誌出版於民國十五年(1926)春夏之間。編印者為中國國民黨中央執行委員會農民部，撰稿者中既有毛澤東、彭湃等共產黨員，也

3　孫中山，《三民主義》（台北：中央文物供應社，1985），頁232、261。

4　參看成漢昌，《中國土地制度與土地改革》（北京：中國檔案出版社，1994），頁237。

有陳公博、廖仲愷等國民黨左傾人士。我翻了翻那上面的文章、決議、宣言、報告，封內的照片及末尾所附各地農運的通訊，其語調、氛圍、表達方式，激越的程度，多少讓我聯想到今日網上的三農論壇或《北京之春》等民運刊物那種製造聲勢以激發公眾情緒的話語。歷史竟是如此諷刺，近百年之前鬧騰過的土地權及農民的貧窮和受剝削問題，如今又以新的表現形式再次登台，轉思執政當局在目前改革道路上剜肉補瘡的被動抉擇，眞令人對世事的顛倒和革命事業的蒼黃反復感到荒謬不解，不勝慨嘆。

　　《中國農民》和農民運動講習所同時在廣東創辦的時候，廣東以外尚在各地軍閥控制之內。那時正當蘇俄布爾什維克革命成功之初，五四運動後，西潮乍湧，包括馬列主義在內的各種激進思潮使年輕的知識分子一時頭腦發熱，紛紛從中尋求救國之途。特別是某些躁動狂熱分子，讀了幾本翻譯的新東西，對他們想要拿來的主義，未必有全面的了解，便在愛國熱情和社會正義感的驅使下宣揚起他們並不知道會產生什麼後果的革命理論。中國在對外事務上接二連三受屈辱，刺激得社會上積壓的種種不滿應機而起，列強對中國的欺凌在某種程度上造成了革命緊迫性的假像，愛國主義或民族主義的情緒一時間激發起各種烏七八糟的仇恨。然而，帝國主義這一過於寬泛的大靶子畢竟遠而且虛，需要樹立一個可以切實打擊的對象，才便於及時而有效地喚起民眾，增強鼓動者的狂熱，造成革命的聲勢。中國還是個農業國家，除了地主，再也找不出其他更有錢的人可充當冤家對頭，於是地主就被劃到帝國主義和軍閥那一方，成了革命者眼中的敵人。其實帝國主義的侵略，軍閥的征糧派款，同樣也損壞了富裕農戶的利益。有錢人和窮人都同樣經受著兵荒馬亂的苦難，把地主作爲一個階級統統推到敵人一方，這從來都不是孫中山的立場。就拿鼓動農民運動的言

論中最激烈的言論，即反對租佃制度的言論來說，農民佃耕，地主收租，那又不是民國社會新生的不公平現象，爲什麼這一歷來存在的問題單單在那時候突然變得特別尖銳？難道當時的地主對農民的剝削突然變得重於以往任何時候，以致嚴重到不剝奪地主的土地分給農民，農村社會便不得安寧的程度嗎？

據費孝通的調查，地租自古都很沉重，農民只靠種地，從來都不夠吃穿，之所以平日猶可維持溫飽，多因農業勞動一年中閒餘時間甚多，農民大都兼營其他副業以補充農耕不足的緣故。至少就費孝通著重考察的南方農村而言，其鄉村經濟是靠農工混合維持下來的。但軍閥混戰的亂世破壞了鄉土工業，洋貨的湧入更衝擊了鄉鎮的土產加工業。用費孝通的話來說，是資本主義生產方式這隻無情的魔手加劇了農村的凋敝。這樣看來，中國農村當時的嚴重問題乃是，傳統的農業社會在不得不轉向現代工業社會的關口上遇到了轉型的麻煩，不只農民深受其苦，地主階層也度日維艱[5]。正因爲情況如此複雜，孫中山深知貧窮乃中國社會經濟結構的綜合病症，所以他才把土地改革置入振興資本等一系列國計民生問題的全盤考慮之下，而沒有打算孤立地從平均地權方面粗暴地下手，去搞所謂「打土豪分田地」的運動。

始作俑者毛澤東

然而農民出身的毛澤東似乎一睜開眼就只看見農民問題和地主的剝削，且把地主與資本家胡拉亂扯在一起。在其早期的〈中國社會各

5　參看費孝通，《鄉土中國與鄉土重建》（台北：風雲時代，1993），頁185-195。

階級的分析〉一文中，竟不厭其煩地把全中國的國民劃分成那麼多階層，並逐個按革命的敵友予以排隊，從一開始就確立了他煽動窮人仇恨富人，力圖組織貧雇農打倒地富的武裝革命方向。歷史的陰差陽錯使毛在農民戰爭上僥倖得了勝，勝利者從此無人敢於譴責，所以像〈中國社會各階級的分析〉這樣毫無遠大眼光，拿初學的階級鬥爭理論亂套中國現實的文章，至今仍無人針對其左派幼稚病以及那討伐檄文腔的滿篇胡說作出應有的批判。該文中敵我劃分的標準完全根據財產的有無和貧富的程度，特別像「土豪劣紳」之類在當時最能餵養革命者正義感的用語，便屬於哈耶克所謂「毒化了的語言」[6]。這是一種預製的大帽子，已經作出結論的標籤，指稱的引爆裝置，經此一呼百應的傳播，農民與地主的敵我關係(實際的情況並非那樣一刀切的陣線分明)，打土豪分田地的快意感，以及建立蘇維埃政權等一系列革命的預設，便全都塞給眾多的接受者了。中國的土地改革整個的不幸即起於此類毒化語言的煽動性傳播。這些污水名詞不只潑髒了要打的對頭，也引爆了接受者的仇恨，煽起了每一個介入者的野心，其中既雜有個別為首者個人的權力欲，也激發著追隨者對革命成果的鄙俗妄想。據毛澤東後來對斯諾說，他那篇長文最初連中共的最高領導人陳獨秀都不願意接受，可見如此激進的農民運動觀並非早期共產黨內統一的觀點。只是後來毛從湖南逃到廣州，進了農民運動講習所當上指導，該文才在《中國農民》第二期首次刊出[7]。

1926年春夏之際，國共兩黨在廣州的激進農民運動大合唱不久即

6　F. A. Hayek, *The Fatal Conceit: the Errors of Socialism*(Chicago: The University of Chicago Press, 1989), pp. 106-117.

7　愛德格‧斯諾(Edgar Snow)，《紅星照耀中國》(重慶：新華出版社，1984)，頁140。

隨形勢的變化而告一段落。對國民黨來說，那只是一時的鼓噪，為國民革命軍造了勢，從農民中吸收了眾多的成員而已。國民政府很快把重點轉向城市，特別是沿海的工商業城市，在北伐勝利後立即採取了關稅自主，裁撤釐金，發行公債，改組銀行等有利於振興資本的財政措施。但對於分別控制在地方勢力手下的廣大農村，國民黨鞭長莫及，其農村建設方案可實施的範圍自然極其有限，這就給中共早期開展農民運動留下了寬鬆的空間 [8]。對中共來說，毛所主持的農民運動講習所則培養了不少從事農運的幹部，為後來在農村搞打土豪分田地的暴力行動輸送了一大批宣傳鼓動人員。在1927年中共五大會議上，毛澤東主張武裝農民的提議仍遭到否決。毛反對大會把「有五百畝以上土地的農民」定為地主的標準，他嫌這一標準圈定的打倒對象太少，不能滿足貧雇農分地的需求。但大會並沒有理會他的異議，最終也未能就農民運動的議題形成綱領，僅任毛為全國農民協會會長。不久毛回到湖南領導「秋收起義」，在其自擬的五點綱領中即加了這麼一條：「除大地主以外也沒收中、小地主的財產。」[9]從「秋收起義」到上井岡山，到建立蘇維埃政府，直至紅軍全部撤退北上，關於這一段農運及土地革命的情況，在官方的中共黨史中，除檢討與毛對立的中共早期領導人所執行的錯誤路線以外，重點突出的始終是毛澤東正確路線的革命業績。幸虧有個日後脫離了紅軍的參與者著書詳述了他當時親眼目睹的事實，其被掩蓋許久的陰暗面才得以昭示後世，為我們認識中共土地革命的本質提供了充分的根據。

8　劉文瑞，〈內戰和建設——抗戰以前的國民黨統治狀況評述〉，載「中國學術城」網站。

9　愛德格・斯諾(Edgar Snow)，《紅星照耀中國》，頁141-145。

蘇區土改是暴力掠奪之源

此人名叫龔楚，曾一度進入紅軍的領導核心，只因其知識分子的修養和溫和的天性，弄得他在中共高層中漸受到猜忌，最後他對所謂的革命徹底失望，遂選擇了逃走的上策。多年之後，他寫了一本名叫《我與紅軍》的回憶錄在香港出版。此書因暴露了國共兩方面的不少底細，其流通在兩岸均受到抑制，所以1950年代初問世後至今鮮爲世人所知。但就其敘述筆調的平實和懇切來看，大體上應屬於實錄信史。作者至少爲我們提供了以下幾個方面的信息。首先，全面打擊地主的政策促成了地主與紅軍的敵對。紅軍來了農會整地主，紅軍走後國軍來了，地主又實行報復。隨後農會再加倍報復，迭相報復，形成慘烈的屠殺，致使本來準備投奔共產黨的國民黨軍官轉而與其爲敵，甚至因傷害了個別紅軍將領的家屬，迫使這些人憤然投奔敵方。這一點實爲國共兩黨由摩擦決裂到互相殘殺的重大起因，鄉間的貧富衝突遂不幸被人爲地演成兩黨對抗的僵局。實際地看，鄉村裡由貧富差別滋生的恩怨情緒本談不上什麼重大的社會矛盾，它應該通過社會的漸進改革逐步得到消除，而不應被煽動起來，膨脹爲壯大中共武裝的動力。

可惜中共早期的領導人只見蘇俄布爾什維克靠階級鬥爭取得了勝利，便盲目照搬，企圖帶領窮人由此脫貧，且唯莫斯科之命是從，一再按盧布發放者的指令加強布爾什維克化。結果不但愈鬥愈貧，進而使這一用來實現革命目標的武器操作失控，以致發生異化，由手段成爲目的，最終釀成了窮人群體的自戕。從〈湖南農民運動調查報告〉一文可明顯看出，毛澤東從開始即爲運動中的痞子行爲拍手叫好，余

英時說他「確是繼承了『打天下的光棍』的中國傳統」，可謂點出了毛澤東其人的本質特徵[10]。需要補充指出，毛的本性中另具有一種極端不近人情的傾向，很難用邪惡之類的空泛指斥來概括他的這一特徵。那是一種頗有幾分痴呆症因素的冷漠，是對罪行、殘酷和生命受到傷害而無動於衷的冥頑不靈。正是這種不少粗鄙的村民多具有的麻木不仁，使毛對鄉間的惡作劇行為常持他那種見多不怪的態度，甚或不負責任地挑動其胡鬧下去而竟不以為非。因此，毛及其中共高層人士在運動中重用，乃至縱容一些粗鄙蠻橫者為所欲為，藉以造成群眾運動所需要的破壞效果，便絲毫不足為奇了。龔楚以他個人的見證反覆描述了這一流民風氣的危害性，這又是中共農民運動的另一個特徵。以下是龔楚的描述：

> 由於共產黨缺乏正確的領導，農民運動多操縱在地方上遊手好閒的流氓地痞手上，造成劫掠式與報復式的無紀律無原則的行動。以致在暴動過程中，不但沒收土地與財物，還要擄人勒索，焚燒屋宇，甚至屠殺豪紳地主和富裕的人民……
>
> 第一，他們過去或者受過善良的人們的厭惡及歧視，現在便利用「翻身」的機會，吹毛求疵來報怨洩憤。第二，他們過去窮困久了，打土豪是唯一的發財機會，可以不勞而獲，坐享其成，所以在打完土豪之後，又將富農稱為地主，中農升為富農，極盡其敲詐勒索的

10　余英時在〈打天下的光棍〉一文中指出，毛澤東是「集各種『邊緣』之大成的一個人」。見其所著《歷史人物與文化危機》（台北：東大，1995），頁51-52。

手段。第三，他們現在有錢有勢，便藉著「男女平等」
的口號，以提倡婦女參加革命工作為手段，將農村中年
輕美貌的女郎任意凌辱與玩弄，如果她們反抗，便用種
種罪名，加以迫害，許多農村女子便在這種淫威下橫受
蹂躪，而一些堅貞不屈的便犧牲了性命[11]。

龔楚還告訴我們，打土豪分田地中心的經濟目的是充實紅軍的錢糧。
他說：「在發動民眾打土豪中，除分發一部分沒收豪紳地主所得的衣
物糧食給予民眾外，其餘的主要的糧食——穀米——運往寧岡，作為
儲備的軍糧。」分田地給農民的目的當然是取糧於民。又如龔楚所
說：「中共除了在蘇區內徵收土地稅外，並運用統治人民的糧食，廉
價收買糧食的辦法。在蘇區內的人民，每人只限每月存穀二十斤，平
均每人每日約有米八兩，其餘就是餘糧，須由政府定價收購。還要運
用勞軍、獻金、獻糧各種手段來搜刮人民的全部所有。這就是他們在
蘇區內解決軍糧的主要方法。」[12]就連為紅軍大唱讚歌的斯諾，聽了
紅軍在蘇區反圍剿的艱苦經歷後，揆之情理，也對他們的補給問題生
過疑竇。但面對斯諾的追問，毛澤東他們卻一再否認，閉口不提龔楚
所說的事實。難道天上給紅軍掉過餡餅不成？所以斯諾仍然推測說：
「儘管紅軍否認，但我懷疑對農民想必進行了相當程度的剝削。」[13]
由此可見，在打土豪分田地這一窮人的盛大節日景象背後，所掩蓋的
正是革命行動的某些準土匪手段。

11　龔楚，《我與紅軍》（香港：南風出版社，1954），頁47、427。
12　同上，頁131、285。
13　愛德格‧斯諾(Edgar Snow)，《紅星照耀中國》，頁166。

又殺牛又擠牛奶

　　農民運動和土地革命最終破壞了蘇區的經濟，龔楚逃離蘇區的時候，目睹一路上遍地瘡痍的景象，他覺得包括他自己在內的倖存者及其身外的廢屋荒野全都厭倦了運動和戰爭。但紅軍畢竟通過農民運動壯大起來了。那些運動中大施了暴力以及搶了錢財的農民自然要跟上紅軍一起北上，可見鼓動農民結冤仇欠血債本身就有斷其後路，裹脅他們入伍的後果。難怪龔楚個人看不下去的暴行始終在紅軍中未受到制止。即使我們不能臆度說那些操控暴力運作的核心人物確實居心叵測，故意讓手下的人搞得不可收拾後跟他們亡命而去，但考慮到北上長征的紅軍隊伍約十萬人的巨大數字以及眾多的隨軍民伕，誰又能斷然否定其中的很多戰士和苦役不是叫自己人逼上梁山的[14]。讀過王學泰《遊民文化與中國社會》一書的人，若還記得書中所述江湖遊民拉人入夥的殘忍手段[15]，則不難看出中共在農民運動中種種操作的行為模式及此一亞文化從古到今的師承關係了。土地改革本為實現社會公

14　我在此指出這一惡毒的手段並非出於個人的想像，有蔡詠梅一文為證：「中共不僅燒殺土豪劣紳，國民黨軍官、官吏，也以燒光殺光政策來迫使農民上梁山。十幾萬蘇區農民跟著中共爬雪山過草地，就是迫於無奈，因為他們雙手沾過『土豪』的鮮血。大陸出的《蘇區肅反大紀實》記述夏曦在湘鄂西蘇區第四次肅反將一批紅軍開除軍籍，但這些紅軍苦苦哀求不要趕他們走。因為他們是『打土豪，分田地參加革命的貧苦農民，有家不能歸，不跟共產黨走只有死路一條』。」1993年出的《中國左禍》一書如此來形容當時的『燒殺政策』：『一座座村莊燒成廢墟，百里無雞鳴，一片片焦土，啼號不絕，蒼生痛哭，群群百姓，無家可歸，骨肉流離散』。」蔡詠梅，〈暴力之源——湖南農民運動揭開序幕〉，《開放雜誌》（2001年7月）

15　王學泰，《遊民文化與中國社會》（北京：學苑出版社，1999），頁1-28。

正，應讓所有的農戶都走向致富之途。然而中共在蘇區的所做所爲證
明，革命的理想只是說起來激動人心，懷抱革命理想的共產黨人一旦
把黨派的或個人的權力看得高於一切，那些受他們口頭上無比同情的
農民便降爲他們用以實現其革命野心的工具。紅軍最終通過土地革命
掠奪了蘇區的人民，不管是地富，還是貧僱農，都爲紅軍隊伍的倖存
和壯大付出了血的代價。因此我們可以簡單地總結說，中共的農村政
策最初即表現出十足的掠奪性和殘暴性，無論從地主手中奪糧，還是
讓分了田的窮人納糧，農民群體均被作爲客體利用。保革命的隊伍，
其中心在於保黨，保來保去，最終保的還是黨中央。

這種露骨的榨取後來在抗日戰爭中給八路軍造成了很大的困難，
爲防止竭澤而漁的惡果，中央不得不奉行比較溫和的政策。於是，他
們斷然放棄了從前在蘇區那種「地主不分田」和「富農分壞田」的極
左做法，改沒收土地爲減租減息。聶榮臻在宣講新政策時曾有一段苦
口婆心的比喻，他把地主比爲奶牛，他說分光地主的財產好比殺了牛
吃肉，大吃一頓後便再沒有什麼可吃。保留地主的部分利益好比擠牛
奶。怎麼擠呢？他說：「今天擠一點，明天擠一點，貧苦農民生活可
以得到改善，農民高興，地主、富農也可以接受。」[16]聶榮臻的比喻
既風趣又露骨，他那冷血的口氣再明顯不過地讓我們看到，中共及其
軍隊爲了倖存而榨取其所需的手段是根本不顧農民的經濟權益，甚至
不把他們當作與自己平等的人看待的。這才是眞正的剝削，而所剝削
的對象幾乎沒有什麼地富與貧僱農之分。

然而，黨在利用農民所謂革命熱情的同時也引發和激化了他們固

---

16 見何高潮，《地主‧農民‧共產黨》（香港：牛津大學出版社，
    1997），頁136。

有的暴民傾向。黨的成員大多數來自農民，黨在很大的程度上就是一個農民黨，黨在鼓動和榨取農民的同時也縱容了農民，致使農民的劣根性在一定的程度上化入黨性，並構成黨性。黨運動了群眾，便不可能不受到群眾中暴力平均主義衝動的牽制，這就是自農民運動發動以來，從決策到具體執行總是容易向極左偏斜的主要原因。等放任下邊搞過了頭，把事情弄得適得其反，不得不反一下左傾冒進的時候，也都不過搞些修補，作出緩衝的姿態而已。因為要繼續向前猛衝狠打，靠的還是過火行為；因為階級鬥爭本身是以破壞為任務的，是只能在把順民激成暴民的過程中發揮其革命作用的。

翻身與惡力的召喚

土地革命孵化出紅軍，壯大了八路，進而在與國民黨最後的決戰中為解放軍動員了更多的人力物力。成漢昌指出，「據統計，在解放戰爭時期，二百六十多萬翻身農民參加人民解放軍，保證了解放軍源源不斷的兵員補充。」「廣大翻身農民為了革命戰爭的勝利，寧願自己節衣縮食，千方百計籌集大批糧食、被服鞋襪和其他各種物資支援前線。」這些補充兵力的命運如何呢？據一個被俘的解放軍軍官向審問他的黃仁宇透露，林彪在四平所施的「人海戰術」就是派老兵在後面端著槍，硬逼迫成千萬老實的翻身農民新兵衝上去送死打勝的[17]。正如毛澤東所說，人民解放戰爭，主要是靠了完成土地改革的解放區的一億六千萬人民打勝的[18]。就只為分了人家的那幾畝地，不知道多

17　參黃仁宇，《黃河青山》（台北：聯經，2001），頁175，189-195。
18　見張永泉等，《中國土地改革史》（武漢：武漢大學出版社，1985），頁291-392。

少翻身農民都如同林彪部隊中的炮灰那樣拼命衝鋒，前仆後繼，為國共的爭雄而付出了慘重的犧牲。截止中華人民共和國建立，中共除了在局部農村搞了些養活他們自己的土地改革，就再談不上有什麼值得一提的革命事業，更談不上為所謂的新民主主義中國的建立做出什麼貢獻了。也正因為土改是他們建軍的理由和賴以倖存的保障，對中共來說，在全國範圍內實行土改就有了樹立其政權合法性和贏得民心的偉大意義。

然而中共所推行的土改並非絕大多數農村人口的統一要求，也很難說是每一個中共高層領導從心裡通過的決議。他們之中有不少人即出身地主家庭，有些人的家庭在土改中甚至受到了衝擊，甚至像趙紫陽這樣的中共高級幹部，其父親在1947年解放區的土改中也遭到了殺害。不是不存在另一種土改方式的可能及其選擇，不是不可能更溫和更人性一些，然而在大勢所趨下的個人難免被形勢衝昏頭腦，於是跟上去推波助瀾，紛紛為惡力所化。即使有個別的清醒者，不是因異議而受到了清洗，就是明哲保身，勉強隨了大流。共產黨人發動了運動，但運動也激流般將共產黨人捲入惡性的漩渦。窮人對富人的仇恨一旦被全面煽動起來，連幹部個人的良知和人性都免不了在所謂革命的考驗前向人心的陰暗面和暴民的盲動屈服。召喚惡力者就這樣走向墮落，讓其所召之惡力牽著鼻子走了。據網上未經證實的傳說，趙紫陽的父親當年被槍殺，趙受迫於形勢，竟簽了「同意」兩字。「階級立場」或「執行正確路線」之類的緊箍咒現在成了外在於全體革命成員的恐怖口令，甚至包括毛澤東本人在內，人人在運動的風頭上都不得不屈從一股子似乎是千百年鬱積的戾氣所爆發出的施虐衝動。儘管土改政策中明文規定禁止濫施暴力，但種種擴大打擊面和人身傷害的事件從來也沒有斷絕。上層對於基層，似乎多持一種先放後收的態

度：先是放寬其過火行動，等搞得太過火了，又出來講政策充好人，作一些更正和挽救的工作。這種先放手搞一陣，然後再加以約束的做法幾乎普遍實施於此後所有的運動。實際上高層人士都知道，等要整的已整得差不多了，這時候煞一下車正好合適。群眾既出夠了氣，發足了狂，該趁勢打倒的也都趁勢打倒，做一番給屍體整容的工作，實為必要的收場程式。

地主做了沉默的羔羊

　　長期以來，外界對中共錯誤路線的追究多從反右開始，只是近幾年來，才陸續有人撰文清算土改時期的暴行，越來越多的讀者才開始了解到廣大農戶土改時期在人身和生命上蒙受的巨大傷害。曹錦清在浙北的調查告訴我們，僅一個H縣鬥爭的惡霸地主及反革命分子便達808人之多，「其中被判處死刑而就地槍決者355人，判處死緩者21人，無期徒刑者52人，有期徒刑者180人，另有200人交當地群眾管制勞動。」[19]白沙洲搜集的資料則讓我們看到，土改中受害的地主既有被活活打死的，也有被逼自殺的，甚至有些地方按上面下達的指標殺人。一個土改中曾擔任鄉土改隊副隊長的當事者說：「那時，上頭一層層開放殺地主的綠燈，各鄉、各村的土改隊長、組長，便都照看去做，生怕完不成殺人定額，犯右傾的，被處分。」據白收集的資料，僅在土改中，估計的殺人數字約在一百萬至四百萬之多[20]。如果說在1949年以前掠奪及濫殺富裕農戶，還可以歸罪為戰時危急存亡情況下

19　曹錦清等，《當代浙北鄉村的社會文化變遷》（上海：遠東出版社，2001），頁38。
20　白沙洲，〈毛澤東時代整死了多少農民〉，《北京之春》（2001年6月）。

的特殊手段,其鬥爭的殘酷性是與國軍圍剿的滅絕性相互作用的。但
在已取得政權後,中共仍挑起大部分農戶死整少部分農戶,則如此兇
惡地策動群眾,便屬於政策性的煽動仇恨,報復行為的全面政治化,
純粹是藉滿足民眾的嗜暴欲以贏得群眾擁護的暴政了。中國歷史上發
生過的暴行多了,但暴行總是純粹的暴行,只讓人感到厭惡罷了。唯
獨輪到了中共王朝,暴行才穿上了合身的外衣,致使其中的血腥和殘
忍竟有了合理的成分和崇高的形象。中共官方壓倒一切的正面宣傳,
再加上海內外知識分子模糊影響的追隨之說,土改作為偉大的革命運
動至今仍在多數中國人心中留有很深的印象,就連著名的歷史學家黃
仁宇在他的《讀蔣介石日記》和自傳《黃河青山》兩書中,每提及土
改,也從他的「大歷史」眼光出發,得空便發一些隨意而缺乏確切論
證的議論。

惡因真能結出善果嗎?

　　黃仁宇的看法很有代表性,因為他並沒有站在共產黨或國民黨的
政治立場上說話,且本人遠離中國,也完全了解中共的暴力運作及其
巨大的破壞後果。然而對這位善於理性思考問題的學者來說,暴行一
旦屬群體所為,且在歷史的動力下發生「惡因或出善果」的作用,似
乎便不可與日常情況下個別的暴行相提並論。仿佛巨惡元兇惡過了
頭,反而可獲得某種超越,可以不受常規道德的約束,只要那惡能發
揮黃仁宇所期許的「歷史槓桿作用」,即使整個過程中都利用了「人
類的邪惡天性」,它最終也有可能「打造出理想的社會」來。因此,
黃仁宇一方面低調地承認他個人對「階級鬥爭」沒有信心,一方面
「仍不得不承認中共之土改政策在中國長期革命之過程中產生了『槓

桿作用』。」[21]首先應該指出，黃仁宇在很大的程度上也懷有一般知識分子常有的歷史義憤，從他書中的議論可以看出，他把所謂地主階級對農民的封建剝削想像得一團漆黑，把二十世紀前半期中國農村的落後、凋敝誇大到非徹底砸爛了重造不可的地步。因此，他的基本出發點是：舊農村一無是處，地租、高利貸利息危害深遠，不實施土改，中國便無法從傳統社會轉到現代化的道路上，土改於是成為涉及到國家生死存亡的大問題。歷史的必然性信念因而左右了黃仁宇的思緒，致使其行文如紊亂的心電圖，立場會時左時右地大幅度搖擺，措辭則是清晰與混亂迭相交錯，其筆墨的酣暢與論述的無序處處顯示出書寫者認識上的分裂。常常是在發出一段比較精采的論斷後，無端就冒出一些不負責任的昏話來。比如說：「我從學術研究觀點證實，毛澤東的激化已夠格成為重大突破，將文化導向的社會轉成可以在經濟上管理的社會。」黃顯然認為，正是完成了土改，共產黨才得以實行他一直期盼的「從數字上管理中國」。因此，「毛澤東是歷史的工具。即使接受土地改革已實施三分之一世紀的事實，也並非向毛澤東低頭，而是接受地理和歷史的判決。」總之，按照黃仁宇的大歷史眼光，從傳統向現代轉型乃是中國的命運，只要完成了轉型，我等渺小的個人就無需在人民遭受苦難的枝節問題上無謂地糾纏，更不該簡單化地判定歷史人物的罪責。因此，就算毛澤東及其黨人做了惡，他們的罪行也與敵對一方的所作所為相反而相成，雙方各以其完成的不同弧度連綴成遠非吾人有限的理解力可得其仿佛的歷史曲線。總之，按照黃仁宇的說法，「歷史學家的技藝所在，就是站在類似的有利時點

21　見黃仁宇，《從大歷史的角度讀蔣介石日記》（台北：時報文化，1994），頁291、447。《黃河青山》，頁279。

來進行整體的重新評估。新的視野會讓我們以不同角度來審視過去。」[22]好了，讓我的徵引就此打住。面對以上所述無人稱的歷史動力圖像，歷史學家似乎只有張口結舌發驚愕的份兒，他可以試著捕捉歷史動態所展現的走勢及合力關係，但卻沒有足夠的判斷力評說具體的功過是非。即使你明知那是聚九州之鐵鑄成的大錯，但如今都早已是鐵定的現實，也就只有歷史地承認其存在的合理性了。

台灣土改：一個可資對比的參照

然而我在此實無意發黃仁宇那樣的歷史玄思，本文的探源就是要實打實地追究罪責與過錯。比如說，能不能另作選擇，避免掠奪和暴力，以更有利於發展農業和維護社會生態的方式實現「耕者有其田」的改革呢？台灣在五十年代初成功的土地改革便提供了肯定的答案和有說服力的參照。

台灣在土改前的土地不均及地租之沉重絕不次於大陸，政府判斷土地所有者的土地該不該重新分配的標準也以是否自己耕種為準，而是否分予農戶土地，也同樣基於該農戶是否自力耕種。但台灣當局沒有搞群眾運動，沒有在政治上打倒地主，而是從三七五減租入手，採取了國家有償徵收(而非沒收)地主的多餘土地，然後放領給貧困農戶耕種的和平漸近方式。更重要的是，政府實行了「以農業培養工業，由工業扶植農業」的政策，引導地主從事工商企業，輔導中小地主轉業[23]。此即本文開頭時所說的將土地資產轉向工商業投資，以突破小

22　黃仁宇，《黃河青山》，頁366、544、549。

23　參看成漢昌，《中國土地制度與土地改革》，頁300-309。

農經濟瓶頸的現代化經營方向。不只是台灣情況如此，戰後的日本土
地問題也極其嚴峻，地主對佃農所收地租之重甚至更甚於中國。五十
年代在美國占領軍的推動下，日本也實行了土改。政府也是把從地主
手中徵收的大量土地轉放給佃農，使自耕農大量增加，從而消除了戰
後的社會危機[24]。

　　台灣和日本都沒有用強硬手段徹底消滅租佃制，但由於實行了各
項保護自耕農的措施——如維持農產品的合適價格，鼓勵農民合作運
銷以減少中間剝削，合作耕種以減低成本，推行農業保險制度，減輕
中小自耕農的稅捐負擔等——從而有效地發展了生產力，最終鞏固
了土地改革的成果[25]。台灣和日本的成功在於，政府所推行的改革只
是為了消除壟斷土地以剝削貧苦農民的不公平社會現象，而非消滅收
取合理租金以出租農田的土地所有者。土改的出發點是平均地權
（equal right to land），而非在政府操控下平均分配土地的那種一刀切
均田。

窮有窮惡

　　中共的土改對農村的社會生態造成的危害是多方面的。毛澤東數
十年前紙上所搞的煩瑣分類如今公然在全國付諸實施，曾經在蘇區搞
過的種種倒行逆施幾乎在全國範圍內重演了一番：同為一村的農戶，
僅僅是多幾畝地或少幾畝地，僱沒僱過幫工，以及耕地自種還是出租
的差別，便由工作組操起判決的大筆，劃分成不同的成分，分類登在

24　參看蘇志超，《土地政策之比較研究》（台北：文笙書局，1977），頁
　　142。
25　同上，頁149。

戶籍上，從此這成分即成爲一個人鐵定的身份，給該人打上了或榮或辱的標記。在人均土地已經基本平衡的情況下，依然把從前曾經富裕和貧窮過的兩類農戶繼續人爲地對立起來，把後者對前者的打擊完全制度化，以致使一方的尋釁施暴和另一方的橫遭欺壓成爲村民日常的生活狀態。這是幾千年來的中國農村，乃至全世界其它國家的農村從未有過的情況。

在過分誇大地主階級的罪行之同時，革命話語恰恰掩蓋了貧窮者身上的某些惡德。我們知道，並非所有的窮人都是受富人剝削和壓迫的結果。龔楚在蘇區看到的情況並非個別地方的特例，可以說普遍存在於中國的任何一處農村。農村中大量的流氓無產者往往就是由於好逸惡勞，不善經營，沾染惡習，甚或先天癡呆，整體弱智，由負債、破產而落入赤貧的。窮人並非個個都是無辜的好人，而是善惡混雜，有相當數量的劣質人口摻在裡面的。其實很多本分的貧僱農並不具備黨所期許的階級覺悟和鬥爭勇氣，反而是他們這些人說出的大實話最能說明從前所謂的受「剝削」和後來的得「翻身」到底是什麼回事。但每一個村莊大都少不了那麼幾個大家都討厭的人物，他們對鄰里心懷不滿，嫉妒心強，老盼著占別人便宜，最喜歡渾水摸魚，尋釁生事。正是這類人出於他們好起鬨的本性，在新的政治形勢下扮演了積極分子的角色，在下邊把分財產、鬥地主的事搞得太過火。若放在任何講一點公道和廉恥的社會中，此類人都會受到人群的唾棄，絕無出頭猖狂的機會。唯獨碰上了那個大量產生新名詞的「解放」初期，他們就仗了貧農的成分或黨員的資格，再加上運動中突出的表現，遂輕易撈取革命的油水，紛紛搖身一變，竟沐猴而冠地成了基層幹部。當「富」被不加區分地扣上了剝削的帽子，「窮」自然就上升爲光榮的根據和政治資本。於是，罪過僅次於地主的富農，還有在中共多次變

換的土地政策中險遭打擊的中農[26]，都不過因家產較貧農稍富一些，土改後或遭受壓制，或被工作組打入另冊。

由此而產生的嚴重後果是幾千年來延續的價值序列被徹底顛倒：勤儉致富成了有罪的行為，無德無能者反而因占了政治的上風而當上基層幹部，霸凌一方，把本來就很左的政策執行得更左。

剝奪的升級：兼併富農和中農

在西方國家，土地政策屬於專門的學問，它不只涉及到地權的分配，還涉及到增進土地的保養和利用等一系列經濟和法律方面的建設性舉措。因此，政府僅僅調整地權以照顧貧困農戶，並不等於就一勞永逸地解決了他們脫貧的問題，政府更應該實行各項有利的措施來促進生產力的發展，才能有效地幫助窮人逐步致富。如上所述，台灣的成功便與這一方面的工作做得較好有關。

可惜善於搞群眾運動的共產黨恰恰在統籌經濟和技術服務上缺乏能力。從不少資料可以看出，土改後農業生產並無明顯的提高，由於各地的農業技術服務跟不上去，分得土地的農民不但沒完全擺脫貧困，有些方面還不如土改之前。接著就出現了令政府擔憂的兩極分化：部分不善經營的貧農賣了地，富裕農戶中出現了兼併土地的的趨勢[27]。按照毛澤東所定的調子，這叫做走資本主義道路，地主階級已

26　據龔楚記述，周恩來在主持蘇區中央工作的會議上便宣布中立中農，把他們劃歸很容易倒向反革命集團的中間分子。見龔楚，《我與紅軍》，頁372-375。

27　朱秋霞，《中國大陸農村土地制度變革》（台北：正中書局，1995），頁72-76。

經打倒，如今進入社會主義革命時期，主要的打擊對象便轉向了走資本主義道路的農戶。黨給貧僱農分土地既然是爲了讓他們致富，眞不懂毛澤東根據什麼老擔憂一部分人變富了再剝削另一部分人。據說毛怕再次退到土改前的貧富不均，於是他號召建立合作社阻止富農和中農致富，強迫全體農民走共同致富的社會主義道路。我們無法確定當時的兩極分化到底普遍和嚴重到什麼程度，或那是不是一個眞實存在的問題，就算這新出現的分化屬於非推廣合作化不可的原因之一，那至少也從反面說明，中共政府所搞的土改並未達到其預期的成果。而用合作化的手段進一步補救土改的不足，正表明平均分配土地並不能解決由人多地少和剩餘勞力無從轉移而造成的貧困問題。

應該如何理解新出現的問題呢？通常的解釋是，貧農雖分得了土地，但因底子太薄，仍遠不能與富農和富裕中農相比，因此他們最需要集體互助。實際的情況是，這些被稱爲「窮則思變，要幹，要革命」的農戶更傾向於通過合作以獲得他們自己並不具備的物力和財力，具體地說，即把富裕農戶的騾馬、車輛和大型農具都變成社員共有的東西。這就是毛澤東所謂「窮過渡」，「窮是動力」的出發點和群眾基礎。怪不得他把革命依靠的對象只下限到下中農。中央一聲令下後之所以能在短期內一哄而上，在全國範圍內出現了農村社會主義高潮，從初級社而高級社，再跳到人民公社，顯然與較貧的農戶中一部分缺乏經營能力或條件的人更喜歡聯合起來共他人之產的心理有關。他們似乎並不滿足土改的成果，經過了土改，仍有占百分之五的富農和占百分之三十的中農在土地、工具、資金、人力上都比貧農優勢得多。推動合作化，顯然有利於把仍然存在的差別徹底拉平，這才是毛澤東欣賞的「窮棒子精神」的本質：一個總是從高向低拉平的劣化動力。

　　如果我們能夠從這樣的唯物角度透視中共的革命話語，則所謂貧農的入社熱潮，即可被理解為變相的再次土改，通過合作的管道剝奪富農和中農多於貧農的土地和農具，最終實現絕對的平均。等到公社化期間，大家都吃起了食堂，連富裕戶較好的家具和炊具都被共了產，不但沒有私有財產，連私人生活的縫隙都被集體填滿，中國農村中最具有發展現代農業潛力的富農和中農，至此便從經濟上被「窮棒子精神」徹底淹沒。現在看來，曾經被指責為「走資本主義道路」的勢力，實際上正是這些富裕農戶代表的致富的生產力，正是存在著這樣的經濟實力，才有可能在進一步的發展中為地少人多的農村開通一條出路：如讓善於種地的農戶經營更多的農田，讓擁有更多資金的農戶發展鄉鎮企業。但是以代表貧下中農利益自詡的共產黨一方面出於意識形態的教條，一方面則由其極權的本質所決定，不但看不到這一發展方向的優勢，反而用「資本主義」這個類似於「土豪劣紳」的毒化語言將一切可嘗試的活路都完全封死。最後就只剩下了中共照搬蘇聯，從上往下硬推行的社會主義道路。那麼貧下中農走社會主義道路的熱情到底是什麼呢？說穿了，不過是損別人的多餘以補自己不足的狂熱，它恰恰屬於農村最落後的生產力，是窮光蛋積極分子們天生的惰性。可惜合作化一搞就搞了近三十年，地主早已消滅，勤勞、精明而有發家致富野心的富農和中農受盡打壓，最終被徹底拖垮，致使五十年代初中國農業可向現代化經營轉化的有利基礎喪失殆盡。

合作化真正的經濟目的是什麼？

　　實行公社化之後，土改時所定下的成分已毫無意義，所有的社員都同樣失去了原來屬於自己的土地，只剩下把農戶分為不同等級的政

治性標誌，從而隨時挑起群眾鬥群眾的階級鬥爭。世事竟是如此反諷，窮人革富人的命，革到後來，竟革得自己原有的土地連帶不久前所分的土地統統失去，最後害得全中國農民集體當了黨和政府的佃農。這真是一個漁夫和金魚的故事，翻身果實丟了，豐產田放衛星攀登的共產天堂落空了，就只剩下原來的破木盆真實地梗在貪心老婆子饑餓的眼睛前，只配貯存運動留下的髒水。但對於政府，維持這生產隊尚有不少好處，從此以後，公糧和購糧的徵收再無需挨家挨戶麻煩地催交，自古以來朝廷或地主最頭痛的問題終於在共產黨手中得到了徹底的解決。七十年代我在生產隊落戶當社員時親眼看到：每到麥黃時節，公社和大隊的幹部便親自來各隊的麥地裡估產，等麥子一上場，根據收成情況確定的公購糧指標隨即下達到小隊。我們社員揚了場、曬了麥，還沒等給自己分糧，就先按下達指標把新麥裝滿麻袋，派勞力裝車送到公社糧站交差。經濟學家揚小凱說得好：「社會主義制度的一個目的是減少收稅的困難。」[28]由此看來，上邊一再壓著下邊逼農民合作化，恐怕就不只為防止貧下中農「吃二遍苦」而著想了，真正的和首要的目的，顯然與當年蘇區的情形一樣，都是為黨和政府更多、更方便地徵購到糧食。

在合作化的問題上，毛澤東仍然走的是通過改變生產關係來發展生產力的路子，他以為只要走了合作化的道路，就可以達到富民富國的效果。毛的講話和文章中常有癡人說夢之言，其反經濟的理財論顯然說明他當年熱心研讀嚴復那幾本西籍中譯時根本就沒讀懂亞當·斯密（Adam Smith）論國富的著作。按那位英國經濟學家的說法，人民

28　楊接著說，「但卻去掉了制衡機制，正像從異性繁殖倒退到同性繁殖，看起來更方便，實則是生存和進化能力的退化。」見向繼東，〈楊小凱論革命與反革命〉，《北京之春》（2000年7月），頁88。

的經濟活動是政府成立的目的，政治經濟學就是用政治的方式保證經濟的良性運轉，用配套的政治爲經濟服務。然而毛則要讓政治統帥經濟，最終把政治經濟學搞成了以政治管死經濟的歪學。在〈農業合作化的一場辯論和當前的階級鬥爭〉一文中，毛想當然地斷言：「只要合作化了，全體農村人民會一年一年富裕起來，商品糧和工業原料就多了。」毛的期望只實現了一半，眾所週知，合作化搞了近三十年，搞得農村山窮水盡，農民不但一點也沒富裕，六十年代初還餓死了三千多萬。但毛所期待的後一個目標卻實現得確實不錯，據黃仁宇提供的一個統計數字，中共執政三十年中，政府從農民手中隱蔽撈去的總貢獻高達六千億以上[29]。國家在實行社會主義建設總路線的整個過程中，用曹錦清準確的概括來說，都是「通過供銷社低價收購各種農副產品，確保了城市工業原料和城市居民的低價供應，而低價工資和低價工業原料又保證了企業的高利潤和國家的高積累。」[30]國家在城鄉經濟流通上施加的這一操控，就是與合作化同步推行的統購統銷政策。

合作社的變質

讓我們先從「合作社」這一組織的發生談起。其實早在1920年代南方鬧農民運動時，《中國農民》上所刊的國民黨決議就要求組織農民成立合作社來抵制高利貸和奸商的剝削。曹錦清把由西方引入的合作社辦社原則概括爲四條：一爲自願互利；二爲平等民主；三爲對內

29　黃仁宇，《資本主義與廿一世紀》（台北：聯經，1991），頁475。
30　曹錦清等，《當代浙北鄉村的社會文化變遷》，頁457。

服務，對外經營；四爲重視教育，留出專門基金提高社員的文化水準，扶助貧弱者聯合對付富強者。1930年代初，國民政府爲配合救災和發展農業，曾利用行政力量推行過農村合作社，在不同的省份內一度發展到相當的規模。曹錦清特別描述了晏陽初和梁漱溟從教育入手，搞民辦合作社的成就。從曹的描述中可以看出，合作社本來是改造舊農村，組織農民發展生產最切實可行的選擇，它可以「通過宣傳教育、典型示範，讓農民自願地自下而上地組織起供銷、消費、信貸、生產等合作社，然後逐步形成各類合作社的全國性組織網路。」[31]如果在1950年代初期，中共政府放手讓農民自己自下而上搞這一形式的合作社組織，國家僅從中提供促使其良性發展的好政策和好環境，「窮棒子精神」絕不至於氾濫成災，把農民拖到自己害自己的田地。

但中共政府幹任何事都要堅持從上向下強力推行的做法，在處處防範資本主義自發勢力——其實就是哈耶克所說的自生自發的秩序——的意識形態作祟下，生動活潑的民辦組織很快就被收編爲官辦的機構。在1953至1956之間，國家權力直接插手農民自辦的供銷社之後，很快吞併了私商，組成了農村地區壟斷市場的國營供銷社。新型的「供銷社實質上是國家設在鄉村的一個商業機構，其職能是代理國家收購農副業產品，銷售工業產品。」[32]在採用野蠻手段強行徵糧，甚至動用嚴法酷刑鎮壓農民抵制行動的過程中，這一新興的國營商業單位合法地欺行霸市，爲社會主義建設的原始積累，不知從農民手中做了多少占盡便宜的生意[33]。起先，政府說建立供銷社是爲了杜絕

31　同上，頁541，534-536，543。

32　同上，頁434。

33　參看李若建，〈經濟體制因素對大躍進與困難時期的影響〉一文中「糧食統購統銷制度的影響」一節，引自世紀中國網，原刊於《開放

「奸商」從中盤剝，實際上卻給國家這個大地主把全國佃戶直接抓到
手中提供了方便。一切經濟運作都簡化為下達指標和硬派任務，以
「方物進貢」的方式低價收購各具地方特色的土特產，把農民本可以
在自由市場出售的東西全納入了國營的大算盤。剪刀差由此而形成。
用「工農聯盟」來界定這個國家的政體完全是憲法的門面話，工農聯
盟的實質是：「通過農村的供銷合作社組織而控制城鄉的流通管道，
從而截斷城市資本主義工商業與農村的聯繫，從經濟上逼迫新民主主
義革命時期的同路人——資產階級接受『公私合營』的社會主義改造
道路。」由於經濟領域內不再有任何私人經濟活動的空間，農村的生
產力水準甚至倒退到不如1949年以前的地步。這一點從費孝通「重訪
江村」含蓄的感歎中可以明顯地感覺出來[34]。那時候尚未吃盡苦頭的
中國人還相信黨的許諾，常說起「蘇聯的今天，就是我們的明天」之
類幼稚水準的豪言壯語。毛主席恨不得把窮人一步帶上天堂，他嫌
「資本主義道路時間長，且是痛苦的道路」[35]。為了加速建成社會主
義，黨就決定繼續犧牲掉農民的利益，拿農業的粒粒米、縷縷絲給發
展中的城市和缺乏基礎的工業作長期的輸血。

民間社會的徹底破壞

　　使我感到驚訝的是，讀到新收到的《讀書》中幾篇談論三農問題
的文章，我發現國內至今還有些馴良的讀書人以「做穩了奴才」的心
態懷念毛澤東時代的生活。在一本題為《高家村》的書中，作者不僅

（續）────────
　　雜誌》（2001年8月）。
34　費孝通，《鄉土中國與鄉土重建》，頁286-318。
35　曹錦清等，《當代浙北鄉村的社會文化變遷》，頁538。

以體諒國家的口氣提到因發展工業而對農民造成的剝奪，並進一步讚賞昔日的政策遺產，把八十年代農業生產水準提高的原因歸功於公社化時期的種種貢獻[36]。由此可見持黃仁宇「惡因或出善果」論者還大有人在，因而對此類說法還有進一步駁斥的必要。在爲黃仁宇《資本主義與廿一世紀》一書所寫的序言中，余英時早已針對黃的歷史觀提過含蓄的異議。余以爲，以暴力建立並永遠以暴力維持的所謂「革命社會主義」，絕不可與自然發展起來的資本主義相提並論，所以他一貫立場堅定地剖析其反文明的本質。他說：「以暴力革命沒收一切私有財產的結果是所有生產資料都控制在一個最具獨占性而且全面專政的『黨組織』的手上。這個『黨組織』不但是唯一的封建領主，並且是唯一的大資本家，由於這個『黨組織』壟斷了所有的財富和權力，於是形成了一種只有政府沒有社會的局面。」在中國，余特別指出，其結果是消滅了「民間社會」[37]。如果早期的民辦合作社能夠在全國範圍內成功發展，其存在本身不只有益於小農脫貧，且有助於民間社會的健全成長，及其由傳統向現代的轉化。其實國共兩黨當初的重大分歧即起於對待民間社會的態度不同：國民黨未必即代表所謂「封建地主」的利益，它只是不贊成把農民武裝起來暴力搞土地革命，而是力求在相當的程度上維持鄉紳治鄉的民間社會。國民黨沒來得及實施孫中山的民生主義構想即撤出了大陸，但至少從台灣後來的土改可明顯看出，正由於國民政府用債券股票收購了地主的土地發放給自耕農，才得以逐步轉地主爲鄉鎮企業主，爲後來台灣的經濟起飛打下了良好的本土基礎。台灣的民間社會不但沒有在土改中遭到破壞，而且

36 高默波，〈書寫歷史〉，《讀書》（2001年1月）。
37 余英時，〈余序〉，見黃仁宇，《資本主義與廿一世紀》。

為民主政治的建立蓄積了起抗衡作用的地方力量。但大陸的土改及合作化運動卻破壞了這些本來就很薄弱的生機，致使此後新農村建設的大業走上了完全錯誤的方向。

在土地私有的舊中國，人不分貧富，至少人人均有人身的自由，連柳宗元〈捕蛇者說〉中那個捕蛇專業戶交過差都能獨處虛室，有其暫享的悠閒。但在「三級所有」的生產隊管制下，傳統意義上的農村與農民均發生了質的變化：農村不再是農人生養棲息的鄉土環境，它被改造成承擔和完成國家農副產品任務的生產基地。農民則從各自的家庭和鄉社中割裂出來，成了每天在隊長的吆喝下上工下工的社員。那是華夏鄉土上從未有過的生存狀況，大約只有在那些反面烏托邦（counter-utopia）的作品中描寫過。他們外出時沒有任何身份證件，流入城市後若受到盤查而無法證明個人的身份，就形同擅離生產隊的逃犯，隨時都有被作為盲流關進收容站，再遣送回原籍的危險。城市不只不容農民遷入，國家還把不願負擔或負擔不起的人口遣散到農村，到生產隊分農民的口糧。那年月，學生下鄉，幹部下放，農村簡直成了國家的藏污納垢之地。截止1970年代末期，廣大的貧下中農過夠了翻身的乾癮，也出盡了革命的虛汗，等到了到處叫嚷著「農業學大寨」的時候，他們的革命幹勁已成強弩之末，疲累到毫無積極性可言的地步。

他們終於看透了黨的農村政策之危害性，知道社會主義道路再沒有任何奔頭，這才自發搞起了包產到戶。

終於允許致富了

我們可以把1980代初以來的家庭聯產承包制稱為土地公有私用制，它對原來的土地公有公用制僅做了部分的修改。結果，土地所有

權仍高度集中於國家大地主之手，個體農戶雖獲得了自主經營的好處，土地的使用狀況卻變得空前地分散化了。我們知道，農業的現代化標誌是，溝通城鄉的經濟交流，改糧食的自耕自食為商品生產。換言之，即收穫的莊稼若主要供自家現吃，而不是全部拿到市場上出售，則畝產量再高也只能解決溫飽，絕談不上致富。這正是承包制的極限。當初政府之所以允許農戶承包土地並非基於承認合作化的失誤，而是生產隊的效率實在低下，勞力鬆懈，無人負責，已到了很難混下去的地步，政府不得不採取承包制來暗中修補合作化破產的局面。當然這也和政府的實利打算有關：生產隊徵收的手續雖然簡單，但因糧食產量常年上不去，就好比地主向佃戶分成收租，國家縱收走除社員的口糧和生產隊留用糧以外的所有收穫，但土地總產量太少，結果國家所得不但難以增多，甚至還有可能遞減。承包後國家的所得好比地主向佃戶固定收租，公購糧已按人頭攤到了各戶的地畝之上，家庭承包的土地總產減去了固定的公購糧數字，剩下的都是農戶自己的所得[38]。兩相比較，自然後者既能鼓勵農戶生產的積極性，也對保證政府的稅收很有好處。

　　經過了幾十年窮折騰，政治對經濟的妨害和摧殘有目共睹，各級領導也就不復顧忌走資本主義道路的意識形態障礙，在全國推行了土地承包政策。毛澤東的死畢竟讓中共的高層人士鬆了一口氣，鄧小平公開承認，搞了三十年社會主義建設，到頭來國民經濟瀕臨崩潰。胡耀邦也倡議不必再計較姓社姓資的問題，應該嘗試搞市場經濟。鄧又發出公開的鼓勵，允許一部分人先富起來。黨的最高層終於鬆了口，這至少說明連他們自己也已厭倦了幾十年來領著窮人鬥富人的革命壯

38　參看朱秋霞，《中國大陸農村土地制度變革》，頁203-207。

舉。戶籍上取消了家庭成分的欄目，地富分子的帽子也全部免除，窮鬥了三十年之後，脫貧經濟學已被實踐證明徹底破產。謝天謝地，共產黨終於決定帶領農民致富了。

暗修補，不認錯

　　但中共並沒有公開認錯，1981年十一屆六中全會本是一個總結教訓，痛改前非的好機會，然而由「文革」倖存老人幫操控的這次會議只是爲了清算文革十年和確認毛澤東的罪責。在《關於建國以來黨的若干歷史問題的決議》中，對於前此的所有運動皆文過飾非，空泛地自誇成就，又空泛地陪襯些不足。這些坐在委員會座位上的高層人士不是不知道他們的過錯，而是根本沒打算認錯，至死也絕不認錯。死只是他們之中任一個體的滅亡，而認錯則必導致中共整體的垮台。因爲中共的成長歷程本身就是不斷犯錯，錯上加錯構成的，承認任何一個錯誤的環節都可能拉出一連串的錯—錯—錯，且牽扯到活著的負責人來。從根本上說，中共及其軍隊的產生便是農運和土改在政治經濟層面上雜交的孽種，承認農村工作上的錯誤，就等於否定了此一孽種出生的必要。所以中央明知道合作化大錯特錯，卻無法一下子退回到五十年代初的單幹狀態。就好比脫褲子沒有完全脫下去，只好半提著往前走路，從生產隊只退到包產到戶的當前政策，便存在著如此尷尬的局面。首先，承包的農戶無權出賣或轉讓所分的責任田，要實行規模經營，或搞地產投資，便碰到土地所有權這個不可逾越的障礙。其次，人多地少的宿疾日益變本加厲，再加上種田成本逐年提高，農產品價格低迷，農民的稅費負擔不斷加重，各種土政策反復干擾，個體農戶的分散經營硬撐了二十年之久，現在已露出了難以再撐下去的窘

況。曹錦清《黃河邊的中國》和李昌平《我向總理說實話》兩書向我
們揭示的便是這樣的困境。

曹錦清與李昌平

　　曹是個腳踏實地的學者，爲了向公眾提供一個「從下往上看」的
視角，他借助基層幹部中的私人關係，對河南十數縣及其數十個鄉鎮
和行政村進行了基本上算是保存住「現場」的調查。曹以具體的統計
數字讓我們看到小農戶種糧食無利可圖的普遍事實：「如此低下的農
民素質，如此狹小的經營規模，如此脆弱的家庭組織，要快速提高農
民的收入是不可能的。……溫飽基本解決，發展後勁乏力。」總之，
曹總結說，承包制已走到盡頭，一是該考慮如何推行土地私有化，二
是得促使部分農民脫離土地向農業轉非農業走了[39]。在長達七百多頁
的觀察與思考中，曹反復強調的就是這個上面下面都看在眼中，卻誰
也解決不了的問題。

　　與曹的冷靜旁觀不同，身爲鄉黨委書記的李昌平置身其中，親手
抓地方工作，每一天都和上下官員打交道，都讓父老鄉親的怨訴灌滿
了耳朵。農民負擔太重，沒法子過下去的村民紛紛出外打工，他管轄
的村子農田都大片地拋了荒。於是他提筆向他敬愛的朱鎔基總理寫
信，在信中對總理說：「現在農民眞苦，農村眞窮，農業眞危險！」
他認爲責任制是束縛生產力的枷鎖，說吃稅費的幹部多如蝗蟲，他特
別反映地方上的幹部不按中央的政策辦事，希望總理下來看一看，下

39　曹錦清，《黃河邊的中國》（上海：上海文藝出版社，2000），頁301-
302，463。

道命令減免不斷增加的稅費[40]。到底是鄉黨委書記反映的情況，很快就引起了中央的重視，上邊派人來調查，立即驚動了縣上市上的領導。結果種種阻攔和遮掩相繼展開，李本人在地方官場招來抱怨，中央似乎對地方的防衛無可奈何，李所反映的問題不但沒得到徹底解決，還新出了幾起催交稅費欠款逼死人命的案件。他所反映的上司沒被告倒反陞了官，他自己則被迫掛冠而去。最為諷刺的是，他也步了那些他曾阻攔的外出鄉親的後塵，跑到深圳打工糊口去了。

總理可不相信眼淚

李不愧為一個眼淚奏摺家，他反映了鄉親們含淚的乞求，他聲稱他流著淚向總理上書，還說他的文章見報後人讀人哭，他的書傳到哪兒讀者就哭到哪兒。中國的公眾到底受過中共良好的階級教育，對窮苦人受難的同情和義憤自然先天地深厚，圍繞著李昌平的信和書，一時間儼然形成了悲哀的大氣，社會上紛紛為農民抱起了不平，作者和讀者都以為，發往中央的信必收到九重天上催淚如雨的效果。我承認，李昌平的正直和真誠確實令人感歎，他的熱腸和勇氣在黨官中尤為難能可貴，但他渲染悲情的方式和依賴、寄厚望於中央的想法卻是可疑的和缺乏實效的。寫信和出書至今時日已久，李昌平如今想必早懂得了經濟學的無情：朱總理不相信眼淚，黨中央也不相信眼淚，整個官場和市場都是不相信眼淚的。總理不是不知道他反映的情況，總理知道的肯定更多、更全面，無奈總理和中央都束手無策。

40　李昌平，《我向總理說實話》，（北京：光明日報出版社，2002），頁20-27。

這一非感情用事所能緩解的局勢，有最近「兩會」總結的記者招待會可作說明。不管朱鎔基近年來的表現多麼叫公眾失望，他回答記者的幾個問題還是顯示了他這個人敢說些實在話的直愣子脾氣。他說：1998年至今，如果中央沒採取積極的財政措施，中國的國民經濟就已崩潰。這當然不是說農業，而是指最令他頭痛的國企，是必須「保七」（所謂7%的增長指數）的掙扎，是他執行的宏觀調控如何使盡了手段，是如何拆東補西地要啓動可怕的通貨緊縮。總之，這都是全民所有制範圍內的事情，是關乎中央部委級財政集團能不能維持下去的關鍵問題，所有這一切涉及黨國存亡的大事，農村那個沒底的窮坑內傳出的呼救聲豈能與之相比。朱的潛臺詞是：農業那邊根本顧不上了，而且相當長的時期內也騰不出手去全力照管麻煩的「三農」。

因此，地方上想靠中央撥款是不可能的，即使農村教育的開支占了稅費收入一大半，要想叫國家包下農村的九年義務教育，更不可能。自然，糧食等農產品價格繼續下跌的趨勢也不可避免，中國政府沒有美國政府那麼多的錢扔出去補貼農產品的價格。在朱總理的全盤考慮中，爲了穩住城裡的物價，爲了收入低下的普通市民吃喝便宜，農產品的價格也許還要往低壓。據統計，「從1997年到2000年，四年中，農民減收了一萬六千億元以上。這就是農民在這次國家宏觀調整中所作的犧牲和貢獻。」[41]剝奪還在繼續進行，農民怎能不窮！從人口數字上說，農民占整個國民的主體，如今他們卻成了弱勢群體。朱總理在這次的政府工作報告中首次使用了「弱勢群體」這個非官方用語。這是一個值得注意的新的定位。就像美國所說的「少數族群」（minority），該詞是意味著少數權益的保護，也突出了關注少數的姿

41　陸學藝，〈「農民眞苦，農村眞窮」？〉，《讀書》（2001年1月）。

態，但這樣的劃分同時還有承認你少數退守在你的居留地（reservation）或搬不出你的族群聚居圈（ghetto）那樣一種聽憑現狀延續下去的意思。弱勢的農民畢竟弱在他們的農村，只要責任田還能種下去，且如數納上百分之五的農業稅，按無奈的總理及其政府現在的意思來看，也只能暫且讓他們這樣弱下去了。

黨─國體制涮了農民

記者問總理：「總理最頭痛的問題是什麼？」答曰：「農民收入不能增加。」接著總理又說他對此沒有辦法，進而肯定地指出：農村收入低落是長期政策造成的結果，除非調整農業在整體經濟中的結構地位，否則是沒法解決的。好了，李昌平同志可以休矣。總理的表態如此明朗，你這愛民的好書記還能對黨中央抱什麼期望！所以，李昌平書中不斷重複的一個信念現在必須糾正過來：他老說中央的政策很好，都怪下面執行壞了。現在看來並非如此，歪曲的根子本來就出在中央身上。

中央向來站在全民所有制一邊，守護在城市利益的防線上。這城鄉對立的權益劃分早已從蘇區時確定：黨中央、蘇維埃政府和紅軍一方為主，根據地的老百姓一方為輔。延安時期依然。建國後中共把戰時的供給制帶入城市，因為要安插大量的轉業軍人及其家屬，因為要把黨的領導派進任何一個從舊政權接手的機構，城市和一切全民所有制單位的成員於是跟上黨政軍沾光，被納入了有一定保障的黨─國體制。保這一邊的利益首先是基於保黨政軍的利益，而從此這體制就逐年繁衍，無形中膨脹，至今成了改革的大包袱，乃至經濟的大腫瘤。總理及其政府明白，農民即使再有十年或幾十年脫不了貧，繼續弱勢

下去，只要他們能維持溫飽，就出不了什麼大問題。總之，不管你李昌平怎麼說，農民的弱勢狀況，政府是暫且無法改變了。但全國的下崗工人若像大慶最近那樣大鬧起來，社會就要亂套。所以總理及其政府仍然得全力以赴填塞黨─國體制內部的大陷裂。過去中共以窮治黨，也以窮治國，窮是一面紅旗，拉展了則大紅被面一樣寬廣，可捂住任何面上的寒傖和私處的醜陋。農民雖吃盡了苦，尚有受難的聖像祭在大家的頭上，就算他們都挨了苦肉計，也有足夠的氣氛維護住受苦人的政治虛榮。現在被面索性袒開，紅旗早已落地，在無恥也可能顯得誘人的趨富潮流面前，貧窮終於證實了自己的沒落。

　　昔日的農民黨如今在準備接收資本家入夥，它已把自己拴上致富的戰車，往下只會越走越遠，因此只能橫下心置農村於腦後。不信讓我們再引總理的另一答覆。有記者問及貧富差距越來越大的問題。總理爽快地承認說：這是不可避免的。相對於從前的忌富，掠富，殺富，承認並允許富的存在，黨與政府畢竟算有了進步。但由於中國的窮人太多且太窮，又慣於持一種貧窮把富裕拉平的心態，於是民眾在容忍「富」的問題上尚遠遠落後於其成員多已優先致富的黨政軍官僚。所以，如今最讓共產黨絞盡腦汁的是，如何搞好一種數學逆運算式的所有制還原。這的確是個很大的難題，因為並不是所有的還原都能還到原有的得數上。人家原來被沒收的房或地怎麼給人家退還？公有的財產如何劈開分給各個私人？讓誰主持分？拿什麼做公平的標準？這一切全部亂得一塌糊塗。破壞曾經很殘忍，但破壞後企圖復原，其扯皮的過程更充滿了不公平的痛苦，且是長期的痛苦。而且在那個過程中會摻進雜質，等你還原過來了，誰知會落到什麼樣扭曲的地步……。

　　中國的不幸在於中共總是做不自然或反自然的事情。過去地主的

地分光了，人也掃地出門管制起來了，根本不存在階級鬥爭，卻整天鬧著搞階級鬥爭，說地主家有變天帳，挖地三尺去搜求。台上那樣演是叫人看戲，看了戲現實中竟照樣眞做，把恐怖與傷害當戲耍，轟轟烈烈，好不熱鬧，意氣風發鬥了幾十年。其實哪裡來的階級敵人，都是貧下中農自己激自己，拿著死貓當活老虎圍打，直到把大家都整窮。毛澤東太相信社會發展史中所劃分的階段和歷程，自以爲把資本主義消滅於萌芽狀態，就能把窮人帶入共產主義天堂。毛澤東沒來及反省自己的愚執就去見了馬克思，鄧小平害怕分擔毛的罪責，始終不敢點破中國從傳統轉向現代的道路上共產黨所領的彎路、退路和死路。

　　比較起來，還數江澤民比較靈通。他一面硬撐住現存的台面，盡力維持這後毛鄧的僵局，同時試著把黨－國逃不脫的葬禮做成借屍還魂的蛻變。比如對他的「三個代表」的提法，我們就不妨來一番反讀，庶幾可讀出其正面表述背後偷樑換柱的玄機來。既然說這共產黨現在要「代表先進生產力和先進文化」，豈不表明江主席公開宣布，共產黨一直代表的都是落後的生產力和落後的文化！打土豪分田地，掠奪殘殺，那都是學太平天國的做法，無疑屬於前現代農民暴動的野蠻手段。接著實行合作化搞統購統銷，隔絕城鄉，使農業停滯於小農生產，以官商來抑制經濟的自然發展，又重複了帝制王朝一貫貪得卻又無能的斂財手段。結果把中國的農村發展進程耽誤了差不多一個世紀。這不是落後又能是什麼！現在江主席終於號召共產黨要「代表全體人民的利益」了，如果中共代表過或者已經代表了全體人民的利益，何必還要再行號召呢？首先，它自然說明中共從不代表百分之七十農村人口的利益。這的確是一個令人想不通的悖謬，一方面代表了農民落後的生產力和文化，另一方面卻不代表全體農民的利益。五十

年來，黨只代表黨一國體制的利益，一個一直代表了落後生產力和文化的執政黨之所以至今還在台上，且還會繼續執政下去，就是因爲它已經包養了它的相當龐大的既得利益階層，而且這不得不維持下去的體制仍牽扯到此體制內所有成員的吃飯問題。這裡面不只包括黨政軍和事企業，就連吃慣了鐵飯碗死抓住公家不放手的下崗工人，以及對社會主義優越性依然留戀的一切體制內在編人員，都與這個黨的退卻與掙扎形成了一定的共謀。唯獨非城鎮戶口的前現代農村腹地人口與此關係不大。他們固然多數窮困，被遺棄在城市的社安保障之外，但他們本來就在底層，相對於城市，將較少遭受那個正在崩潰的體制內所有人員隨時都會碰到的兇險。

轉向市場經濟和進入世貿組織的黨一國體制猶如浮士德與靡菲斯特搞上了交易，爲開那個洋葷，黨一國體制已將自己的靈魂抵押給魔鬼。市場的美妙及其險惡是市場這把劍的雙刃，沒有好吃的烤山芋是不燙手的。現在只是初期的挑戰，更大的、更深刻的衝擊尚在未來。黨一國體制的龐然大物已在一層層剝落，哪一層脆弱哪一層便首當其衝，哪一部分趕不上發展的步伐，哪一部分就會從看好轉爲衰敗。現在是工廠，明天就會輪到公司，後天則爲銀行，以至文教、科研、衛生，直到黨政機關，凡與體制有關者將無一幸免。在效率、競爭的挑戰下，一切都得服從存優汰劣的機制，到那時候，中央想護也護不住，而且連中央本身都是泥菩薩過江。共產黨遺誤了黨一國體制的從業人員，同時也嬌慣了寄生在其中的每一個人。現在中共有心代表先進的生產力和文化，中共的臣民卻或多或少仍難同落後的生產力和文化脫清干係。其中有些個人，甚至比中共還更落後，正是他們這些人構成了中共左派勢力的群眾基礎。如果我們退向十幾年或幾十年以後，從未來的瞭望點上拉一個倒計時的長鏡頭，那將是這樣一種蛻變

的場景：從今日的下崗工人開始，十幾年後則輪到下崗教授，幾十年後更輪到下崗官員，直到下崗的黨委書記以及政協、人大代表。新興事物如新建樓群一樣矗立起來的同時，種種陳舊的體制猶如豆腐渣工程一般轟然塌下。紅塵陰霾中曙光依稀閃爍，社會的軀體上有的部分在流膿，有的部分結了痂，有的部分正長起新肉。這是一個新生與毀滅的大混亂，黨不可避免要剝落下去，一切依靠黨的勢力和個人都要剝落下去，直到中共層層塗抹包裹自身的雜質廢物剝落盡淨，全體人民才有可能自己代表自己的利益。

瞻望未來的鄉紳

沒有救星為農民謀幸福，農民必須自助自強。今日受城市歧視的民工們，甚至受城市凌辱的打工妹們，以及擁擠在浙江村新疆村等等村擺攤設點的外來戶們，所有混雜在城市邊緣和鄉鎮交界灰色地帶求生存的二等公民們，他們之中必產生出後起之秀，取代沒落的全民單位人員而入主城市。總之，與中共既得利益中心愈近者，必被淘汰得愈狠，而距離愈遠者，反而愈具備後發的優勢。謀生還會更艱難，競爭將逐年激烈，太多的過剩勞力還會使更多的弱者、劣者變得更貧，但會有日益健全起來的社會保障機構解決救濟的問題。寧可由國家對貧困作特殊處理，也不要大鍋飯再混下去一起吃，繼續擴展全面的平庸了。到了那時侯，才有真正意義的老闆與雇員的糾紛，不同利益集團的衝突，也才有玩夠了階級鬥爭的老一代人想像不到的階級鬥爭。會有爭權奪利，明槍暗箭，會有你死我活的較量，但都會為各自的權益據理以爭，會建立共同的遊戲規則，會藉著多樣化和多元化的張力造成社會的活力，最後形成法律和制度，從而維持不斷調整的公正。

　　那麼對曹錦清、李昌平反復指陳的縣鄉村鎮大小官吏該怎麼說呢？他們是城市既得利益集團的週邊護衛，分享了中央省市財政集團的部分利益，同時又被指使向其周邊所管轄的村民中吸取補給。他們在和平時期還沿用著紅軍戰時的某些粗暴做法，他們的辦公、辦事及營生，讓人聯想到歷朝縣衙的官吏和差役。羊毛出在羊身上，他們就是羊毛的撈取人，爲完成上邊的指派而粗暴地撈毛，也爲了他們自身的好處而貪婪地撈毛。土改時他們從積極分子中提拔上來，公社化期間繼續擴大，改革開放後加倍增長。我相信，酒席上那些諷刺腐敗的順口溜多是他們信口編成而隨意傳播出去的。比起中央或省市官員那千萬上億的搞錢，他們覺得自己撈這麼點好處又算什麼。所以他們在諷刺那些大巫的同時流露出小巫的豔羨，自嘲的口氣中還故意帶出占了些便宜而沾沾自喜的味道。這就是他們貪饞而難以饜足的嘴臉。曹錦清稱他們爲「職權收益者」，他們從各個方面收取利益，特別從普通農民中辦工廠開公司而發了財的大款手中收取的最多。

　　這些與黨－國體制關係最遠的白手起家者也許是半城半鄉開發地帶最有經濟潛力的人物。儘管他們曾經或正在通過交結職權收益者以打開權力之門，儘管他們穿行腐敗地帶的邊緣，但他們與那些寄生在腐敗體制中的官吏不同。他們的經營中可能有黑的因素，但絕不可能沒有白的成分，把他們全打入何清漣所說的「地方惡勢力」或「黑色經濟活動」，都未免過於義憤塡膺，既不全面，也缺少分析[42]。這裡面肯定有沒被毀滅盡淨的地主活力，逐漸復甦的富農、中農精神，還有受了教訓的貧農所煥發的生氣。在一塊如此古老的厚土上，我就不

42　參看何清漣，《中國的陷阱》（香港：明鏡出版社，1997），頁305-366。

信沒有伺機復活的民間精魂。我們期待由此形成抵抗黨棍地痞化感染的民間力量。等他們有了錢創成業，他們自然要組織自己的團體和會社，占自己的地盤，去向地方的人大、政協爭自己的地位和權益。對比一下西方資本主義和民主政治成長的歷程，英國鄉紳入國會而挑戰王權的歷史，輝格黨人（Whig）以帶劍的自由參與立法的事例，就很值得未來的中國鄉村實業家感到鼓舞。當然，我們不能指望中央到各級官吏自動放權，也不相信膨脹的機構會自行裁員，但我們相信他們的人員最終會被擠走，權力會被買去，機構會走向萎縮……，這一切均取決於民間社會的茁壯成長。君子之道富了，小人之勢自然會消。

走向富善的前景

在傳統的中國，人們都相信「富有」和「積善」是同步發生的人的活動，古昔聖賢就說過「善人是富」這句話。華夏的基本人生價值是嘉許善人致富，同時鼓勵富人行善。那種打著替天行道招牌而自稱打富濟貧的，向來都被斥為反社會的行為。它也許濟過貧，但從沒有根本解決貧困的問題，更何況大都是靠搶劫，都屬於愈益加深社會貧困的破壞力量。中共正承傳了這一流民的反社會言行，且將其破壞力量推向了極致，結果將富善相得益彰的傳統價值踐踏到幾於毀滅的地步。現在中共終於認識到帶民致富的緊迫性，但無論是中共本身，還是急於脫貧致富的民眾，對於我華夏厚土民德數千年之崇善根性，至今仍缺乏應有的體認和追思。這將是未來致富道路上更大的危機。

《周易‧系辭》曰：「富有之謂大業，日新之謂盛德。」又曰：「化而裁之謂之變，推而行之謂之通，舉而措之天下之民，謂之事業。」必有具此盛德而成此事業之志氣，方有代表先進生產力和文化

之可能，然後才有條件領導全民實現國人整體的福利。一個高高在上空喊著要代表這代表那的個人或政黨，他或他們只配代表他或他們自己而已，人民是不需要他或他們代表的，他或他們也確實難以再這樣空洞地代表下去了。

2002年4月

第二章
1945年以來台灣的文化譜系
—— 一個大陸人的海外觀

小引

　　我這次受邀參加「台灣及其脈絡」討論會，並非基於我對本次會議的議題已有研究積累，而是因為大陸方面與會的學者實在太少。主持人希望盡可能增添些不同的視角，於是就近拉我來補了這個空缺。我一無台灣學者本有的台灣經驗，二無專門研究台灣問題的其他學者具備的學養和見解，只是得知我被分到「文化和對抗文化」這一專題的小組發言，才就該專題涉及的陌生領域邊閱讀資料，邊琢磨起思路。從寫作緣起上講，我寫這篇論文，實屬「為會造文」之舉。要不是碰巧在家門邊躬逢盛會，哪輪得上我來插外行之嘴。

　　正因自覺到這起點上的無知情況，從做準備工作開始，我即確定了補課的鑽研方向，而行文上則相應地用了寫讀書報告的語調。我的目標並不高，若能將閱讀中產生的疑問和發現，以及某些舉一反三的聯想平實地綜述出來，也就算盡了我最大的努力。

　　我移居美國已十多年，雖常讀《世界日報》新聞版，但興趣範圍僅限於大陸新聞，每讀至台灣新聞欄，多一翻而過。由此即可見海外

大陸客普遍都不太關注台灣問題的態度。本文的撰寫正好給了我扭轉態度的機緣，它迫使我閱讀了不少有關民國和台灣的書籍文章，而隨著很多認識的澄清和矯正，對國共鬥爭，兩岸對峙，以及百年來中國革命和現代化涉及的一系列問題，我始有了不同於以往的思考。歷史觀的轉變是一個根本的轉變。經此一番焦慮苦思，我終於從自己的空白處邁出步子，幾經躊躇，總算切入了話題。這樣的求索，好比一個本質未定的人物陷入了他存在主義的境遇劇，那未知的結局，就有待他自己去冒險做選擇了。

從施明德的台灣被占領史說起

　　台灣執政當局近來明顯講究起用語革新，那勢頭頗像大陸五十年代初從舊社會進入新社會的情況，對某些威權時期習用的說法，搞起了廢舊立新的更換。比如你要談論抗戰勝利或台灣光復，「勝利」和「光復」這類措辭就可能顯得太「中國人」口氣，參照日本教科書，還是用「終戰」的說法，更符合目前「去中國化」的方向。初接觸此類修辭，我頗感生硬而不得其解，為弄清用語革新的意思，對流行的台灣史觀，我從頭做起了考察。關於台灣史，施明德是這樣簡述的：

　　　　——1624年，荷蘭正式占領台灣，台灣首度成為殖民地。
　　　　——1662年，在中國抗清戰爭中失利的鄭成功集團，以武力奪取了台灣，「漢化政策」於焉開始。
　　　　——1683年，鄭氏後裔降清。清國實行「封山海禁」長

達190年，一方面視台灣人爲「化外之民」，一方面強力
推行漢化政策。

——1895年，中日甲午海戰後，戰敗的中國，將台灣永
久割讓給日本。

——1945年，第二次大戰終止。戰勝國美國和中國分別
占領日本在亞洲的殖民地。台灣再度被中國占領[1]。

施明德的簡述只偏重列出台灣被武力占領的經歷，卻並未提說好幾百
年間陸續遷自閩粵一帶的移民開發該島的情況。他那種人稱和主語都
不太明晰的修辭，以及間離效應(alienation)的語調，更易模糊讀者的
理解，言談間隱隱讓人覺得，這個近海大島上原先似乎就存在著某種
抽象的獨立本質。施明德的口氣也可能讓人聯想起古代的泛文地理觀
對台灣所表現的臆測附會之見，比如在台灣曾有過的眾多命名中，竟
包括了「蓬萊」和「瀛洲」這類山海經式的泛稱。這種命名的含混性
說明，華夏土地上的歷代王朝一向缺乏開拓海疆的觀念，由於一直沿
用模糊的泛稱，結果把東方海域上浮現的不同島嶼都懸置到了煙波浩
淼之中。施明德嫌惡地提到「殖民地」、「漢化」之類的字眼，他顯
然是要強調台灣與中國既分隔又無關的本質，但島上的台灣人經過他
這麼面目不清地一抹，無形中就都逸出歷史脈絡，飄飄然本質化成蓬
萊山上的仙人或鬼市上的蠻夷。

　　17世紀初，在中國東部和南部的海洋上，占領和殖民的風潮剛剛
掀起。那時候貿易活動和海盜行爲是混雜在一起的，移民和殖民並行

1　施明德，〈冤魂與英靈〉，該文是他爲《走向美麗島——戰後反對意
　　識的萌芽》(台北：時報文化，1999)一書所寫的序言。

推進，買賣和劫掠界線不清。荷蘭人及其他歐洲人的船艦，還有倭寇和鄭氏家族的海上武力，就這樣風雲際會，在台灣海峽上狹路相逢，分外眼紅地撞到了一起。也正因尋寶發財的狂熱掀起了這一股冒險和廝殺的風潮，才促進了航海業、地理發現和從大陸向海島的遷移。歷史常常以血污和銅臭積累出世業、豐功和榮耀，提到「占領」、「殖民地」之類的字眼，吾人自不必總要表現出耿耿於懷的姿態。鄭芝龍本是個集海商海盜於一身的人物，他兒子鄭成功從小在日本養大，鄭氏一門及其集團在當時已建立起廣泛的國際關係。至於荷蘭殖民者，若不是他們占領台灣後從閩粵一帶招募勞力，遷往台灣的移民潮還不知要遲滯到何年何月。正是從荷蘭人搞開發到鄭氏集團搞割據的過程中，台灣才從它化外之地的迷霧中逐漸展現出可遷居可墾殖的美麗島面貌。

　　鄭氏政權當初若目光遠大，能善用洋人器物，與東印度公司相競爭，則北上日本，南下呂宋，待擴大了海上貿易，再用經商的財富改善軍備，強大其海陸兵力，不要說反攻大陸，驅除韃虜，或有希望成功，甚至連東南亞各島嶼的歸屬區劃，都可能做出可想而知的歷史改寫。只可惜他們的海盜性不夠強悍，幾輩人都為受招安的愚念所誤，為當上朝廷命官，最終放棄了向海外擴張勢力的機會。而台灣島，就在這個很容易從中國大陸引力圈逸出的歷史階段，錯失機會，沒能夠建立成自己的王朝或國家。這大概最是讓台灣主體性思維者想起來扼腕恨恨的事情了。從此也就注定了台灣的宿命，處在那樣一個距大陸不太遠也不算近的位置上，分合不定，若即若離，既長期受到隔絕，又無形中鎖上了掙不斷的鎮海鐵索。隨後是清政府漫長的海禁，偷渡的移民和遺民一批批冒險投荒，把中原禮儀、江南風雅和閩粵民俗統統都移植到從原住民手中奪來的土地上。

從鄭鴻生的祖輩和父輩看兩代台灣人的情結

鄭鴻生這樣描述日治時期他祖父母一輩人的風貌：

> 我的祖父母那一輩都屬前清遺老，在日本據台之前
> 就出生，並且也都經由三字經等傳統中國經典而識字
> 的。閩南語是他們唯一掌握的語言，他們用閩南語讀全
> 部的漢文經典，以接近唐音的閩南語讀書音來吟唱唐
> 詩，句句押韻而自得於其韻律之美，並自豪於這套來自
> 古中原的「**河洛話**」。他們還大半身著傳統「**唐衫**」，
> 而稱大陸原鄉叫「**唐山**」（衫山二字在閩南語白話音不同
> 音），這與到世界其他地區去的閩粵移民是使用一樣名稱
> 的。他們觀賞傳統戲曲歌仔戲布袋戲，聆聽有著漢唐雅
> 樂遺風的南管與高亢喧鬧的明清新興音樂亂彈，膜拜傳
> 統神祇媽祖關公。[2]

如果要論說如今所謂的「台灣意識」，上引的描述才是它的情感源泉
和文化根柢。鄭鴻生還特別講了那代人揶揄日本兵的一則笑話：說的
是日本兵仔初到台灣，見家家門口陽光下都曬著一個個洗刷乾淨的木
桶，於是便拿回去當飯桶使用，卻不知那原是台灣人夜裡使用的尿
桶。這則笑話至少反映了身為亡國奴的老一代台灣人固守其原有價值
的幽默心態：他們固然再也無力反抗日本統治者，但自有其蔑視統治

2　鄭鴻生，〈台灣的大陸想像〉，《讀書》（2005年1月）。

者的方式，更有其抱殘守缺的信念。因此，他們絕不輕易否定被日本人貶斥爲落後或低等的「支那」，反而拿那個「落後」向日本人潑了一瓢大糞。

但鄭鴻生父母那一輩人卻鄙視他們的父母，把老一代人當「清國奴」看待，甚至連自己與父母固有的骨肉聯繫都感到羞恥。順便插一句，台灣評論家多熱衷討論王文興的小說《家變》[3]語言多麼拗口，造句如何先鋒，卻很少關注該書將一種「蔑父情結」推向極端的象徵意義。在書中那些惱人的戲劇化父子衝突中，台灣男人難道感受不出他們心目中正面的父親形象嚴重缺位所造成的鬱悶和焦躁？因爲他們受的是日本殖民式現代化教育，從啓蒙識字即用日語思考和表達(再插一句議論，《家變》中那些讓人不堪卒讀的文句，與其說是什麼現代主義文風的嘗試，不如說是日語遺留在漢語書寫中的殘骸，再夾雜上閩南方言所造成的閱讀障礙，其先鋒試驗性其實是由作者書寫生澀的語病派生出來的)，像李登輝這類日本人培養出來的高級知識分子，日語思維已銘心刻骨，服膺終生，後來他位居中華民國總統之尊，接見了一個日本作家，竟然忘乎所以，津津樂道起他曾爲皇民的青年時代。他們接受了日本人所灌輸的強者邏輯，從小就相信強國應控制弱國，先進文化應同化落後文化，優等民族應宰制劣等民族。正是通過對父輩落後文化的鄙視，他們才獲得了以先進自居的優越感。但他們所接受的現代性是日本人強加給他們的，是在剝奪了他們民族自尊的情況下施加的文化洗腦，這就造成了那一代台灣人的自我分裂，致使他們本能的民族認同感———一個華人做人的本體———反給他們崇尚現代文明的上進心造成了難堪的拖累。所以他們的自我優越感

3　王文興，《家變》(台北：洪範，1979)。

並不扎實，一旦咀嚼起低日人一等的苦澀，就又彆扭地自卑起來。談起台灣人的「悲情」，論者多把那不幸歸咎於國民黨的「二二八」鎮壓和隨後的白色恐怖，其實那「悲情」的根源早在國民黨來台前就從台灣人這種被壓抑的無助、無根、無奈感中發酵起來。

宣洩這種悲情的另一方式則是把對父輩的不滿擴大到對父輩所來自的原鄉。從鍾理和小說〈原鄉人〉中父親返鄉探親時的感慨、彭明敏之父彭清靠遊歷大陸的觀感、辜顯榮「人格殖民化」的講話都可看出，早在台灣光復前，這些感受到日本現代文明的台灣人由於對祖國大陸的凋敝現狀深感失望，已自覺或不自覺地帶出了某種身為台灣人的優越感和對日本經營下的台灣社會由衷的贊許了[4]。不可否認，日本人統治台灣後，確實在現代化建設上多所作為，從交通運輸到城市設施，都給台灣人的日常生活帶來了很多優於大陸的方便。但當這些比較優越的條件被過分誇大，並被解釋為「二二八」事件中台灣人唾棄國民政府的一個客觀基礎，進而認定為台灣人蔑視「外來政權」的充足理由，則此一現代化先進水平的定論便成了日本殖民者植入台灣人意識的「現代魔咒」。日據時期所搞的現代化建設果真如論者所說的那麼成績卓著，值得大誇特誇嗎？台灣學者施威全最近撰文說：

4　鍾理和，〈原鄉人〉，王德威編選，《台灣：從文學看歷史》（台北：麥田出版，2005），頁255。彭清靠觀感，見賴澤涵、馬若孟等合著，羅珞珈譯，《悲劇的開端：台灣二二八事變》（台北：時報文化，1993），頁46-50。關於「人格殖民化」，見王曉波，《台灣史與台灣人》（台北：東大，1999），該書頁259引有辜顯榮一段講話：「台灣今日之設施，非常發達，假使二十年前哪有這公會堂，哪有這整然的台中市嗎？由天理而言，今日支那各省不但民不得安，而官亦不得安穩啦。」

日人居住的市街之外，多榨取少建設。台人教科書
裡，日治自來水普及率百分之六十，那其實只是台北
城。一直到1942年，全島普及率是兩成，大部分台灣人
無自來水可用。這些數字對比他國殖民地，不佳。對比
中國，光緒政府在1905年設自來水公司，三年後，管長
達八十九公里；日本政府從1907年開始建設，到1931
年，管長一六九公里。從統治觀點，日治的現代化不出
色……[5]。

從施文提供的信息至少可以看出，日人在台所搞的現代化設施主要目
的是供給在台居住的日本官民，也就是說，其規劃和服務是以日人居
住的城市爲中心和重心的，而從這些設施中得到最多優惠的台灣人，
主要是彭清靠這類士紳精英分子。据粗略統計，在四十年代的六百五
十萬台灣居民中，他們這類人及其家屬加在一起，頂多占總人口的百
分之十。而其餘的百分之九十人口，所能享有的現代化設施未必就比
大陸高到不可比擬的水平。

從彭清靠的不屑感看台灣人的光復情

然而這種文明台灣(日本)／落後中國的觀念已在人云亦云中成爲
流行話語，台灣人唸熟了此一魔咒，因此一看見剛越海登陸的國軍，
便順口給套上一個土氣的刻板形象。台灣人懷抱亞細亞孤兒心態叫爹

---

5   施威全，〈怯戰避戰　國民黨路線失落〉，《聯合報》，2007年3月12
日。

喊娘地把祖國呼喚了數十年，而當孤兒終於撲向祖國懷抱的一刻，卻心情突地一變，無端地看不起從那邊派過來駐防的大兵。就是那個彭清靠，在當時以漫畫化的口吻廣泛傳播了兩則有關國軍的笑話。一個是說中國兵仔初到台灣，見牆上的水龍頭一撐就流出水，於是也去搞一個塞到牆上，卻無論如何也撐不出水來[6]。這本是從歐洲到東方，在自來水應用後，城裡人用來譏笑鄉巴佬的一則普世陳言。如今彭清靠們又把它扣到國軍頭上，對比老一輩「清國奴」把嘲笑之糞潑向日本兵仔的笑話，真讓人感到前呼後應，反諷成趣。國民政府及其前來的外省官民滿心滿口地要參與台灣同胞的生活，滿以為同胞之間血濃於水，哪知經過五十年殖民統治，海峽那邊的同胞血已滲水沖淡了許多。

　　文化的核心是價值，這價值體現於人情、世態、是非和好惡。現代文明的價值其實並不含有反中國人或去中國化的本質，之所以在彭清靠們心中形成魔咒，是因為他們的悲情意識造成了價值的顛倒。對象的面目總在隨著人心中感知底片的變質而發生變化，現在，曾代表原鄉的「唐山」不再像從前在父輩心目中那麼令人肅然起敬和悠然神往了，「山」已失去「唐」韻，漸漸地滑稽起來。於是對外省人，就有了「阿山仔」的蔑稱，連去過大陸的本省人，也可疑地戴著「半山」的帽子返回到鄉親面前。

　　你只要拉出一個負面的他者，反復來對照自己，你的自我隨之即會被肯定性地樹立起來。這就是顛倒價值通用的方式。

　　1945年10月，國軍在高雄港登陸，彭清靠被推選為歡迎委員會主

6　參看鄭鴻生，〈國民黨是如何失去「現代」光環的？〉，《讀書》（2006年9月）。

席前往歡迎。他看見服裝襤褸，一副苦力相的國軍走下軍艦，對比起投降日軍那顯得格外威武的樣子，他說他羞愧得無地自容。不只彭清靠甚感困窘，連街道上歡迎隊伍中的小學生目睹此狀都不禁痛哭失聲，以致讓柯遠芬將軍頗感不悅，發現孩子們似乎瞧不起國軍。黃清標的排外情緒更強烈，他乾脆將國軍貶爲最低的一等人[7]。無論是彭清靠們還是天眞的孩子們，從他們個人的台灣經驗出發，都無法想像這支軍容不整的軍隊多年來是如何以多於日軍數倍的犧牲抗戰到底，終贏得最後勝利的。他們的裝備和訓練的確比不上日軍，但也正因以如此不堪的弱勢拼命硬打了下去，才在險勝之後不可避免地暴露出極度的疲憊與狼狽不堪。凡讀過黎東方《細說抗戰》和看過大型紀錄片《一寸山河一寸血》的中國人，看到那些還能活下來的國軍官兵接受日軍投降的情景，多少都會從他們身上硝煙剝蝕的痕跡看出戰事的慘烈及其令人痛惜的耗竭——生命的耗竭，以及整個國力的耗竭——，絕不至於像彭清靠們那樣只挑剔他們的衣衫襤褸。比如像南京這樣曾一度淪陷的城市，也是在那時歡迎打回來的國軍，看一看舊照片上那種「簞食壺漿以迎王師」的場面，就可明顯地對比出兩地民心的不同[8]。

7　彭清靠事參看《悲劇的開端》，頁50；學生事參看〈柯遠芬先生口述回憶〉及他的〈台灣二二八事件之眞相〉，見博訊網站（www.boxun.com）中「析世鑒」專欄。此外，在張炎憲等人所錄《二二八口述歷史系列》A02（台北：吳三連台灣史料基金會，1995）一書〈嘉雲平野二二八〉有關訪談中，黃清標的口述對國軍表現出極端的蔑視，他說：「二二八事件發生的原因，我只有一句，四等的要管二等的。爲什麼我自稱台灣人是二等的，因爲日本人是一等的，老實說，台灣人跟不上日本人。中國人實在差，連三等都談不上。當四等的在台灣耀武揚威，才會發生二二八事件。……我現在有時在樓下，遇見阿山仔問我路，我都用台灣話說：『我是台灣人，你要問我路要用台灣話，阿山仔話我聽無。』」，頁84。

8　參看秦風編著，《民國南京，1927—1949》（上海：文匯，2005），頁

　　「二二八」事件不管有多少「官逼民反」的因素，上述的悲情酵母所起的消極作用是顯而易見的。

重述「二二八」：譜系分析的鉤沉

　　讓我們就彭清靠的困窘和孩子們的哭泣再做深入分析。歷史和當前的辯證是由理解的局限造成的，正是話語的反復傳播，製造了事件，生產了歷史。本文之所以採取譜系分析，是因為譜系學（genealogy）「在我們通常傾向於認為沒有歷史的地方——在情感、愛、良心、本能中——尋求這些事件；它必須對事件的反復出現保持敏感，但不是為了跟蹤事件演進的漸進曲線，而是要將事件在其中扮演不同角色的場景隔離出來。」它要求我們「耐心和了解細節」[9]。彭清靠長日軍威風以滅國軍志氣的自卑感只是他困窘的表層感受，日軍再威武，也即將滾回日本，實不足以繼續仰仗。彭清靠更深層的困窘是台灣人沒有自己的軍隊。你不屑接受那苦力相的軍隊，你們自己的赳赳武夫又在哪裡？沒有，自從外來的鄭氏集團降了清，台灣島上就從沒有建立起一支威震全島，有力量保衛島民的武裝。這才是讓彭清靠們最感到尷尬的缺憾。

　　至於小孩們的哭泣，那心情就更複雜微妙了。從1942年起，日本政府在台灣實施「志願兵制度」。台灣人響應異常熱烈，首批僅錄取千餘人入陸軍，報名申請者竟達四十二萬之眾。在日軍發動侵華戰爭及太平洋戰爭期間，台灣人充當軍伕、軍人參戰者，計有277,183

（續）————————————
　　91-99，圖片及說明。
9　福柯(Micheal Foucault)，朱蘇力譯，〈尼采‧譜系學‧歷史學〉，見賀
　　照田編，《學術思想評論》（瀋陽：遼寧大學出版社，1998），頁380。

人，其中有三萬多人死亡[10]。如此龐大的參與和犧牲數字，豈能沒有某些孩子的父兄在內？誰能說那些孩子不是觸景生情，想起了自己當兵的父兄？在國軍與日軍兩相對比下，孩子在心裡如何劃分敵我？如何在擁戴誰的問題上做抉擇？在中國／敵國的影子尚殘留於民心的邊際時刻，中國／祖國的面孔突然下了軍艦，他們那陌生而又不起眼的軍容怎能不引起孩子們的惶惑、拒斥和出乎意外的沮喪呢？

現在，沒有自己軍隊的台灣人無疑是不喜歡外來的軍隊了，不管是來自日本的還是來自中國的。醜化國軍形象的流言，也就在這種情緒下有意或無意地傳布出去。甚至在台灣省黨部辦的《國是日報》上，當時都登出了離間軍民感情的消息，說是有士兵欺負了某長途客車司機，司機一氣之下把一車乘客都開到了海裡。結果經調查核實，並無此事發生[11]。

林江邁事件是眾所周知的「二二八」導火線，對該事件紛紜的敘述文本稍作分析，即可推斷出其中的蹊蹺，也可明顯看出台北市民極度厭「阿山」的情緒。最近報上刊發了該事件新出的另一版本，登場人物有了變換：私菸稽查員換成了阿兵哥，守菸攤的不是林江邁本人，而成了她十歲的女兒林明珠。場景是聲色之所天馬茶房，一個最容易瓜田李下，誣陷外省男客調戲了本省女流的場地。據林明珠回憶說，阿兵哥正要掏錢向她買菸，一邊就有些地痞混混起鬨，呼叫她母

---

10 戴寶村強調「台灣人對於陸軍志願軍的招募活動非常熱烈」（見《台灣政治史》，頁213），但據呂赫若小說〈清秋〉所寫，那時台灣丁壯很難找到工作，參軍只是為謀生，而非熱心為日軍服務。由此可見，綠學者有時出於去中國化心切，竟不惜誇大其詞，妄添台灣人未必有的愛日感情。

11 柯遠芬，〈台灣二二八事件之真相〉，中研院近史所編，《二二八事件資料選輯》（一）（台北：中研院近史所，1992）。

親說「有人欺負你女兒喔！」隨後就在圍觀人群中出現了「阿山仔，打人喔！」的呼叫總動員[12]。重述舊有的史跡，總會增進對過去到現在的理解，這重述的努力也就等於電影Déjà Vu中那個名叫「時空之窗」的高科技裝置，而重述的過程則對遺漏的事件真相會起到超時空效應的搶救作用[13]。

焦距現在越來越集中，台灣人的集體無意識已把矛頭對準了國軍。

不可否認，行政長官公署制的特殊化，政治壟斷與接收弊端，經濟統治與民生困苦，社會動盪與文化隔閡，所有這些由最新的「責任歸屬報告」總結出的事件起因都有其客觀存在的一面[14]。但事件發展到後來，處委會所提要求中竟有解除駐台國軍武裝的條款，接下來就在全島範圍內圍攻軍警，大搶武器，整個過程也都不容否認地顯示，台灣人是想要武裝起來，好一舉趕走新來的政府。

這到底該定性為「官逼民反」的武裝起義，還是「官縱民反」或「官從民反」的暴動？看來三種成分始終混雜在一起，不過後兩者的比重還是要大於前者。陳儀自任職長官公署，一直對報業採取「創刊不須許可，言論不受檢查」的制度，當時報紙太多，議論叢雜，種種過激批評和煽動性言論在很大的程度上對民變起了催化作用。這種縱任媒體製造事件的情況表明，陳儀治台初期在政策上確有失誤，更反映出國民黨威權初至台灣時尚處於相對的弱勢。事態擴大後，政府的

12　〈林江邁之女：阿兵哥問菸價　地痞鼓噪濺血〉，《聯合報》A4版，2006年3月6日。
13　該片中譯名《超時空效應》，劇情及影評可參看www.dejavu.movies.go.com。
14　參看《二二八事件責任歸屬研究報告》，（台北：財團法人二二八事件紀念基金會，2006），頁13-42。

一再忍讓倒不一定意味著所謂的「官誘民反」，應該說，效率不佳的
行政系統在應急處理上調轉不靈，缺乏決斷，沒能及時遏制住形勢的
惡化，才終釀成大禍。此其所以爲「縱」也。至於「官從民反」的成
分，有很多資料顯示，台灣省黨部及其外圍的三青團組織在動亂中的
確起了一定的主導作用，包括處委會中後來被殺被抓的主要成員王添
灯、蔣渭川等人，也都是身爲國民黨員的議員。對比中共嚴密的黨組
織，由此即可看出國民黨政府中不同勢力因搞摩擦而互相磨損的嚴重
後果：黨政軍之間配合不佳，相互間常有掣肘、推諉、扯皮之事出
現。風潮初起時，某些人欲利用民間的反對力量挑戰同僚，結果，被
挑起來的民憤失去控制，連弄潮者本人都不幸捲入狂瀾。因此也可
說，是(本省)某些國民黨員自己把事情鬧到了不堪收拾的地步。

　　追尋事件的明確起因，是一個很複雜的問題，從譜系分析的角度
看，並不存在「事物的精確本質、事物最純粹的可能性以及事物被精
心保護的同一性」。在一個「充滿偶然事件和不斷演替的外部世界」
中，我們必須敏銳地覺察出「它的震蕩、它的意外、它並不踏實的勝
利和難以吞嚥的失敗，這就是一切開端、返祖和遺傳的基礎」[15]「二
二八」事件沒有任何預先策劃，發生後也沒出現全台灣統一行動的組
織和領導，它是不滿現狀和排外情緒點燃後遏制不住的連環爆，共產
黨稍有參與而已，根本談不上什麼中共領導下的「中國革命新高
潮」。國民黨事後一不檢討政府責任，二不認眞面對引起民變的複雜
原因，仍按以往做法，把種種反政府行爲都想當然地歸咎爲中共的陰
謀。中共欣然認領國民黨的栽贓，因爲中共樂得把台灣人的反抗收編

15　福柯，〈尼采‧譜系學‧歷史學〉，《學術思想評論》第四輯，頁
　　382-384。

到他們的革命鬥爭隊伍中，並發揮其指導作用[16]。如此而已。就這一受國民黨誣陷的中共光榮而言，今日中共反對最力的台獨傾向，在當初正是中共所引導並全力支持的。

如果要給「二二八」定性，可描述為：抗戰勝利後，中國政府對台灣行使收復權和行政權，因無力迅速解決戰爭──剛結束的抗戰與正在進行的內戰──造成的社會問題，與不滿「外來政權」的台灣人發生暴力衝突，由此而引起民變，最後導致政府鎮壓。新上任的台灣省主席魏道明在參政會上講話說：「台灣是被日本所竊取的中國領土，因此，應歸還中國。在感情上而言，台灣是在千千萬萬中國人民及軍隊在戰爭中流血才得光復。這千千萬萬的陣亡者已決定台灣的回復中國。……基於以上理由，台灣絕不可能成為對日和會的問題。如果它成為問題，那將不只是六百萬台灣人民，也是四億五千萬中國大陸人民所準備浴血抗爭的事件。」[17]這段話說得明確而耿直，再沒有比付出犧牲代價和最終獲勝更充足的占領理由了。台灣人若早就靠自己的軍隊解放了台灣，那根本就不會有國軍來防守該島這回事。

真正的「島嶼之殤」並不是什麼「對自由民主的全面否定」和「對基本人權徹底的戕害」（見陳水扁「二二八」六十周年紀念講話），在那個二戰後世界按強權來重新劃分勢力範圍的年代，誰會在乎你陳總統在講究政治正確的今日叫喊的這些正義高調。真正的「島嶼之殤」應該是施明德痛悼的英靈們沒有把更多的武器搶到手，沒有把更多的台灣人發動起來，沒有最終組成台灣從沒有過的軍隊。

讓我們試做一Déjà vu「時空之窗」的事件重述：假使熱愛獨立

16　參看王曉波，《台灣史與台灣人》（台北：東大，1988），頁134-141。

17　王景弘編譯，《第三隻眼睛看二二八──美國外交檔案揭秘》（台北：玉山社，2002），頁176。

的台灣人確有預謀、有組織，假使王添燈等人確有叛變的魄力，能鼓起威廉・泰爾（William Tell）射出那致命一箭的勇氣，則在駐台軍力那樣薄弱的情況下，發動全民起義，攻克高雄要塞，封鎖整個海岸，聯繫國際，通報聯合國，緊急宣布台灣共和國獨立，困擾在內戰中的大陸方面即使不甘罷休，恐怕也會因措手不及而無可奈何。

歷史的關捩點有時全在一念之間，那一念轉了過去，即會出現翻天覆地的巨變。只可惜台灣人並沒形成共識，也實在沒有那個種，民變也就沒轉化成起義[18]。畢竟只有極少極少的台人參與了那場民變，且太偏於洩憤報復。他們只顧把暴力擴大到所有無辜的外省人身上，卻沒像中共在延安呼籲的那樣講究策略，沒把國有資產分給窮人，更沒能全面發動廣大群眾。這樣看來，爭論是暴動還是起義的定性，意義就不很大了。你暴動／起義沒有成功，就存在主義地承擔罪責好了，一個勁喊冤叫屈有什麼用處！正是有鑒於此，施明德批評「冤魂的聲音」，提出了他的崇敬英靈之說。按施明德的論述，那時凡是憑一時的血氣之勇送了命的台灣人，都算得上英靈。從熱血青年到為理想獻身的共產黨員，從揮舞日本軍刀玩武士道的浪人到趁混亂洩憤鬧事的市民，從爭取地方自治的本省精英到各團體組織中的野心家，所有從不同情感和動機出發走了死路的人，嗚呼哀哉，流了熱血，多少都有其英靈的成分。

可恥的是，有些煽動別人鬧事的台灣人後來隨風一轉，等大陸

---

18 〈諸羅山城二二八〉有一段林有財的訪談，林參與過二二八，他回憶當時的情景說：「二二八事件其實就是戰後追求獨立的政變，但是失敗了。……因為戰後獨立組織本身不健全，力量不夠，利用台北打賣菸的人這件事，有人起來反抗，到各地宣傳。」見張炎憲等人所錄《二二八口述歷史系列》，頁203。

方面派來軍隊，就靠攏政府去告密，做了李敖和林有財痛斥的缺德事情[19]。但這也難怪，據說熱心做「義民」，向來就是富有本土特色的傳統。朱一貴、林爽文等英烈發起的抗清起義最終遭鎮壓，就是吃了自己人的虧。這是一個就個別人而言很會鬥也敢抗爭，但就整體而言卻很難擰成一股繩的族群，要去搞武裝鬥爭，未必會成爲他們的強項。自「二二八」事件後，隨著共產左翼分子的組織遭到嚴重破壞，台灣人再也沒可能走上武裝奪權之路。

但經過「二二八」流血衝突，台灣人畢竟贏得了政治經濟等方面的改革，本土的私人企業得到鼓勵與發展，更多的台灣人逐漸進入政府部門任職。施威全指出，「外省權貴不是國民黨的全部，台灣本土資本在1945到52年這段經濟重整期中，便深刻參與了對台灣的統治，成爲國民黨裡的重要權力集團，掌控三商銀與四大公司、透過省政府與議會操縱省屬金融單位與事業單位；地方派系更是行政體系接合台灣社會的關鍵權塊。美援透過三商銀與省屬行庫，流到地方派系顯要的特許行業。與其說國民黨本土化極深極早，不如說國民黨執政，台灣人早是統治者之一，黨機器是經紀人。」[20]由此可見，爭權奪利已

19　李敖說：「有人通風報信告訴你他該殺，他是張三該殺，他是李四該殺，告密的是誰呢？告密的就是台灣人，台灣人跟別的台灣人接了梁子，或者有利害衝突，就告密，結果呢就是台灣人告密，借了國民黨軍隊的手殺掉了台灣人。」見李敖，〈二二八不是外省人的原罪〉，鳳凰網（www.phoenixtv.com）。另見〈諸羅山城二二八〉，林有財回憶說：「後來被抓被殺的人，都是被騙出來的人，當時真正的發動者，後來個個都是很有地位的人物。有些人以前就是台灣共產黨，後來跑到中共那邊；有些人是日本時代獨立組織的成員，後來和國民黨關係良好。」「我不願講，並不是害怕國民黨抓，而是想到台灣人出賣台灣人，是一種恥辱的記憶。」，頁203、212。

20　施威全，〈怯戰避戰　國民黨路線失落〉，《聯合報》，2007年3月12日。

從最初的本省對外省轉為黨內對黨外。正所謂不打不相識,經過一段時間,外來權貴就漸漸和地方派系血緣、姻緣、地緣、學緣地糾結在一起,壟斷資源,籠絡選民,大量的本土新貴新富就在此一新的形勢下發達起來。「二二八」陰影越來越退縮到死難者家屬及其他受牽連者的記憶中,哪有近年來刻意清算出來的那麼多血海深仇?

譜系溯源:「外來政權」是怎麼來的?

我是從小在紅旗下長大的,被灌輸的國民黨蔣介石壞印象就不必提了。在很多不滿大陸現實的日子裡,偶爾也有過懸想台灣的「自由世界」究竟如何的時候。後來移居美國,接觸了一些台灣來的移民,才聽到戒嚴戡亂、白色恐怖等並不怎麼令人愉快的事情。他們的不滿言論和負面評價讓人覺得,兩岸在同一時期都同樣專制殘暴,害人的國共兩黨,該各打五十大板。這種天下老鴉一般黑的印象消解了我早年對台灣的好奇,以致有關民國和台灣的書籍,一直很少有興趣翻閱。

直至我研究「三農」問題,繼而涉獵抗戰和新文化運動方面的資料,才逐漸認識到,拉平抹黑之說實不足稱道,應該在百年中國大歷史的圖景中勾畫兩黨血鬥的悲愴變奏,在中國社會轉型的坐標系上確定二者的功過得失。這是需要另文論述的大問題,走筆至此,只能略作梳理,為以下要討論的文化譜系稍點出端倪。

辛亥革命後,章太炎曾就同盟會的前途提出「革命軍起,革命黨消」的主張。後來宋教仁改組同盟會為國民黨,力圖組閣執政,提倡在議會範圍內搞政黨競爭,好防止袁世凱專權。有論者感慨,假使章的建設性提議在當初受重視,而宋的計劃也得以成功施行,則軍隊從

一開始就可國家化，草創中的共和憲政也不至於在唐德剛所謂的「歷史三峽」中命途多舛，遲滯百年。百年過去了，中國人如今才認識到，自由與共和，並不是照搬了外國建制就能迅速實現的事情。英美等國也都打鬧殺戮幾百年，才造成後來的民主局面。我們雖不能說暴力革命是中國歷史發展的動力，但在各地軍閥割據下，由革命黨率革命軍以奪取政權的舉動，也就成了箭在弦上綳緊弓的局勢。被稱為國父的孫中山就這樣從做「黨父」開始了他的革命。正是他重組並壯大了國民黨，進而收編共產黨，同時為兩黨引入了布爾什維克的建黨原則。追溯百年來中國黨文化的血統，國民黨可謂其嫡子，共產黨則其養子。

孫中山去世後，受蘇聯顧問及其身邊一夥激進分子的搗鼓，國民黨急劇左傾，再加上競爭總理繼承人的問題攪混進去，黨內的鬥爭突然把矛頭尖銳地指向右派。蔣介石本可充當左派的打手，但隨著激進勢力步步緊逼，終逼得他轉向反擊左派的一面。在那黑雲壓頂的形勢下，蔣介石某日研讀《法國大革命與革命心理》一書，因目睹雅各賓黨殘暴專橫，深為「革命心理」產生的破壞力所震懾。蔣由此擔心出現激進分子要做羅伯斯庇爾的危機，怕到了那時候他們利用起暴民，連他自己都可能被打成丹東送斷頭台問斬[21]。從此他對煽動者與暴民行動高度警惕，從1927年4月血腥清黨開始，他悍然擔起「反革命」的罪名，孤立地支撐起軍事統一中國的大業。

清末的數千年未有之變局，乃是從傳統的農業社會向現代工商社會轉型之變。此變局雖為列強侵凌所啟動，卻也是西潮東漸，華人企

21　以上一段參看孫隆基，《歷史學家的經線》（桂林：廣西師範大學出版社，2004），頁45。

慕文明社會，亟欲追求富強自由的表現。要把中國建成獨立自主的國家，就不能不順應世界潮流，適時而主動地自行革新。綜觀早走了好多步的西方各國，大都是在國家獨立，政府做主導的有利形勢下完成了轉型，而且在發展經濟和制度改革的過程中，還都向外擴張，從對外貿易和殖民掠奪中大獲利益。

蔣介石及其國民政府捲入的卻是各方面均呈現脫節的局面，舊有的基礎不但難以繼續提供發展的資源，對革新還造成多重障礙。不但談不上向外擴展，連抵禦外侮的力量都疲乏不振。反帝因此成為國共兩黨共同的主張及奮鬥目標。但在如何反帝的問題上國共卻各行其是，結果帝尚未切實去反，兩黨先互相反對起來。五四愛國運動並無共產黨介入，學生抗議政府，均出於單純的愛國熱情。但到後來的「五卅」事件，中共一介入，即把普通的勞資衝突導向了群眾暴力的邊緣。此後在共產國際支持下，中共更加熱衷糾集各類不滿分子，要在城市內掀起推翻政府的暴動。這種武裝起義的形式本為俄國人革命的腳本，與中國的實際情況相去甚遠。東南沿海和長江中下游的城市可不是聖彼得堡或莫斯科，並不存在從這條街一打到那條街即可推翻的資產階級政府。結果都搞成了義和團式的打砸搶排洋暴行，反招來列強更令人感到屈辱的回擊。然而，毛澤東堅決要把中國革命納入「無產階級的社會主義的世界革命」，蘇聯之所以一直支持中國共產黨的革命，就因為它歸屬於蘇共所主導的世界革命。

但南京國民政府的民族主義則立足於本土，它嚴厲取締民眾暴力攻擊洋人，堅持由政府通過外交手段爭取國家的利益和主權。這是一種協商談判性質的鬥爭，並不等於向帝國主義屈服投降。比如南京政府獲得各國承認後，很快即爭得關稅自主權，從而開通了財政收入的渠道。另外，要繁榮經濟和增加稅收，更得維護商人的利益。在資本

主義經濟發展過程中，國家出兵力保護商業，說到底，是要用合法暴力來維持合法稅收。對商人和政府雙方，這種互相依賴的關係顯然要比軍閥式的強徵勒索更加互利互惠了。正是在穩定東南沿海地區局勢的基礎上，南京政府才贏得江浙商紳的支持，補給了軍費的嚴重不足，在北伐勝利後勵精圖治，為後來的持久抗日和終獲勝利打下了基礎。

　　中共的政治修辭指責國民政府為帝國主義和官僚買辦代理人，不外乎指責它對外容忍了各國的在華利益，對內沒打擊大資本家、大地主罷了。這種一味用「半殖民半封建」來定性中國社會特徵的論斷，只道出了中國落後和挨打的一面，卻根本沒有認識到，外資輸入，洋貨湧進，一系列把中國拖上資本主義「賊船」的形勢，正是解體中的傳統農業社會所面臨的現代化挑戰。中國的困境是馬克思所說的「既苦於資本主義的發展，又苦於資本主義的不發展」。蔣介石及其政府一邊在克服兩個「苦於」，一邊卻讓中共利用那兩個「苦於」所搞的武裝革命拖住了後腿。

　　蔣介石新傳的作者Fenby認為，蔣具有熱烈的民族感情，希望統一中國，終結列強加給中國的不平等條約。但他又指出，蔣的革命理念較保守，從一開始即反對階級鬥爭，為在強力控制下維持合作協調的秩序，蔣並不想打破中國社會原有的階級構成。儒家的權威主義滲透了他的思想，因此他極端強調對師長的服從[22]。細讀過蔣介石日記的黃仁宇更以知人論世的洞察點出了蔣的獨特困境。他說蔣介石及其國民政府所做的是在舊社會蛻變過程中創造新的高層機構，「亦即構

22　Jonathan Fenby, *Chiang Kai-shek: China's Generalissimo and the Nation He Lost* (New York: Carrol & Graf, 2003), pp. 64, 74, 225.

成一個形式上統一的政府,得到外強的承認,組織一支受中樞軍令指揮的軍隊,使中國能在二十世紀立足。」黃進而辯解說:「蔣介石不是大獨裁者,他缺乏做獨裁者的工具。他也不可能成為一個民主鬥士,縱使他有此宏願,他也無此機會。他主持著人類歷史上罕有的一次艱巨之群眾運動,在此過程中他已將自己的天賦與幾十年經營之成果用至最大限度。他的方法沒有邏輯,有之則是他的目的——在於中國之獨立自主。」他「希望保存社會秩序以增進人民之生活,反被視為舊社會之爪牙。」[23]

綜上所述,不管對蔣還可加上多少負面評價,有一點誰也不能否認,那就是他所領導的政府和軍隊打勝抗戰,收回租界,廢除了諸多不平等條約,把中國帶入二戰後的世界四強之列。至此,鴉片戰爭以來的國恥,總算得到了初步的洗刷,應該說基本上完成了國民革命的反帝使命。不幸這反帝鬥爭拖垮了國府,繼而在反共的內戰中打了敗仗。

歷史再次露出了造化弄人的殘酷及其又留一線生機的狡獪,在百年中國革命史翻至最血腥的一頁之際,台灣在浩淼東海中歸然獨存,成了存亡繼絕的命運之島。中華民國從此與該島相依相救,將共產革命和階級鬥爭的災難殊死地堵截在了海峽那邊。你不能不相信冥冥中有一種推動善緣的永恒力量,對人世上種種過於猖獗的趨勢,這力量總在適當地加以遏制,立下不可逾越的界限。海峽的存在正是此一界限的體現。孤臣孽子仰上蒼,這實在是天意。

從此以後,蔣介石剩下的主要使命就是反共和反攻了。但在這一

23　黃仁宇,《從大歷史的角度讀蔣介石日記》(台北:時報文化,1994),頁150、427。

最後掙扎的奮鬥上，他和他本黨的同志一直都幹得並不怎麼漂亮。

對抗文化和價值顛覆

　　蔣訪蘇後立即洞察到階級鬥爭論的危害，堅決反對暴力分田。這一方向性決策正標誌著國民黨和共產黨在革命道路選擇上根本的不同。國民黨的政策是在不破壞傳統社會基礎和世道人心的情況下向現代的工商社會轉型，簡要地說，就是尋求傳統的創造性轉化。以上Fenby和黃仁宇所論已說得很清楚，所謂「威權」，即「在強力控制下維持合作協調的秩序」，要「組織一支受中樞軍令指揮的軍隊」，要「極端強調對師長的服從」等等。在那個社會上弊端叢生的年月，這一切執政作為都明顯暴露出執政者補苴漏洞的笨拙，壓而不服的徒勞，結果愈益激化不滿和反叛，致使本來已經千瘡百孔的局面上又被捅出了更多的窟窿。一般來說，一個政府在過於薄弱的基礎上搞革新的建設，總是容易暴露出它的無能，這樣的政局，若獲得民眾的容忍和民間社團的扶助，或可有良性的互動。但當時的中國社會恰恰相反，五四新文化氣氛中成長起來的進步青年，對揭發政府缺點的事情總是最感興趣。在談到北大學生的反抗運動時，蔣夢麟就指出，「這些學生多半是當時統治階級的子女」，他們對政府的反抗，「也可以說等於子女對父母的反抗。做父母的最感棘手的問題就是桀驁不馴的子女，尤其是這些孩子的行為偏偏又受到鄰居們的支持。」[24]蔣這段淺顯的描述點出了當時主流文化與對抗文化（counter-culture）的關係，正是被指責為守舊的父輩與反叛的兒子之間的衝突，構成了「五

24　蔣夢麟，《西潮》（台北：中華日報社，1959），頁99。

四」及其後的文化譜系。

毛澤東的反叛方式較爲特別，在講給斯諾的少年往事中，他提到他對父親的不滿，同時還強調了他對母親的同情：他十分得意地回憶他如何帶領弟弟站到母親一邊，在家中搞起母子統一戰線，如何抗議父親的強權和迫使父親向他們讓步。毛澤東的反叛方式顯示了一個中國特色的革命化俄底浦斯情結案例：兒子爲受壓迫的母親抱不平，使得他冒犯父親的行爲擁有了不懼權威的道義。

這是一個創造性的價值顚覆：母親和貧弱的祖國、勞苦大眾以及普天下受壓迫的人民聯繫在一起，而父親則和封建禮教、帝國主義、反動政府以及一切被認爲支配了弱者的勢力聯繫在一起。在艾青著名的長詩中，貧窮的故鄉大堰河被深情地呼喚爲「我的保姆」，在各種民粹情緒的文本中，知識青年總是被詩意地喚入勞動人民的懷抱。一個在弗洛伊德語境中隱含著留戀哺乳和返回子宮的情欲模式，置換到五四的革命語境中，再經過親情化的處理，竟獲得了歷史的崇高形象。父親的威權由於被罪惡化，追求進步的兒子反抗落後保守的老子，不但不是大逆不道，而且顯示出站在善良的勞動人民一邊抗拒強權的正義姿態。這就是共產黨人所謂「把被顚倒的一切重新顚倒過來」的大膽創舉。它讓人聯想到尼采《論道德的譜系》一書中教士們的報復智慧。教士們教化人民說：「只有苦難者才是好人，只有貧窮者、無能者、低賤者才是好人；只有受苦的，一無所有的，患病的和醜陋的，才是虔誠的人，只有他們才能享受天國的幸福，相反，你們這些有權有勢有位的，永遠都惡毒殘忍，貪心不足，你們注定不能蒙福，永受詛咒，要墮地獄！」[25]在小說《動物莊園》中，趕走了莊園

25　Friedrich Wilhelm Nietzsche, *Genealogy of Morals*, in *Basic Writings of*

主的動物立下的律條更簡單明瞭：「四條腿好，兩條腿壞。」同理，地主富農的土地必須沒收，官僚資本家的資產必須充公，他們都是人民的敵人，只有無產者才最革命。

形形色色的不才之徒(misfits)都因革命的需要而有了用武之地，蔣介石及其政府還未全面敗給共軍，早已叫反叛青年搞得尊嚴掃地，成了眾矢之的。蔣自以為他做盡了「建國之父」(founding father)的努力，卻終由於失掉中國，在四處滅火的搶救中弄得自己焦頭爛額，以致讓那幅演講時總是出現在他背後的國父肖像對比得他愈益不肖。這就是1949年蔣及其政府遷至台灣的情形。

「白色恐怖」探源

「白色恐怖」本指十月革命後殘餘的帝俄反革命勢力。蘇維埃政權建立後，布爾什維克和帝俄殘餘勢力都在各自控制的地區內對異議者和可疑分子採取暴力行動，因白色乃帝俄時代皇權的象徵，故布爾什維克特稱帝俄殘餘勢力所搞的「白色運動」為白色恐怖。中共沿襲蘇共用語，「白」這個在帝俄語境中意味著高貴的字眼，在中共語境中從此成為反動、迫害的代稱，一個與「紅」相對立的概念，甚至是國民黨的代稱。比如，相對於紅軍占領區，國統區就被稱為「白區」。所以要談白色恐怖，實不能不參照紅色恐怖。白色恐怖是對紅色恐怖的反應，是為打擊紅色的破壞力量而採取的暴力手段，因而必然與維護既有秩序的威權聯繫在一起。

(續)————————————

Nietzsche, translated and edited, with commentaries, by Walter Kaufmann (New York: The Modern Library, 1992), p. 470.

　　按大陸歷史課本的記載，蔣介石從血腥清黨即開始了國民黨的白色恐怖，因為他用暴力手段鎮壓了「革命」──即中共領導的暴力罷工和打砸搶排洋暴行等城市恐怖活動。共產黨從此在城市失去搞暴動的條件，才退到農村搞起暴力分田。白色恐怖，或者說國家暴力，就這樣與中共武裝革命的紅色恐怖廝殺起來。這裡有一個基本的是非標準和普世的法權觀念需要一提：不管你共產主義的理想被宣揚得多麼正義和崇高，發動群眾剝奪別人的田產，甚至動用私刑處罰被指責為敵對階級的地主，放在任何國家，都要遭到國家暴力的制止和鎮壓。蔣介石的失誤只是沒能通過剿共消除紅色恐怖，反而弄得它愈演愈烈，以致在歷史的陰差陽錯中眼看著中共的武力壯大到不得不與之談判和商量共治的地步。後來經重慶談判，本有可能建立聯合政府，蔣本人卻執意要打內戰，最終把自己打出了局。

　　根據香港鄭義(胡志偉筆名)〈一百個偶然演变成一個必然〉和張戎的毛澤東新傳記載，國共鬥爭的整個過程中，國民黨軍政系統一直都潛伏有大量共諜，共諜的破壞可說是國民黨失敗的重大原因之一。國民黨當初聯共，本為借助共產黨力量壯大自身，但卻被紅污染，從此攪渾了自己的隊伍。後來兩黨分了又合，國民黨系統中更增多了雙重身份的人物。他們可白可紅，時白時紅，到了關鍵時刻，多會棄白投紅。再加上從地方到中央派系複雜，魚龍混雜，漏洞百出的組織給變節分子提供了寄生的溫床。以下僅舉鄭義長文中數例，即可見共諜給國軍造成的損失有多麼慘重。1948年，四十六師師長韓練成出賣軍事機密，萊蕪戰役失利，共軍全殲國軍五、六萬人，十九名將領被俘。1948年，副司令官張克俠與何基灃投共，導致第七軍團被共軍全殲，徐蚌之戰失利。1949年，中共地下黨以三十兩黃金賄賂總統府軍務局局長俞濟時，幫共諜陸軍總部兵工少將處長戴戎光當上江陰要塞

司令，致使長江防線全面崩潰[26]。

正因警覺到共諜的破壞力，蔣介石遷台後立即開始全面整肅。清洗對象首先以軍政內部為重點，其打擊面自然是外省大於本省，軍公教人員多於其他行業。從八十七軍軍長段澐的不幸遇難即可看出，為徹底清除內奸，蔣介石對高層人士下手之狠之重。段澐是國軍的一員驍將，從抗戰到內戰，直到撤退台灣途中所打的一系列阻擊戰，都表現得忠勇愛國，立下了卓著的戰功。可就在來台後不久，情治單位查出他身邊親屬為有根有據的「匪諜」，結果以「知匪不報」罪被判處槍決[27]。段澐的遭遇的確令人惋惜，但亂世中若不這樣從嚴治軍，不分親疏地造成震懾，在共軍「一定要解放台灣」的當時形勢下，孤島隨時都有被顛覆的危險。懲罰的目的就是要加深警戒，尼采在追溯「記憶力」的起源時，即談到了殘酷和恐怖銘刻記憶的作用。人類的理性並不是面壁打坐修煉出來的，而是千百年來流血犧牲和飽受創痛的結果。長期以來，論及國共兩黨的鬥爭，或從敵對立場醜化對方，或出於個人恩怨而激揚義憤，只要談起血腥事件，多偏重指斥其中的陰謀或迫害，卻很少有人以史筆重述個人被捲入歷史狂潮的艱難情境。

白色恐怖最為世詬病的是它的擴大化和迫害無辜。在談論「無辜」問題前，首先應確定什麼情況不算無辜。所謂「匪諜」，在兩岸敵對而台灣明顯受進犯威脅的情況下，至少有兩種言行應視為危及台灣安全的匪諜罪：一是向共軍提供情報，二是煽動叛變或教唆別人投

26　鄭義，〈一百個偶然演變成一個必然──國民黨為何敗走台灣〉，博訊網站。

27　參看張醇言，〈段澐與八十七軍〉，《傳記文學》第28卷第2期，（2003年2月）。

奔共軍。即使從今日台灣「轉型正義」的立場談問題，不管當時錯抓
重判的人有多少，也否定不了這兩個判定匪諜罪的起碼標準。你總不
能說所有的「匪諜」罪都屬於構陷，更不應只揪住現有的冤案而徹底
否定抓「匪諜」在那個非常時期的必要性和嚴峻性。

龍應台：感動與認同的消費

　　馬英九前不久在台北的上世紀五十年代「政治受難者」秋祭追思
會上代表國民黨，三度向「白色恐怖」受難者家屬表達歉意。馬主席
不管出於什麼動機，能做出這樣的姿態，對受害者及其家屬多少總會
起些撫慰的作用，至於其餘的是非真假問題，由台灣選民評判去好
了。我在此要發難的是主席的搭檔龍應台女士就此事所寫的一篇文
章[28]。在該文的開頭，龍應台一上手就列出今日恐怖分子打著正義旗
號濫殺無辜的行動，然後筆頭一轉，直接將其等同於國家的恐怖行
為，也就是她接下來縱筆誅伐的「白色恐怖」。這一明顯的比喻不倫
和推理不合邏輯就不必在此分辨了，但那花炮一樣炸出幾聲脆響的開
場白畢竟還是能造出些轟擊的聲勢，所以有必要在此稍作分辨。今日
所謂的恐怖分子濫殺無辜，其目的是肆意破壞和製造威脅，其暴力行
為的性質屬於反人類的報復洩憤活動。國家恐怖行為再恐怖，即使像
美國給日本投原子彈那麼恐怖，也都是旨在制止暴行，應屬於懲罰性
的暴力。如果龍應台不否認解放軍用槍砲解放台灣是對台灣安全的肆
意破壞和對台灣人生命的威脅，那麼在這個孤島上，為阻止那一恐怖

28　關於馬英九道歉新聞及以下龍說，均見龍應台，〈一個主席的三鞠
　　躬〉，據新華網（www.xinhua.com）。

而做的一切努力，即或造成恐怖，也不能否認其懲罰的性質和阻止了
破壞性恐怖的效果。龍應台憑什麼給兩者劃上等號？趙剛曾批評龍應
台「書寫感性文章，召喚認同，導引情緒」，「不做調查，不講理
論，只是舞動其生花妙筆」，一味地「進行感動與認同的消費」，卻
很少「藉由對話，深化整體社會的理解、提問與批判能力」[29]。趙剛
的批評可謂要言不煩，的確抓住了龍應台昔日的野火已趨於耗竭的弱
點。我還要補充的一點是，由於太敏於捕捉時政熱點，龍應台的很多
文章已喪失了冷峻的歷史感。她工於剪輯回憶斷片，就像模特巧於突
現裸露的身段。比如她在文章中反復打出這一剪輯的畫面：「布着黃
沙的操場上，數學老師的屍體呈大字型打開。」這個被當場擊斃的人
就是龍應台初次目睹的「匪諜」，也是她第一次接受的和延續至今
的，並且反復傳達給年輕讀者的白色恐怖印象。沒有事件的上下文，
沒提供案件的任何細節，就此一反復閃現的血泊特寫鏡頭便代表了白
色恐怖的全部。接下來則是女學生口吻的渲染鋪排，把悲情像炸裂的
炮皮一樣花花綠綠漫天撒下：「成千上萬的人，本來應該是我們尊敬
的老師、倚賴的同事、寵愛的子女、依戀的情人，卻在我們看不見、
聽不見的角落裡嘆息、哭喊、瘋狂，流血，倒地時滿口塵埃。而同
時，我們在校園的陽光裡追求個人的幸福，經濟在起飛，社會在繁
榮，國家建設在大步開走。」

　　該文無一字提到上述台灣島危急存亡的嚴峻形勢，更沒把這邊的
白色恐怖和那邊的紅色恐怖做任何對比性的討論。容我引一段大陸同
一時期的紅色恐怖做點補充的對比，以下是1951年上海市一處小小的
統計數字：「4月29日上海市公安局局長楊帆在逸園召開公審大會，

29　趙剛，〈和解的壁壘〉，《台灣社會研究季刊》第58期（2005年6月）。

親自作了〈必須嚴厲鎮壓反革命〉的報告，翌日上海市軍管會處決二百八十五名國特。自4月29日至10月底，僅全市工廠企業就逮捕國特五千七百四十七名，其中六百六十八人被槍決。」[30]

我在此列舉那邊的恐怖，並非要證明這邊的恐怖絕對正確，而是要強調，在「轉型正義」的今日，台灣人應正視悲劇發生的歷史根源，那就是紅色恐怖和白色恐怖互相對抗、消長、變奏的複雜狀況。龍應台是否設想過，她的當警察的父親當初若留在湖南，他和他的家庭會是什麼遭遇？若不是她所怨詛的那個恐怖力量當年阻止了解放軍渡海，被「解放」的台灣會經歷什麼樣的紅色恐怖？倒是深受白色恐怖迫害的陳明忠老人在其講話〈被扭曲的歷史集體記憶〉中說得好：「台灣各政黨如果對『二二八』有真正的理解與反省的話，光是道歉或是補償是不夠的，更重要的是，能解決發生悲劇的歷史根源，結束兩岸的內戰敵對狀態，島內的族群問題自然可以迎刃而解，締造永遠的和平。」龍應台沒有就「悲劇的歷史根源」做深入探討，她揚言還要繼續挖掘屍體，翻檢骸骨。顯然，她法醫驗屍的興趣和統計計數的心思更濃於歷史的沉思。

兩黨的敵對已在過去的七十年間構成了巨大的絞肉機運動，絞盡了各自忠勇剛直之士的血肉。至於絞肉過程中造成眾多無辜受害的現象，也只能做城門失火殃及池魚觀了。那些互相絞肉，也絞了無辜者肉的人們，或為共產主義奮鬥過，或為三民主義效忠過，就其當初純真的理想和滿腔的熱情講，何嘗沒有拯救民眾於水深火熱的革命胸懷？結果卻把自己絞了肉，還殃及了池魚。悲夫！能夠維持到今日的台海平安，在很大的程度上，就是那些被絞的血肉澆灌出來的。加繆

30　鄭義，〈一百個偶然演變成一個必然——國民黨為何敗走台灣〉。

的小說《鼠疫》的結尾，奧蘭市在鼠疫過去後爲染疾而死者樹碑紀念，爲的是紀念他們以生命饜足疫癘，拖垮疫情，給倖存者留下死亡過去後的安寧。這一追悼既表現了生命的荒謬感，也寓有深重的憂患意識，對比龍應台的刻意渲染悲情，顯然格調不同。龍應台的激揚文字從質問「中國人你爲什麼不生氣」起步，如今已寫到很多台灣人都悲情滿懷的境地，我倒要問一聲龍應台：「你爲什麼還沒學會冷峻？」

　　《鼠疫》中的疫癘只是比喻象徵，歷史形勢的盲目性有時亦類似天地不仁。在台灣今日的「轉型正義」趨勢下，平反昭雪也好，控訴冤情也好，不能只在伸張公義和撫慰民心的姿態上作文章。我們既然能有幸站在歷史卷軸靠近末端的有利位置上回顧已往，就應以史詩的眼光綜觀那複雜糾結的脈絡，在它擴展到今日的全景中努力去辨認某一個局部曾經存亡攸關的重大意義。歷史書寫者應該讓人們更多地體悟個人或群體在國家危急存亡時刻蒙難受罪的嚴峻性，而不是僅僅追討罪責，一味拿過去的流血作顏料，只顧給自己高舉的「正義」抹上更濃的色彩。

反共時代的重新中國化

　　古人有「腐草爲螢」之說。其實腐草本身並不能化生爲螢，是它所形成的陰濕環境更適於螢火蟲生長。共產主義思想本源於歐洲，發展到後來，在其原產地西歐僅止於理論探討，而傳至東方，卻很快武裝了群眾，把崇高的革命演變成恐怖和災難。共產黨人常說，「哪裡有壓迫，哪裡就有反抗。」所以人們多相信，中共的暴力革命都是國民黨的專制和反動逼出來的。是威權那種腐敗的草滋生了革命那麼光

明的螢嗎？不是。眞正的腐草是貧窮和怨恨，在中國大陸，這一點表現得尤爲典型。共產主義理想給窮人許諾富裕的未來，吸引了窮人的追隨，而它的平均主義則強化了貧者、賤者、弱者、劣者對富者、貴者、強者、優者的怨恨情緒，進而將其報復行動激化爲狂熱的革命。就在這種一心要把高往低拉的情勢下，威權被確定爲革命的對頭，革命若不把威權定義爲「反動」，它那個只有在對比下才確立得起來的「正義」又能去哪兒找到依據？

　　「二二八」事件後，台共組織雖被剷除殆盡，但在受日本教育較多的個別知識分子中，直至五十年代，左傾思想依然有一定的影響。與大陸的情況很不一樣，在生活水平相對要好一些的台灣農村，反而不存在共產黨搞武裝革命的條件。在那個時代的黑暗襯托下，熱血青年易受到共產主義理論熒惑，完全是可以理解的現象，不少人僅因組織讀書會之類純求知的活動，便不愼絞進絞肉機，以他們無辜的受難刺激了白色恐怖更大的瘋狂。從今日言論自由的立場看，那時嚴禁共產主義及其它左傾讀物的法令當然顯得愚蠢而荒謬，但青年人由純粹的閱讀興趣而發展到遭共諜利用的事例也並不是沒有。比如像呂赫若這樣傑出的左翼作家，在距台北那麼近的淺山地帶，竟參與一種模擬武裝革命根據地的活動，其引火燒身之舉，就明顯革命浪漫得太不策略和太缺乏常識了。結果不只害了自己，還把那麼多無辜的村民拖進了盲動的泥坑。他那一雙手本來是善寫文章巧彈鋼琴的，後來卻要笨拙地操起無線電發報機與大陸方面傳遞死亡的信號，自願充當了共諜的犧牲品。咬死他的毒蛇活生生具現了革命對理想的毒害：他哪兒知曉，像蘇新那些眞正操縱紅色恐怖活動的大毒蛇，早就逃到中共那邊享他們的榮華富貴去了。他們把蛇蛋下在鹿窟，讓早已預設爲爆破裝置的呂赫若們製造事件，造成騷亂，爲他們贏得開展活動的功勞而冒

險犧牲。至於無辜者死多少人流多少血，只要能污染得白色恐怖的絞肉機更臭更髒，他們全都是在所不惜的。

五十年代實行土改後，台灣的經濟在美援下迅速發展起來，隨著貧窮面貌的逐步改善，共產主義思想已完全失去其滋生的土壤。那時候，國民黨反共和反台獨雖反到了神經過敏的地步，但對除此以外的其它思潮——從舊傳統中最老古董的東西到西方現代最先鋒的思潮——則任其存在和傳播，並不加特別的約束。反共宣傳一面在它能起作用的範圍內重復其陳詞濫調，而另一面，在豐富廣闊得多的其它領域內，正是來自大陸的文化人——從錢穆之類的大師級人物到無數畢業於西南聯大等名校的普通文教工作者們——給台灣帶來了「重新中國化」的文藝復興。推行國語的強制方式固然對說方言的本省人造成了一定的壓抑，但它在溝通各省人的交流和塑造「新中國」——秉承辛亥革命法統的中華民國——等方面畢竟起了建設性的正面作用。國語的普及不僅僅是一個迫使台灣人接受北方官話的問題，它重要的能動作用是在此統一的口語基礎上發展和完善更適於表達現代人思想感情的白話文，而這一努力，本來就是「五四」新文化運動的一個方向。也正是在這一語文新建設的潮流下，才湧現出外省如殷海光、李敖、白先勇，本土如葉石濤、鍾鐵民等一系列在島內擁有各自讀者群的著名作者。官方的反共文化與舊的、新的、洋的、土的等不同形式和內容的文化始終都是並行存在的，在台灣被作為「袖珍中華」塑造和想像的過程中，外省人逐漸融入本省，國民黨政權也落地生根，開始發展它的本土勢力。這個鄭鴻生稱之為「新的『中國文化共同體』在有著舊唐山養分的土壤上」，就這樣被建立起來，而國語也從此成為受國語教育的一代人進行思考和表達自己的標準語言。

至於挑戰威權，五十年代的台灣人和黨外人士基本上處於沉默狀

態。對萬年「國代」的存在提出異議,使蔣介石的終身總統形象格外顯得尷尬的勇士們,主要是國民黨內的自由主義者。在抗戰後「中國向何處去」的論爭中,自由主義知識分子既批中共,也批國民黨政府。但因共產黨視他們為「小資產階級」,在延安把他們列為批鬥改造的對象,所以歸根結底,他們談自由主義,主要針對的還是中共。

按照錢永祥的說法,雷震及其《自由中國》半月刊同仁自視為國民黨的「諍友」,他們主要的訴求是建立憲政民主,他們的言論奠定了台灣自由主義思想的基礎[31]。梁漱溟不過當眾談了一下工農差別,立即便受到毛澤東屬聲申斥,從此永遭廢退。而雷震撰文強烈抨擊蔣介石連任總統,也都沒把蔣挑釁到惱羞成怒的地步,直至他後來著手建立反對黨,被確認為受到美國人別有用心的支持,這才被當局抓去判了刑。而就在此一時期,留在大陸寄希望於中共的自由主義知識分子,不是反右中先被打倒,就是在「文革」中陷入滅頂之災。自由主義在兩岸的不同遭遇還真應了儲安平所謂自由在國民黨是「多少」而在共產黨是「有無」那句舊話。

從選戰悲情到暴力邊緣

在台灣,對民主造成明顯障礙的,是國民黨政權竭力維持的中華民國法統,其中尤以那個始終不改選的國會最招譏議。為了在這個只有台灣一省的小島上維持代表全中國各省的政權,原先在大陸選上的各省代表來台後都塑像一樣被固定下來,讓他們穩坐席位,代表其它

---

31 參看錢永祥,〈關於自由主義的對話〉,《錢永祥文集》(www.law-thinker.com)。

「地圖省份」的民意。保留那批塑像席位，與其說是給蔣介石的連任充當投票機器，不如說是要顯示中華民國在聯合國獨占的合法席位，為「一個中國的原則」硬撐起支柱。以「法統」自居的國府因此而面臨著諸多的困境：中央與地方近在咫尺，國家與它唯一的一個省彼此重疊，地方選舉不管鬧得多麼轟轟烈烈，競選者都難以憑獲勝的選票取代萬年「國代」內那一批老朽。正因這卡夫卡城堡式的國會讓台灣人感到完全外在於他們，所以他們總是視其為「外來政權」。

　　但國民黨的執政方針畢竟傾向於調和各階級利益，其黨組織基本上是面向各階層開放的。為促成黨的本土化，從一開始黨的勢力就介入地方選舉，主導著地方自治的政策。此即通常所謂收編地方精英，建立侍從網絡的做法。這種操作既引起派系競爭，又在黨的監控下保護派系的利益，而由此產生的權力追逐正好對黨外人士的參選形成了阻礙[32]。反對運動就在此一爭奪資源的拉鋸中展開，傾軋出挑戰威權的社會力量。像雲林縣議員蘇東啓十五年牢獄促成他妻子洪月嬌終當選省議員的抗爭故事[33]，台灣南部反對運動代表人物余登發及其整個家族豁出家業打選戰的事蹟[34]，以及很多競選者因競選而受打擊，終因受打擊而競選獲勝的經歷，都為台灣「選舉萬歲」的抗爭方式譜寫出感人的競選悲情。徐宗懋用「哭調」來形容這種台灣人特有的競選方式，哭調競選者甚至呼喊著「救命」來拉選票，以政治受害的角色登上競選的講台[35]。這是一種以突出個人或群體的弱勢受壓來贏得支持和索

32　參看朱雲漢，〈國民黨與台灣的民主轉型〉，孤獨書齋網（www.cngdsz.com）。
33　參看李敖，《冷眼看台灣》（台北：桂冠，1995），頁111-120。
34　黃人傑、陳閔翔，〈民主運動與反對運動的辯證──兼論余登發的從政背景、政治人格與民主思想〉（台中：台灣省諮議會編印，2004）。
35　參看徐宗懋，《台灣人論》（台北：時報文化，1993），頁46-54。

取權利的鬥爭方式，它爲此後的「暴力邊緣路線」醞釀了情感基礎。

　　據最近一篇頗有影響的論文說，「暴力邊緣論」是黨外反對運動人士姚嘉文提出的鬥爭策略，他主張把反對運動推向接近暴力，但並不眞正動用暴力。這樣做，反能增強群眾的抗爭強度，最終迫使政府回應群眾的訴求。經過一次又一次暴力邊緣的抗爭，政府被迫一次又一次退讓，黨外人士就在此步步緊逼中促成了台灣民主的轉型[36]。這個論文作者自圓其說的總結似乎有太多事後追認的成分，它大體上描述出了黨外反對力量在民主轉型過程中進行鬥爭的一個趨勢，但實際的複雜情況未必如統計數據顯示的那樣整齊一律。須知政治鬥爭向來隨機多變，你一旦介入實際的鬥爭，就很難據理論的預設去爭取勝利。

　　讓我們還是回到事實。在中壢事件和其後的高雄事件發生的過程中，眞正衝鋒陷陣的是施明德那類敢帶頭鬧事的漢子，而像姚嘉文、陳水扁一類務實、理性的律師們，恐怕並不太願意公開站出來鼓動風潮，激化衝突。於是他們就提出所謂的「暴力邊緣論」——也可以說是法律邊緣論，只打算伸出策略的觸鬚去刺探安全的邊界，企圖用最小的代價逼迫威權作出讓步。這更多的是一種設想的策略，未必能可靠地指導實踐。須知暴力的邊緣與暴力衝突僅一線之隔，激憤的群情稍一失控，接近暴力的抗議立即就會爆發到不可收拾的地步。中壢事件中發生了縱火燒車的暴力，其騷亂規模，可能爲「二二八」之後所僅見。威權當局顯然是考慮到自己那一方理虧，才沒對肇事者做任何懲罰。隨後發生的高雄事件中，抗議者正好給他們抓住了暴力行動的把柄，結果不但當場吃了警察的暴力，最後還醸成大案，致使黨外反對運動大批的骨幹人物被捕入獄。於是在事後，又出現了當局故意設

36　徐佩甄、黃春興，〈暴力邊緣論對台灣民主轉型的貢獻〉，博訊網。

局，誘使抗議者越過暴力邊緣的說法⋯⋯。

就這兩起反對活動來看，所謂「暴力邊緣路線」的效果到底體現在哪裡？仍讓人頗感茫然。仔細玩味，「暴力邊緣論」其實另有它厲害的一手，那就是挑逗威權越過暴力的邊緣，騷擾得警察行兇打人，惹得國家機器一時間露出猙獰。暴力的邊緣形同獸欄：政府的暴力一旦如被激怒的野獸跳出獸欄傷了人，政府就在媒體和公眾前丟醜了。蔣經國時代的國民政府畢竟很注重其國際輿論關注下的民主櫥窗形象，時代已經遠遠地走出那種隨意給反對者加上「匪諜」罪名的恐怖陰霾。當黨外人士以其挨打受壓的慘狀暴露出威權的野蠻落後，而國內外輿論的同情和支持一律倒向弱者——中共當年也是在類似的情況下贏得了國內外左傾勢力的支持——時，政府這一邊就尷尬地陷入被動了。威權發現一味強行鎮壓，付出的成本過高，這才逐漸由強硬轉為緩和，以便降低轉型過程中不測的風險。國民黨在暴力邊緣上造成的最大損失就是給外界普遍留下了一個負面的刻板形象，以致被輿論有意地以偏概全，最終抹殺了他們執政台灣幾十年來在發展經濟和健全國家機構等一系列現代化建設上的作為和成就。按照鄭鴻生關於「國民黨如何丟失現代光環」的論證，國民黨在發展台灣現代化的建設中實際上做出很多成績，只可惜他們的某些鎮壓手段太拙劣粗暴，給外界造成了專制、保守的印象，結果被套上「落後」的帽子，「現代化」的功勞反落到民進黨頭上[37]。

國民黨早期在地方上的滲透明顯有占據資源的傾向，但自蔣經國象徵性地說「我是中國人，也是台灣人」以後，其本土化方針已轉為

37　參看鄭鴻生，〈國民黨是如何失去「現代」光環的？〉，《讀書》（2006年9月）。

革新求存，爲中華民國的薪盡火傳闢出了後路。這也是國民黨內部鬥爭迫使他不得不做出的選擇。蔣經國的國民黨屬於第二代，自然受老一代黨內權勢的掣肘，面對他身邊那些塞滿運作空間的塑像席位，他只有向本土培植基層，在栽培新生力量的過程中施展其治才。其實這才是啓動台灣民主轉型的內在動力。而七十年代末開始的黨外反對運動，只是在上層出現鬆動，威權較前弱化的情況下，趁勢從下面崛起，一步步積聚起來的力量。

但轉型過程仍舉步艱難，受兩岸對峙狀況的限制，既定的戒嚴格局依舊在往下慣性地延續。像許信良這類被黨培養出來的「吹台青」人物，終因競選分歧而走向黨外，就明顯地標誌了七十年代中期以後台灣對抗文化的轉向：早期是黨內的和外省的自由主義知識分子主持批評論壇，後來則是以本土爲主體的反對力量開展街頭抗議，激化選戰悲情。所謂民主轉型的方向，只是在反對力量與威權不斷拉鋸，反復衝突，才逐漸明朗起來的。後來中華民國退出聯合國，美國又與中共建交，在太多的外部困擾下，爲防止威權全面崩潰，國民黨不得不切實地實行起改革。學者們普遍認爲，「驅動國民黨進行民主改革的眞正關鍵因素既非台灣的經濟奇跡，也不是執政精英的政治信念，而是統治者爲了延續政權生命所做『理性』計算後的策略選擇。台灣的民主化是社會壓力和統治精英互動的結果。作爲政治領袖而言，蔣經國在民主改革的局勢中扮演開啓與布局者，是計算了容忍成本與鎮壓成本後的結果。」[38]

必須承認，台灣在民主改革之前，經濟發展已取得相當大的成

38　信恆，〈台灣政治轉型成因綜述〉，「思想者」網(http://freeforum.
　　bokee.com)。

效，國家機構也改造得比較健全。與轉型前的拉美專制國家和東歐共產極權國家相比，台灣顯然具有和平轉型的優勢，它既無前者的社經分配不均，也不存在後者亟待徹底變革的國家體制。最初，台灣人所期待實現的民主轉型，主要是允許更多的黨外人士參與執政，形成他們與國民黨共存共治，利益共享的局面。除了極端台獨外，黨外的民主訴求並未提出徹底改造國家體制的政見。他們最初的目的不過是要求進入既定的體制，贏得更多的表決權，從而更加優化所欲達到的共存共治局面。中華民國建國之初籌建「五族共和」，就是要促成這樣的局面，不幸叫歷史的陰差陽錯拖延了百年之久，只是在解嚴後的台灣才有了走向共和的可能。

　　然而，在闖進議會與國民黨平起平坐爭議國是之前，黨外人士在暴力邊緣上與威權已拉鋸太久：他們在威權的壓制下鬱積了太多的怨恨，同時也以自己的挨打受壓給威權造成了相當大的磨損，兩方面都鼓足氣較勁，擺出了過度動員的架勢。那民主的訴求，更像是雙方拉鋸中添入的潤滑劑，給黨外的反對力量多加些「正義」的油，給鬆動的威權鋪墊上邁向親民的台階而已　。由此而導致的過度政治化氣息一直延續至今，已彌漫成一種分裂台灣社會的轉型後遺症了。

中華民國的反諷：從拒不承認到不被承認

　　反共到底的蔣經國其實是帶了些「共」的成分的，他在國共兩黨白紅兩色對立的光譜排列上明顯地有些偏左，這也許和他在蘇聯羈旅多年的經歷不無關係。與蔣介石那種長袍馬褂僵硬的嚴父作風截然不同，蔣經國的親民姿態頗有中共幹部走群眾路線的色彩。他挑選李登輝做接班人，除看重其台灣人身份及完整的日美現代教育外，李曾加

入共產黨那段曖昧的經歷說不定正是他們倆靈犀暗通之處。李後來果然成功地接了蔣的接力棒，貫徹了國民黨本土化的路線。只是蔣不可能預料到李後來會走得那麼遠，遠得搞起民粹式民主，終至走出了國民黨的藩籬。

蔣介石給兒子留下了兩大歷史負擔，一個是所謂的「漢賊不兩立」，另一個是「毋忘在莒，反攻大陸」。然而，經國先生不管如何恪守父志，等美國、日本都與中共正式建立邦交，最終把中華民國乾晾在一邊，海峽兩岸的一邊一國也就成了不容否認的事實。蔣經國可以堅持其「三不」，卻不能不默認那個「兩立」局面的存在。後來隨著共軍停止砲轟金門，並正式宣布放棄武力解放台灣，台灣島不只脫離戒嚴期的危急形勢，無所謂「在莒」，更完全失去反攻大陸的時機和形勢。對蔣經國領導的中華民國來說，也正好熬到了不必再代表那些「地圖省份」的一天。中華民國於是與台灣島完全重合，它不再是台灣省之上附加的中央政府，不必再緊箍圈一樣死套在這個小小島國的頭上。稍後經李登輝重新做出正式界定——「兩岸隔海分治，互不隸屬，一個分治的中國及兩岸間的特殊關係，至今未變」[39]——，更通過廢省的動作全面刷新，台灣立馬成為與中國無關的「國家」。李登輝的「我是台灣人，也是中國人」與蔣經國的表述正好接軌，一向被視為代表外省權貴利益的國民黨已經更多地代表起本土的既得利益群體了。

這本該是從多年來的「反」——黨外／本土與黨內／外省相對抗——走向「合」的一個趨勢，是通過本土化來化解省籍矛盾的共和前景。無奈樹欲靜而風不止，台灣人固有的悲情又再次發酵，他們硬

39　〈對等、和平與雙贏——中華民國對「特殊國與國關係」的立場〉，參看黃俊傑，《台灣意識與台灣文化》（台北：正中書局，2000），頁64。

要在省籍裂縫中強化出族群對立，更將其擴大爲國家認同的重大分歧。民進黨一直苦於在競選中提不出有別於國民黨而又更受台灣民眾歡迎的政策和改革，正好有台灣人憋了好幾十年的滿腹戾氣可資煽動，正在走向痊合的進程於是被扭轉成更加強烈的對抗。

在歐美發達國家的近代史中，有一個值得我們中國人注意的現象，那就的是沒有發生過奴隸造反式的「轉型正義」。封建領主並沒被統統打成牛鬼蛇神，在土地資本轉向工商業投資的過程中，新興的資產階級反而附庸風雅，進一步刷新了貴族的文采風流，從而使現代文明與古典傳統始終保持著一定的聯繫。工人階級也沒有像馬克思預期的那樣給資產階級掘下墳墓，勞資雙方在激烈的鬥爭中學會了妥協談判，進而開拓出資本主義體系不斷自我完善的發展方向。勞動者的生活不但逐步改善到小康水準，他們的趣味和價值更經過商業消費的改造，業已被發展成推向全世界的流行文化。這裡面隱隱約約浮現出一種「天不變道亦不變」的脈氣，正是在這一恆定的大環境中，舊有的價值延續了它與時爲新的生命。

但中國人百年來受了太多的精神奴役創傷，對於如何提昇自身和改善生活的問題，不幸而產生了具有中國特色的理解：「轉型」被理解爲變天，也就是說，非要把對手打翻在地，再踏上一隻腳，才覺得自己也當了主人。中共就是從這一造反目的出發，領導窮人鬧成了他們的翻身革命。自古以來，國家恐怖再恐怖，也都是在其現行的法律下施行懲罰，假若以往的國家都像中共的歷史教科書所描述的那麼暴虐和反人民，國家恐怕早已消亡，天下的正義都該由暴力造反的群體主持去了。紅色恐怖的空前恐怖即在於國家暴力縱容群眾暴力，在於聽任平庸者顛倒一切原有的秩序。諸如「卑賤者最聰明，高貴者最愚蠢」，「寧要社會主義的草，不要資本主義的苗」等叫囂，簡直把革

命進行到尼采曾預感的「只有平庸者才能大量活下去」的「未來人」世界，平庸已被推廣成「唯一有意義和最中聽的道德了」[40]。這個道德就是文革中膨脹到爆炸程度的毛主席革命路線。

回過頭再看台灣今日的亂象，我們不難發現，陳水扁及其一群也感染了類似的平庸疾病。施明德那些在黨外反對運動時期猛打猛衝過的老幹將們都在平庸者的排擠下陸續淘汰掉了，在耐過王莽式廉恭的一個階段後，平庸之輩終於躋身到國家領導人之列。在最初建黨和競選時，他們也曾做出遵從憲政的姿態[41]，等到大權在握，便鑽入憲政殿堂，亂拆起支撐國體的棟梁。只因不得不隱忍美國的「一個中國」政策，陳水扁等人從不敢大搞那種針對中共的真「台獨」。他們搞的是躲躲閃閃的台獨，只是想乘泛綠群體膨脹的聲勢，好逐步拆散「中華民國」這個讓他們一輩子都會感到不舒服的國體。為滿足「台灣人出頭天」的族群願望，他們的眼光始終局限在島內，雖做盡了手腳，也都未超出中共式翻身運動的模式。因為他們只懷有趕快全面當家作主的最終目的，所以也只有抓緊目前仍在執政的機會，先把「中華民國」那層皮整個扒掉。可惜他們忘了他們一夥人都只是那層皮上的幾根毛，剝掉了皮，他們的台灣主體性也就無處可附，隨風吹散了。

轉型正義辯

翻身運動的一個有效手段即搞所謂「轉型正義」。在此，我需要

40　Friedrich Nietzche, *Beyond Good and Evil, in Basic Writings of Nietzsche*, p. 402.

41　1985年10月7日，《華盛頓郵報》董事長葛蘭姆夫人就民進黨成立事問及蔣經國有關規定時，蔣曾以「遵憲、反共和不得從事任何分離活動」作答。見李松林，《晚年蔣經國》(合肥：安徽人民，2001)，頁358。

對轉型正義(transitional justice)的概念稍作說明。按照學者們的論
述,「轉型正義是新興民主國家,尤其是東歐的新興民主國家,用來
處理過去政府暴行和不正義的方法。轉型正義可能帶來遲來的正義,
但同時也會破壞對正當程序和法治的信賴。」[42]這裡所說的東歐新興
民主國家具有一個共同的轉型特徵,那就是從強加給他們的蘇聯式極
權專制下解放出來,以多黨民主取代共產黨的一黨專制,把失敗了的
公有制還原回固有的私有制。如上所述,台灣的民主轉型並不屬於這
種舊政權徹底垮台的制度變革,當前的執政黨基本上繼承和沿襲著威
權政府的建制,只不過把威權的獨占改進成輪流坐莊,大換了一次班
底而已。在被替換下來的泛藍仍在國會占多數席位的情況下,要徹底
清算過去的做法本身就很難行通,更何況社會上也未必普遍有這樣的
迫切需要。即使存在著由省籍矛盾擴大而成的族群紛爭,台灣的情況
也與種族隔離政策後的南非不可同日而語。那裡因轉型正義搞得太厲
害,已搞壞了經濟和治安,如今都開展起「和解」運動了,台灣人能
有多少族群仇恨非惡鬥下去不可?

　　直至2004年,陳水扁苦於民進黨無法贏得立法院多數席位的劣
勢,這才狠抓起具有高度道德色彩的轉型正義一大法寶,將其利用為
權力鬥爭的工具。「二二八」與白色恐怖的沉渣一時濁浪翻滾,在很
大的程度上就是民進黨為打贏選戰而攪混起來的。這樣看來,追查歷
史真相僅為手段,製造罪責才是此舉的目的。正是在這種形勢下,民
進黨執政前的台灣儼然被說成中國大陸的「解放前」。陳明忠先生說

42　以下論述多參考馮銘翰:〈轉型正義的反思〉及〈轉型正義的再反思〉兩
　　文,見台灣日本研究所網頁(www.japanresearch.org.tw);吳乃德,〈轉型正
　　義和歷史記憶:台灣民主化的未竟之業〉,見《歷史與現實》(《思想》第
　　2期)(台北:聯經,2006)。

過一個故事，他說他在美國參加座談時，曾以自己的現場經驗，論及二二八死傷者應該是一千人上下。當場就有一個台獨支持者站起來反駁說：「亂講，高雄就死了三十萬人。」陳明忠說：「當時高雄人口只有十五萬人，就算都殺光，你要哪裡再去找十五萬人來殺？」那人惱羞成怒，就罵他：「你根本不是台灣人。」[43] 由這一對話情景不難看出，當一種怨恨在「正義」的說辭下膨脹成義憤時，歷史還會有什麼真相？這位台灣人的義憤頗像土改時訴苦會上被煽起來的階級仇恨，貧下中農趁共產黨給他們翻身的機會，把世代積壓的私仇都發洩到被打倒的地主身上。於是那時候批鬥地主的控訴就發展到「有了說，沒了就捏」的誇大地步，而幾千年的中國史也隨之被改編成勞動人民受欺壓的血淚史。那位發言者為堅持台灣人的正義，寧可信口胡謅出死了三十萬人的「真相」，在歷史記憶被如此扭曲的情況下，台灣社會又能有什麼公認的真相可言和共同的正義可轉？不管是藍營還是綠營，如果所贏的多數選票中有不少此類「義憤填膺型」選民的投票，台灣雖轉型成今日的民主，又能向不民主國家的人民貢獻出多少值得推行的民主示範？

民主並不是什麼包治百病的「德先生」，也不等於龍應台模特換時裝一樣羅列出來的「生活方式」或「思維方式」[44]。民主本來僅指代議制的政府，就現存的各種政體而言，只能說它是一種最不壞的制度罷了。當它被龍應台那樣泛文地用來誇耀現代社會中種種瑣碎的事物時，它就被摻水成巴贊所說的demotic，即並不民主的俗眾意識

43　參看楊渡，〈二二八事件的六個最基本事實〉，鳳凰網。

44　龍應台娓娓動聽地向大陸人民推薦她一手潤色的台灣民主生活，其中有一段很泛情的文字，可參看其〈為台灣民主辯護——與華人世界對話〉一文，新華網。

了[45]。俗眾意識爲一群個人選擇的願望所構成，它常會與公共通過的決定發生衝突。結果，一部分非要實現個人意願的群體就必然通過投票去挑戰和非難另一部分要按正式通過的決定辦事的人群，這就是當今世界上到處都出現民族或區域分離主義紛爭的根源。

台灣的歷史地理困境

　　台灣問題最難解最爭議的就是，一方面該島離大陸太近，另一方面它的面積和人口比大陸少得太多。這個既「近」且「少」的數量現實正好對台灣的取捨形成制約，使它很難走那些遙遠而龐大的北美或南美移民地區與原宗主國脫離關係的道路，因爲在數量比值上台灣與後者的情況正好相反。其次與兩次大戰後先後獨立的國家相比，情形也有所不同，因而那些國家全民自決的獨立方式也很難適用於當今的台灣。台灣人更不能天真地寄希望於大陸的民主，不要說大陸實現民主的日子尚遙遙無期，就算有朝一日實現了民主，在對待分裂的問題上，未來的民主政權及其人民也絕不比現政權更加寬容。民主社會中的人民就肯定愛好和平嗎？未必，也許他們更其嗜血。林肯領導的北軍與堅持分裂的南軍殺得血流遍野(the killing-fields of Lincolnism)的歷史就是一個活生生殘酷的實例[46]。

　　更爲複雜的情況是，大陸如今執行的改革開放政策是吸納外資，

45　Jacques Barzun, *From Dawn to Decadence: 1500 to the Present—500 Years of the Western Cultural Life*(London: Harper Perennial, 2001), pp. 773-775.

46　關於這一問題，佩里・安德森(Perry Anderson)有詳盡的討論，可參看其評論"Stand-Off in Taiwan," *London Review of Books*, Vol. 26, No. 3 (June, 2004).

甘當發達地區外轉產業(outsourcing)的加工廠,用綠學者學舌的後殖民理論jargon來說,是頗有點「自我殖民」的情形了。對此一最新的社會現象,熱愛後殖民論述的學者並未見有什麼新穎的論述。反諷的卻是,陳芳明所謂生活在「後殖民社會」的台灣人[47]居然廣有做老闆的資本,如今多作為台商在大陸投了資,賺了廉價勞力的厚利,更憑著水向低處流的優勢,懷揣其高收入,移居到物價較低的大陸,成群結隊地過起高等華人的生活。這一新的投資及移民趨勢不但在起反分離的作用,而且引領起堪稱為經濟反攻大陸的勢頭。一般來說,宗主國越向海外地區大舉移民和大量投資,越易促成那些地區的獨立。現在的情況正好發生了奇異的錯位,急於分離的地區卻反其道而行之:把投資和移民的重點放在了他們必欲與之一刀兩斷的國度。

歷史就是如此諷刺:三十年河東,三十年河西。當年周恩來、王明去武漢搞抗日合作,毛澤東飛到重慶喊蔣委員長萬歲的時候,都一點也不覺得自己卑躬屈膝。人家決心要將革命進行到底,當然自有其革命階段論的策略。現在輪到連宋邁出沉重的腳步,大膽到大陸尋求新的可能性了,從海內外民運到島內外綠營卻傳來一片噓聲。到底該如何看待泛藍走出的這一步呢?那只是無助於實現願景的一場前戲(foreplay),還是落了中共統戰圈套的自輕自賤?抑或找一個阿基米德支點以撬動大陸的勇敢嘗試?不幸國民黨已給台灣人灌輸了太多的反共意識,現在,當他們眼看著大陸社會越來越向港台看齊,越來越有了回歸舊社會的特色,越來越遠離毛的理想而靠近蔣的建樹,因而想去叩一叩求同存異的大門,卻叫對立面撈起當初從他們口中學來的

47　陳芳明有所謂台灣為「殖民地社會」、「再殖民社會」和「後殖民社會」的三階段論,食西不化,巧為立說,可參看陳映真,〈以意識形態代替科學知識的災難〉,博訊網。

咒罵開罵起他們。

　　請看：去年中華民國莊嚴的行憲紀念日，一位大陸出身的時政雜文作者竟被高抬到總統府演講，向洗耳恭聽的執政當局大作起有關警惕共諜的報告；另一個大陸出身的作者一向以大批判筆鋒見長，該作者更發揮其文革式演講的魅力，狠抓住指控陳水扁一家人貪瀆案的某檢察長，專門就他協助大陸法制改革的事例對他大肆發動抹紅的攻擊[48]。綠營人士的可悲就在於，至今都沒出一個有能力向全世界華人公眾開講的理論家。這也許正是台語中心論造成的後果，只因不熱心應用海內外媒體同用的現代漢語，到頭來，反害得福佬們自己限制了自己的口才。在今日國語或普通話通行華語世界的情況下，任何一個要贏得更多公眾的發言者都應意識到各自方言母語的局限性。如今兩黨惡鬥越來越緊，每當口水仗打得十分激烈，缺乏口才的台語中心論者便只好僱來受過中共大批判訓練的辯才們做反統批藍的文宣工作。他們的反共立場不管多麼可嘉，其思維表達方式卻都是十足的通共的，真是反來反去，世上的平庸者都反到一起來堅守他們「哲學貧困」的防線了。

結語：毀滅還是新生？

　　解毒發散，乃中醫常用的治病手法之一。怨恨不滿也是導致群體疾病的一種毒素，有時確需用發熱出汗的方式予以消除。五十年代在大陸，土改運動所發的是千百年來窮人憎惡富人的怨毒，而近來台灣

48　參看「林保華專欄」和「曹長青專欄」，台灣海外網（www.taiwanus.net）。

的「轉型正義」釋放的則是台灣人「二二八」以來仇恨的淤血。這一股戾氣好比遲早都要出的麻疹，熱昏譫妄一陣後，若能排淨毒素，恢復常態，也未嘗不是一件好事。「反」必趨向於「合」，若一味反下去，只顧利用群眾的發熱出汗狀態去搞一黨的奪權事業，發散過度，勢必造成整體的虛脫。毛澤東的不斷革命論革到文革，已把共產黨自身折騰得元氣大傷。陳水扁若一味操控群體的悲情亂改憲政，說不定哪一天就會把自己壓扁在坍塌的憲政殿堂之下。從毛到陳的「反」，錯的倒不是「反」這個行動本身，而是他們只「破」不「立」的偏執方向。當今的台灣，不管是泛藍還是泛綠，無論是急統還是急獨，都該在極端否定對立面的路線上有所調整，考慮如何完成否定之否定，多做些由「破」到「立」的努力了。

民主的代議制政府僅能為國民提供一個較威權政府更利於共治共存的基礎，但要建立共和大業，從選民到他們所選的代表，都需重視修己以立德。這就是說，民主的架構必須由民德的內涵予以充實。孟子曰：「可欲之謂善，有諸己之謂信，充實之謂美，美而有光輝之謂大……。」孟子所說的「善」，可與尼采譜系學中高貴者把他值得喜歡的事物叫做「好」做一對比[49]。一個人若感覺得出那個「好」確實存在於自身，則他的實感就是「信」，由此才會產生「自反而不縮」的勇氣。在孟子看來，樂正子僅能達到前兩項，至於後四項，他還存在著差距。這樣看來，一個普通人若能做到自身感覺良好和內心實在，也就很不錯了，他至少能保持正常的良知（good conscience）。

台灣社會近來已出現可喜的反省：馬英九在最近公開宣示：「國

49　Friedrich Nietzche, *Genealogy of Morals*, in *Basic Writings of Nietzsche*, pp. 461-464.

民黨與民進黨差距再大，也大不過我們與共產黨的差距！藍綠同在一條船上，二千三百萬人民都是命運共同體，沒有必要拼得你死我活，應該相互尊重。」他提出「要和民進黨做『良性的競爭』，有利民生的議案絕對不擋。」[50]民進黨領導人謝長廷最近在凱達格蘭學校聯合結業典禮上的講話中也檢討性地提到，「德薄而位尊，知小而謀大，力小而任重，這是災難的開始」，他藉此勉勵結業學員，做任何事都要「度德量力」[51]。評論家南方朔在最新的一篇書評中更大聲疾呼台灣社會要「回到根本」，重建道德教育[52]。另有一個發人深思的戲劇性場面，那是在紅衫軍倒扁高潮的一天，中學生列隊到廣場上齊聲朗讀起「大學之道在明明德……」，童口無心，他們的朗誦莫非在呼喚正面的父親形象？「所謂誠其意者，毋自欺也。」執政者把很多事已弄得一塌糊塗，連自己都心有不安(bad conscience)，怎談得上為人之父和做選民的代表？

　別以為只要是「威權」就一無可取，台灣社會若繼續濫發悲情，兩黨的惡鬥若鬧到各自的領袖都威信掃地，甚至人人都鬥得毫無尊嚴，有朝一日，恐怕就會出現王文興《家變》中那個失落的兒子到處找父親卻再也找不回來的景象。那將是比紅色恐怖和白色恐怖還要恐怖的時刻。「人必自侮而後人侮之，國必自毀而後人毀之。」到了那時候，近千枚導彈瞄準台灣的共軍也許就從海峽對岸打殺過來了。

50　〈馬英九修改國民黨路線：藍綠和解優於國共合作〉，博訊網。
51　高有智台北報導，〈謝諷：德薄位尊　災難的開始〉，觀察網（www.guancha.org）
52　南方朔，〈台灣道德病理總檢查〉，文學城網(www.wenxuecity.com)。

　　這是一個Apocalypto──從毀滅到新生──的危機：[53]共軍操控的「戰爭邊緣」可不比黨外人士曾經發動的「暴力邊緣」那麼好玩，一旦擦槍走火，災難就沒有界限了。獨立從來都不是空喊出來的，自由必須付出拼死的代價。台灣人，你得拿出絕望的勇氣，要準備浴血洗出自己的高貴。黨派可以輪來換去，媒體的喧囂儘管自生自滅，主體性思維任其作意淫狀聚散生滅，獨有三十萬子弟兵更新換代，枕戈待旦，從金馬到台澎堅守至今。只有這支不分省籍，跨越黨爭的軍隊才是兩千三百萬台灣人最靠得住的力量。家可毀，國可破，只要島嶼不沉，就有土地和人在，就會有台灣重新開始的機緣。

　　當然，誰也不願意看到那樣的局面，但只要僵持的形勢一直往下延續，遲早都會有爆發危機的一天。台灣島與大陸距離實在太近，如今在人員往來上又越走越近，近到了糾纏不清，撲燈蛾一樣投入光焰圈的地步。對台灣人來說，也許只有採取另一種反攻大陸的進取形式才是明智可行的做法。猶太人作為逃難北美的移民，幾十年來，都發展到在很多方面影響和支配美國的境地。台灣人何不在類似的智慧操控上砥礪志氣，鑄造宏業，從退縮的逃逸轉向新生的復國？

2007年4月

53　Mel　Gibson最新電影，中譯名《啓示》，劇情及影評見www.apocalypto.movies.go.com。

第三章

中國的民族／國家主義焦慮
──致海內外愛國華人

小引

　　2008年3月14日拉薩藏人暴力抗議的事件發生後，西方媒體大量報導了中共軍警在藏區的鎮壓行動。與中國官方媒體只突出藏人暴行的一面之詞針鋒相對，外界的新聞報道明顯表現出同情和支持受壓藏人的傾向。對藏人和國內外同情藏人的人權人士來說，這次鎮壓不啻為十九年前發生在北京的那場鎮壓在藏區的重演。從打壓維權上訪活動到抓捕異議人士，直到最近強硬地處理拉薩事件，北京當局的所作所為顯然不斷在違背當初申辦奧運時對國際社會的承諾。西方國家本指望通過北京承辦奧運來改善中國的人權狀況，現在卻無奈地看到，隨著奧運盛會日益臨近開幕，人權狀況反而每下愈況。國際社會的強烈不滿和中國政府的很少退讓於此形成緊張對峙的局面。

　　眾所周知，官員腐敗和貧富差距懸殊是當前中國嚴重的社會矛盾，長期以來，民眾對政府的作為，不滿情緒遠多於贊同的表態。但這次拉薩事件發生後，很多國內公眾與海外華人的觀感和反應卻讓人頗感意外。住在國內的人只能看到官方的報導，移居海外的人多習慣接受發自國內的消息，由於電視上反復出現的總是藏族「暴徒」打砸

搶的畫面，對所謂「藏獨」的分裂活動，收視中的反感情緒就難免油然而生。十九年前的情況卻有所不同，那時候尚未軍管的中央電視台全面向國內外播放天安門廣場的實況，明顯的新聞導向在很大的程度上起到了召喚支持的作用。更由於解放軍進城後所殺所抓的平民皆爲漢人，國內民眾與國際聲援一直緊密相呼應，全世界華人幾乎一致譴責中共政府的罪行，在相當長的時間內對當局形成了很大的壓力。但這次遭軍隊鎮壓的全屬藏人，其邊遠的處境本來就不太受主流民意的關注；再加上官方長期灌輸的愛國主義教育潛移默化，在那些更看重國家領土完整及其幅員廣大的國人看來，比起「民主」、「人權」之類空泛的說辭，像「西藏永遠是中國不可分割的領土」之類的口號，叫嚷起來，就響亮動聽得多了。因此，看到國外一邊倒偏向「藏獨」的報道，很多愛國華人都發起抗議，打出維護國家主權的旗號，公然對踐踏人權的中共政府護短起來。

奧運會開幕在即的情勢更強化了這種緊張。迎奧運的電視宣傳每天都在營造辦喜事的氣氛，整個國家差不多處於登台亮相前的亢奮狀態。幾年來苦心孤詣做準備，爲的就是要向世界展示大國崛起的氣派，偏不巧在這個節骨眼上鬧出了拉薩事件，致使奧運火炬在世界各地的傳遞成了自取其辱的行動，大煞風景的場面讓亢奮中的國人大掃其興。受挫的民族自豪感於是破裂爲憤懣，從國內憤青到海外愛國華人，幾乎都不約而同地走到一起，向他們所認爲的「反華勢力」發出了猛烈的反擊。他們既上網做文字抨擊，也去街頭示威張揚。留學國外的，多去圍攻CNN；住在國內的，只有抓住家樂福亂搞抵制的鬧劇。種種揮舞五星紅旗的壯舉都幹得來勢兇猛，一時間掀起了衝擊西方的中國民族主義新浪潮。

針對此類愛國狂熱和仇外情緒，最近網上貼出了不少尖銳批評的

言論。或以「單刃毒劍」標籤民族主義，或斥愛國主義為「無賴最後的避難所」，所有怒加指責的言論多限於羅列現象和就事論事，貶斥之餘，明顯有剖析欠足之嫌。對那種長期受壓下從安全閥縫隙間迸發的情緒及其滋生的病態環境，論者尚乏深入的討論；對民族主義這個在太多的上下文中已磨損得趨於偏解的概念，更未放在歷史脈絡和世界背景中做適當的還原。總的來說，在批評水平、更大的包容性、有效的說服力以及啟發引導作用諸方面，都還顯得用力不足。本文擬對中國的民族主義作出正本清源的檢討，清除其備受扭曲的積垢，追尋其有待完成的使命，並力求在歷史還原和真偽剝離的勘探中觸摸出建設性的可能。

一、民族／國家主義溯源

從民族國家說起

　　英語「nation」一詞兼有「國家」和「民族」兩義，通常所說的民族主義(nationalism)，也有人譯作「國家主義」。就民族這一面言，該詞更強調民族和文化的共同體；就國家這一面言，則又強調一個具有高度主權的政治實體。在今日的世界上，大量的國家都是民族國家，但並非所有的民族都具備構成主權國家的條件。因此，提起中文「民族主義」這一用語，我們首先應考慮到，在不同的語境中，它既有民族(ethnic)導向的一面，更有國家(state)導向的一面。由於各國的國情及其歷史境況存在差異，這兩方面的導向自會有各不相同的側重。為避免「民族主義」這一中文通譯可能造成的偏解，本文特以「民族／國家主義」命題，意在強調其被忽視的國家導向。

須知，我們今天泛泛而談的民族主義，本是在荷蘭、英國等現代民族國家的形成過程中發揮過構成作用的一個因素。它表現為不受教區限制的共同體（civic communities）追求自治的努力，納稅者參與議政和決策的要求，議會對王權的挑戰，商業協會尋求和建立武裝保護的謀劃。歐洲社會衝突摩擦了好幾百年，正是在這一締造商業繁榮和開展貿易競爭的過程中，資產階級登上政治舞臺，封建割據被逐步整合，帝國解體，貴族沒落，一個個現代民族國家才陸續取代了原有的君主政體（monarchy）。早在清末，一位去英國考察的大臣就曾敏銳地指出英國值得中國的效法之處：「至其一國精神之所在雖在海軍之強盛，商業之經營，而其特色實在地方自治之完密。」[1]這位大臣並沒提說「民族主義」，僅就他對英國這兩句扼要的讚賞而言，已多少點出該詞在當時英國脈絡中的要義。

歐洲現代民族國家的民族主義發展可分兩階段簡述如下。起先是從割據走向統一，從另一角度看，也可說是由各個自治的共同體組成共利的聯合。比如早在14世紀出現的漢薩同盟（Hanseatic League），就是由很多自由城市中的商會為保護商業利益而結成的組織。這種組織進一步發展，則是被迫徵稅以設立海軍，以自費裝備的武力抵禦海盜，抗拒王權，在共同價值和優先權的基礎上開了國際合作的先河[2]。再如「光榮革命」後的英國，王權越來越受到限制，主權轉入由選舉

1　轉引自鍾沛璋，〈思考大國崛起〉，見博訊網站：http://news.boxun.com/forum/200806/boxun2008a/458309.shtml。

2　參看諾曼‧戴維斯，郭方等譯，《歐洲史》（北京：世界知識出版社，2007），頁 323-325；另見 Liah Greenfield, *The Spirit of Capitalism: Nationalism and Economic Growth* (Cambridge, Mass.: Harvard University Press, 2003), pp. 59-61. 此書乃友人周劍岐推薦，書中要點亦由周君提示，特此致謝。

產生的議會手中。生活在英倫三島的人民雖各以英格蘭人、威爾士人、蘇格蘭人或愛爾蘭人自居，但等到1707年聯合王國形成，標準英語在官方推行下日益普及，英吉利民族遂在融合過程中逐漸形成對大不列顛的認同。在這一自上而下推行國家—民族認同的過程中，始終存在著另一個很重要的動向，那就是由下而上，邊抗爭邊和解地走向共和的趨勢。

民族主義是資本主義發展的動力

按照Greenfield富有啓發的說法，民族主義這一獨特的社會意識首先出現在16世紀的英國，再由英國移民帶到美國，18世紀傳至法國和俄國，進而遍及歐美各國，隨後遠達亞洲。她把現代西方文明界定爲「經濟文明」，其發展趨勢爲追求經濟的持續增長。但她所強調的這個民族主義動力，只有在經濟成就、競爭性和繁榮被確定爲正面的和重要的國家價值的情況下，才能從中起積極推動的作用。比較地看，在歐美國家，這一經濟文明的發展多呈現由國內向國外擴張的趨勢，而在經濟落後的亞洲國家，特別是在皇權吞噬一切的中國，則呈現爲對外來挑戰的消極回應，與前者自發而主動進取的勢態明顯地形成了被動挨打的對比。

Greenfield非常推崇《魯濱遜漂流記》的作者笛福的經濟學見解，並引用笛福的觀點說，國家的財富就是國民的財富，是個人福利的總合，而非該國的經濟資源。國家支配經濟資源和將國家的財富用於政治或軍事目的的權力正是國民財富本身的功能。這就是說，既然稅收、源源不斷的基金和軍費的開支主要來自貿易和商人，國家的武力便應保護商人的利益，爲開闢國外的市場和貿易擴張而大力服務。經濟上的民族主義把英國社會重新界定爲一個現代國家，在這樣的國

家中，經濟不但不再受政治和宗教的束縛，且一躍而昇至價值的頂端。一個人的出身於是不再完全決定他的社會地位，職位的聲望在很大的程度上成為一種被期待為公益服務的功能。國家利益就在國民的利益之中，因而公益就是最大多數人的最大利益。隨著國家更加關注國民的需求，平民也就日益受到尊重。國民財富正是英聯邦這一由共同利益（commonwealth）組成的政治實體立國的基礎。由此可見，英國脈絡中的民族主義其實與共和主義（republicanism）所強調的自由、法治、主權自民（popular sovereignty）等要點是一致的和相通的。

Greenfield反復強調說，民族主義是資本主義的精神源泉，是促使現代經濟增長的倫理動力，而公平和競爭則是它的兩大原則。英國在經濟上發揮了民族主義的帶頭作用，進而在各國喚起一波又一波的反應。對這一起到推動作用的潮流，Greenfield更從理論上讚美說，「賺錢經商的行為從被鄙視的銅臭中蟬蛻而出，贏利於是成為一種與貪婪無關，且值得為之奮鬥的事業。物質自利中因而增加了利他的成分，在我們今日的集體想像中，經濟已被提升到具有榮耀的地步。」[3]

經濟的持續增長和貿易上的競爭必然促使民族主義的動力從內部聯合趨向一致對外的國際衝突。發生在國家之間的戰爭並不都是純粹的入侵和燒殺搶劫，特別是在歐洲，很多戰爭都雜有貿易衝突和爭奪資源分配的因素。歐洲國家所結集的武力，在很大的程度上都在為各自的商業護駕開道，早在中世紀，打起宗教旗幟的十字軍遠征，據說就帶有打通歐亞商路的目的。在不久前大陸推出的大型紀錄片《大國崛起》中，我們更可以明顯地看出，海洋上一艘艘滿載財物的商船，

3　參看Liah Greenfield, *The Spirit of Capitalism: Nationalism and Economic Growth*, pp. 1-2, 56-58.

其百舸爭流的氣勢幾乎都是在本國海軍的支持下壯大起來和得到安全保障的。1815年，歐洲各大國海軍的總噸位數排名如下：第一名英國為60.93萬噸，其次為法國的22.83萬噸，俄國的16.73萬噸，西班牙的（從早先的24.22萬噸下跌到）不足6萬噸。英國的總噸位數超過了其他三國的總合，其海上霸權在當時達到頂峰[4]。此時重商主義的英國進一步向自由貿易的擴張過渡，歐洲各國的商船競相靠武力開闢亞洲市場，閉關自守的清王朝首當其衝。在古老的中國大陸上，西方民族主義的經濟文明所追求的公平競爭原則先是碰了不平等對待的釘子，接下來他們便動用武力，迫使連續吃敗仗的清政府接受了一個又一個不平等條約。

二、天朝心態vs貿易擴張

天下主義的妄自尊大

「中國」者，四國之中之謂也。該詞在最初僅表示方位，並非專有的國名。四國泛指周邊的蠻夷，中心便是華夏政教的「天下」。天下的位置恒久不變，它延伸廣闊，富於包容，像一個想像的舞台，可供不斷更替的王朝上台來展示各自的文治武功。在這個泛天下的文化地理範圍內，中國與蠻夷的界限既劃分嚴格，又伸縮可變：「華夏夷狄則夷狄之，夷狄華夏則華夏之。」華夏模式被奉為唯一的標準，本為夷狄的滿清入主中國，一旦擁有了天下，也就以華夏自居起來。

4　所有數據均引自唐晉主編，《大國崛起》（北京：人民出版社，2006），頁166。

　　天下主義的心態是一種文化政治上的妄自尊大，與那些在發展商業文明的過程中富強起來的西方國家不同，滿清皇帝和官員既不懂各國之間已經確立的國際法和關稅保護，對西方意義上的外交關係和國家主權更缺乏起碼的認識。這是因為，自明至清，中國與朝鮮、越南等周邊國家的往來，一直都屬於高度禮儀化的封貢關係。封貢關係重視的是泛文性質的禮儀交往，而非國際貿易，是政治虛榮，而非經濟實利，在「萬國衣冠拜冕旒」的文化自負氛圍中，清王朝並不認為中國與他國之間存在著平等的外交關係。其涉外機構理藩院處理的只是把外國當藩屬對待的藩務，與西方國家的外交部性質上根本不同。因此，當西方國家本著自由貿易的觀念前來與清王朝接觸，試圖建立對等的外交和貿易關係時，滿清皇帝及其官員依然把那些洋人視為蠻夷。早在鴉片戰爭前，英國先後兩次派外交使團來中國交涉通商事宜，滿清的官方文件對人家仍以貶低的「貢使」相稱，而且堅持要他們見皇帝時行叩頭大禮。只因在此類繁文縟節上爭持不下，英國使團與清王朝最終未達成任何協議。中國自稱天下宗主的角色與西方的主權觀念難以相容，華夏的朝貢體制與西方的外交往來體制發生了重大的衝突，中國農業社會的自給自足與英國的自由貿易實在無法接軌，正是在最初那些雞同鴨講的齟齬誤解中一再地衝撞摩擦，最終觸發了鴉片戰爭[5]。

　　把這種妄自尊大的天朝心態泛稱為「種族主義」，又把受到列強

5　參看徐中約著，計秋楓等譯，《中國近代史》（*The Rise of Modern China*）（香港：中文大學出版社，2003），頁129-133，165-189。需要向中文讀者提醒的是，此書最近在大陸另有出簡體新版，受檢查制度的限制，整個內容被肆意閹割刪改，建議讀者勿讀這個版本。有關情況可參看張耀傑〈閹割歷史的盛世和諧〉一文，載《北京之春》（2008年5月）。

欺壓後從朝廷到民間的排外仇外情緒歸結爲愛國或民族主義，實屬概念不清的模糊影響之說[6]。「種族主義」（racism）仍爲來自西方的觀念，它源於歐洲19世紀以降的人地學（anthropogeography）及其白種優越論，主要指白種人歧視和排斥其他非白種人的種族優越感，屬於宣揚優等民族統治劣等民族和種族清洗的反人類罪行，與中國傳統的天下主義根本是不沾邊的。妄自尊大的天朝心態最關心的是維持天朝的尊嚴，即皇帝和官員的面子，只要能保住皇權的至尊，即使犧牲國家利益和臣民的生命財產也在所不惜。清王朝在鴉片戰爭及其後與列強發生的一系列衝突中，種種自取其辱的做法都吃了妄自尊大之虧，其中既無種族自我優越意識可言，也無關於保護國家民族的利益。種族主義固不足稱讚，但如此腐朽而虛榮的天朝心態——頗類似中共對西方的「特殊國情」心態——，實不配稱爲種族主義。

　　我在此特指出這一點，並非對列強的侵華史做合理化的解釋，而是要強調妄自尊大的天朝心態在國民心理和歷史教科書導向上所埋下的病根。〈南京條約〉簽訂後，列強對割地賠款和開放口岸的要求愈益嚴苛，清王朝遂從敬酒不吃的老大帝國墮入不斷吃罰酒的半殖民地狀態。英法等國一味按照西方自由貿易的原則在中國不斷擴張，所謂公平競爭，不過是列強那一方獨霸的公平，對硬著頭皮挨打的清政府已無任何公平可言。Greenfield在她的書中津津樂道西方的經濟文明，更從理論上把那一整套規則講得頭頭是道，不幸它在炮艦護送下傳入中國，卻成了打破天朝中心局面的災難性衝擊。這就是李鴻章驚嘆的「三千年未有之大變局」。它造成了幾代人仇恨列強和怨憤滿清

6　蔡彥臣，〈中國民族主義問題檢討〉（「民主中國網」）和Hugo，〈漢人種族主義的起源〉（「博訊網」）兩文便存在脫離歷史脈絡和世界背景而混淆概念，比附不當等問題。

的心理，至今仍如鬼魂縈繞，成了中國人心中難以泯滅的民族／國家主義焦慮。

對比滿清的妄自尊大及其對列強的笨拙抵制，再看一看中共政權今日自恃的「偉光正」形象及其拒不兌現人權承諾的強硬態度，兩者的力不從心和死不認輸何其相似乃爾！一百多年前，每當中國落後的海軍抵擋不住洋人炮艦的進攻，清政府就縱容民間的仇外勢力濫殺傳教士或外交使節。這種無力在軍事上對抗列強，轉而煽動暴民襲擊非武裝外國人的做法，無論就當時的國際公約或交戰國雙方應守的道德準則來說，都是很卑劣的。中共慣用的「人民戰爭」其實並非什麼新玩意，慈禧太后和滿清王爺早在對付八國聯軍時已作過惹火燒身的示範。1949年以來的歷史課本一直把此類義和團行為作為反帝愛國的英烈事蹟大加宣揚，致使幾代人從小深懷民族受害的心理，排外仇外情緒幾乎成為國人的本能。近年來，每逢當局遭遇外來壓力，此種情緒便獲得猛烈釋放的機會，政府不便直接出面去做的事情暗中唆使民眾去做，讓富有中國特色的愛國狂熱一再發揮出官方無從施展的威力。

日本對列強的反應

鴉片戰爭後，西方的貿易擴張很快也指向閉關自守的日本，這個被中國一貫蔑視為小日本的島國卻做出了遠比中國積極的反應。1854年，在美國炮艦的威懾下，日本被迫接受了類似中國的不平等條約。但與只打算「師夷之長技以制夷」的滿清不同，日本並沒停留在僅僅買回堅船利炮以加強防守的水平上，而是很快就實行了全面的改革。首先，通過「倒幕開國」的戰爭，逐漸消除封建領主的割據，加強了天皇的集權。其次，大力效法俾斯麥主導下迅速崛起的德國，在實現國家統一的基礎上，日本開始推行「文明開化」、「殖業生產」和

「富國強兵」三大政策。而對於同為島國，地理形勢又很相近的英國，日本的改革者更加以全面對比，瞄準英國人成功發展海上貿易的方向，從一開始就把經濟民族主義置於改革的首位。大久保利通考察歐洲後，深為西方的經濟成就所震撼，他帶著某種自卑的心情回到日本，立即向政府提出指導和鼓勵民眾努力致富的建議。另一個改革倡導者福澤諭吉則認為，政府的決策管理只是西方國家強盛的一個因素，培養國民情操其實比前者更為重要。他指出，與西方相比，日本人的國民情操相對薄弱，因此要建立西方的經濟文明，除改革制度，還要加強國民情操的培養[7]。日本人顯然看出了民族主義與資本主義本同源的道理，人家並沒有把自己的劣勢歸罪於列強的欺凌，而是迅速走自強的道路，首先建立起願意和有能力推動變革的政府。在發展經濟的同時，政府也很重視提高國民的教育水平和國民性的培養。成功的改革使日本很快就有效地發揮了民族主義的動力，從此不但擺脫了落後挨打的劣勢，而且大有追蹤列強，後來居上的勢頭。

順便在此指出，在學習西方的事情上比中國早了一步的日本，後來很快就成為西方思想觀念向中國傳播的中轉站。派往日本的留學生多從日文語境中搬回中國急需的西學，西文中不少關鍵詞在早期的中譯，最初都是直接從漢字書寫的日文中直接挪用過來的。比如「國民」和「國民性」兩個用語，即照搬自日文。國民乃組成國家與民族的實體，無國民則無國家民族可言，而國家民族的興衰強弱，自然與國民素質之高低有直接的關係。嚴復的「鼓民力，開民智，新民德」

7　參看 Liah Greenfield, *The Spirit of Capitalism: Nationalism and Economic Growth*, pp. 328-331.

之論，梁啓超的「新民說」，都是在面對清王朝一敗再敗的危機形勢下，對比了日本改革的成就而提出的。自晚清以至五四，有識之士一再對中國人國民性的衰弱提出批評和改良的言論，他們多持一種「哀其不幸，怒其不爭」的論調，把國民性的衰弱貶斥得似乎中國人的人種本身就很成問題。對比日本的情況看，那些責備中國人國民性衰弱的言論顯然忽視了一個視而不見的事實，那就是日本人已獲得國民身份，並受到了國民教育，而滿清統治下的中國人則根本沒有。

三、從排滿到國民革命

從臣民到國民

　　中國人顯得素質低下，是因為王朝統治下的個人並不具備國民的身份。天下主義的王朝只能滋生臣民意識，一朝天子一朝臣，臣民的身份是相對於朝廷和君主而言的，故無從確立現代的民族國家觀念。臣民與他們的君主在華夏的天下相處了幾千年，並沒有出現素質低下問題或需要改造國民性的問題。清末民初的國民性焦慮，都是在貧弱的中國受外來挑戰的情況下，因落後挨打而激發出來的。這種一面自怨國家弱，一面憎惡洋人強的民族主義情緒，其實在本質上是一個現代化焦慮的問題。這就是說，學習和追趕西方，才是解決問題的正途，但由於時勢所迫，社會的積弊太重，走不出經濟的瓶頸，既向想要師法的對象發出怨恨的攻擊，也對天下主義的威望失去信心。在從前，每一朝代滅亡後，通常都會留下一批以遺民自居的人物，這些遺民對現政權的反抗僅以恢復前朝的政權為目的。遺民只論朝廷，不論民族，連金和元那樣的異族王朝，都有各自的漢族遺民。直到孫中山

及其同盟會打起民族主義旗號鼓動革命，明亡以來的反清活動才突破了「反清復明」的局限。中國人從此逐漸擺脫臣民意識，在亡國亡種的危機中開始尋求民族和國家的認同。

百日維新失敗後，梁啓超逃亡日本，爲了在文章中確立一個有別於清王朝的中華，竟因無國名可用而不得不借用日文中「支那」一詞稱呼自己的國家。面對延續數千年的「天下」即將瓦解的局面，梁啓超在確立民族國家觀念的問題上忽然陷入了認同的焦慮。他說：「我支那人，非無愛國之性質也。其不知愛國者，由不自知其爲國也。中國自古一統，環列皆小蠻夷，無有文物，無有政體，不成其爲國，吾民亦不以平等之國視之。故吾國數千年來，常處於獨立之勢，吾民之稱禹域也，謂之天下，而不謂之爲國。既無國矣，何愛之可云？」[8]今日以漢族自居者若仔細回顧歷史，其實就連「漢」這個族名本來也是匈奴對漢朝臣民的稱呼──正如後來稱唐朝臣民爲「唐人」，稱宋朝臣民爲「宋人」一樣──，而非天下化的華夏人固有的族名。只是在長期對抗異族的歷史積澱中，族群意識漸趨明確，直到清末，才出於排滿的迫切需要而提出了漢族認同。至於被稱爲漢族始祖的軒轅黃帝，這個在《史記》中被描繪得荒誕不經的神仙家人物，也是在那時候才與漢族扯上了關係。在西方持續的衝擊下，隨著清王朝的崩潰，幾千年來自我定位的華夏中心論逐趨於幻滅。自我忽然被置於「他者」定位的尷尬地步，中國人不得不根據外來的標準和界定來確立國家民族的認同，連那個剛挖掘出來的民族始祖黃帝，也被中國文明西來論者說成是從崑崙那邊進入中原的征服者。

8　轉引自孫隆基，《歷史學家的經線》（桂林：廣西師範大學出版社，2004），頁6。

孫中山的民族主義

　　同盟會排滿的號召在五族共和的民國成立後隨即作廢，國民革命
語境中的「民族主義」主張國內各族共存共治，對外一致反帝。按照
孫中山的論述，這個民族主義的綱領就是「對於國內之弱小民族，政
府當扶植之，使之能自決自治。對於國外之侵略強權，政府當抵禦
之；並同時修改各國條約，以恢復我國際平等、國家獨立。」孫中山
的民族主義綱領明顯地偏於國家導向，而非狹隘的漢族族群導向。從
帝制轉向民國，完全不同於以往的改朝換代，但並非清帝一退位，滿
人被打倒，天下隨即平定，秩序迅速建立。帝制時代，朝廷派官管
民，官員任吏辦事，那一體系運轉已久，如今一旦解體，要建立政
府，管理財政，處理外交，一系列社會轉型的問題都迫切需要解決。
因此孫中山在提出民族主義綱領的同時，也提到有關民生、民權等必
須一起推行的設想。按照孫中山的設計，在爭取國家獨立自主的同
時，國民政府更需提高國民的政治知識能力，要保證國民能「行使其
選舉權，行使其罷官權，行使其創制權，行使其複決權。」在確立國
家獨立和實施民權的基礎上，國家應進一步把更多的工作轉向民生的
建設，也就是對「全國人民之衣食住行四大需要，政府當與人民協
力，共謀農業之發展，以足民食；共謀織造之發展，以裕民衣；建築
大計劃之各式屋舍，以樂民居；修治道路、運河，以利民行。」[9]
　　從上引孫中山這些淺顯、粗略而貼近當時現實需求的建國綱要可
以看出，在帝制廢除，共和初創之日，對不再是臣民的中國人來說，
獲得國民的權利，乃是進入民國社會一個重大的身份變化。在這一潦

　　9　　孫文，《建國大綱》（台北：中央文物供應社，1973）。

草的民國建國藍圖中，國民的權利和國家的獨立自主緊密地聯繫在一起，可謂與Greenfield國家利益和國民利益統一的說法遙相呼應。正因為「民國」和「國民」這兩個新用語與西方脈絡中的民族主義在觀念上彼此相通，今日英美所出版有關民國歷史和國民黨的英文論著中，在翻譯「國民革命」、「國民政府」和「國民黨」這些關鍵詞時，對「國民」這一定語都通譯為「nationalist」。這樣看來，西方意義上的nationalism，置諸民國的語境，也許譯作「國民主義」或「民國主義」才更貼切通達。

買辦和軍閥

　　但孫中山那些有關民權和民生的設想，當時只是口頭上提說而已，真正要全面實行，眼前還有很多障礙。剪掉臣民的辮子並不難，獲得國民的權利就不是起草一個綱要那麼容易的事了。在革命者眼中，帝制崩潰和外國勢力侵入過程中出現的兩個新興階層就是很大的障礙。他們是被稱為買辦的富豪階層和被稱作軍閥的權力階層。前者因代理服務外商而快速致富，在社會上獲得了比早期的公行商人更富裕更自主的地位；後者因掌握了一定的軍權而對當時的政局產生了舉足輕重的影響。二者在歷史傳播中一向被描述得形象很差，幾乎統統揹上了腐蝕社會，勾結帝國主義剝削和壓迫中國人民的罪名。

　　應該看到，中國的現代化進程是在西方的壓迫下啟動的。西方勢力的陸續侵入，固然衝擊了中國自給自足的農業經濟，但外國投資者同時也以其先進的經營方式提供了示範，在租界和通商口岸區相對穩定的環境下最先刺激了民族資本主義的發展。這就是列強侵略所具有的兩面性：既有因侵犯中國主權，控制中國經濟而激起中國人民族主義情緒的一面，也有引入西方法制觀念，打破了官商壟斷市場，開拓

了民間私商的空間，從而促使中國經濟發展的一面。買辦階層儘管幫洋人辦了很多在中國謀取利益的事情，但畢竟通過他們那種兩頭周旋的活動，中國人才學到了洋行內的管理技能和討價還價的遊戲，進而自行創業，開辦了中國人投資的公司和工廠[10]。買辦的作為多少帶有Greenfield所說的民族主義創造財富和勇於競爭的精神。只可惜那一切都出現在內亂和外患頻仍的年代，在西方壓迫下的現代化起步並未得到充分發展的機會。孫中山關於民生問題的設想僅粗淺地談到歐美各國經濟利益相調和促使了各種事業發達的現象，但他對資本主義，多著眼於可被利用的價值，卻並未洞察到它與民族主義的同源關係，沒有從富國強兵的角度構想發展經濟的宏圖。西方的資本主義更多地被視為外在於中國社會的東西，常被同中國人的苦難聯繫在一起，像通商口岸和租界區那些被渲染地概括為「華人與狗不准入內」的地方，在激進的愛國主義者筆下，就都成了洋場的罪惡象徵，包括買辦以及其他富裕階層的形象，也一併被染上半封建半殖民地社會妖孽的陰影。

不只是孫中山有關民生問題的設想沒有條件融入西方壓迫下的現代化進程，他另一個有關民權的設想在軍閥割據的情況下也徒託空言而難以落實。於是就有了國民革命軍討伐軍閥，收編和重組軍閥部隊的國民革命。在那個兵荒馬亂的年代，帶兵打仗已成為一種爭奪權力的新興行業，大量的失業人口正好可補充不斷需要的兵源，上軍校和入伍當兵，於是都成了便捷的謀生之途。戰爭消耗著過剩的人口，也給形形色色的冒險者帶來了發跡或實現抱負的機會。所謂參加革命，也就是找到一個危險的，但也可能很有前途的工作。在各路兵馬分合不定的情況下，因人員的互相流動而呈現出譜系混雜的狀況，不管是

10　參看徐中約，《中國近代史》，頁434-435，441-443。

軍閥還是國共，他們的實際面貌都並非書本或銀幕上刻畫的那麼黑白分明。新事物正在隨著舊事物的剝落而蛻變出來，正是這些採取日式或德式練兵的軍隊被一批批推向戰場，中國軍隊的訓練和裝備才在逐漸向現代化過渡的過程中發展起來。中國並沒有贏得日本人那種在國家獨立統一的狀況下建立現代化軍隊的環境，更不具備英國那種商船和海軍互相壯大的發展條件。整個的國家長期陷入混戰，在軍閥與軍閥、革命與反革命的廝殺中，舊勢力逐漸衰落，新成分隨之而生。中國的民族／國家主義焦慮就是在這樣紛亂的色調中痙攣悸動，其間的派系或黨派衝突和路線分歧，大都在國際局勢的影響下，配合著外國勢力的介入而分合消長，起到積極或消極的作用。

　　軍閥的當道即使施行了惡政，也不妨視其為中國社會向民治轉型過程中難以避免的「惡」。帝制下的中央政府與地方的關係是通過朝廷派去的官員聯絡和操控的，按照傳統的迴避規則，所有的地方官均來自外地，他們在地方紳士配合下行使其「外來」的職權。帝制廢除後，各省紛紛宣布獨立，新興的軍閥依仗手中的兵權，取代了外來的地方官，在各自的故土稱雄一方。就民族／國家主義自下而上的聯合趨勢講，軍閥割據的局面其實就是地方自治的基礎。軍閥割據固然造成了全國性的戰亂，但長遠地看，軍閥們曾主張的「聯省自治」若能在自然發展的趨勢下得到有效的推動，它總比人為的設計——比如像民初的精英們按照法國或美國的模式設計的議會——更有利於共和體制的建成。至少就閻錫山在山西或陳炯明在廣東所取得的局部成就看，資本主義在軍閥的勢力範圍內還是搞得很不錯的。不幸當時的國際形勢不斷發生險惡的變化，列強對中國的壓迫不斷造成北洋政府的執政危機，各種社會矛盾最終都聚焦在列強侵華這個引爆點上，致使民族主義的情緒一再地爆發出反帝的衝動。

蔣介石明眼識蘇俄

孫中山及其國民黨鬥不過擁兵自重的軍閥，只好去南方建立黨軍，試圖武裝奪權，快速解決所有的問題。國民黨從此成為武裝起來的革命政黨，不再走宋教仁那種爭取選舉和議會席位來推行其政治主張的民主政黨道路了。孫中山得不到英美等國的支持，遂轉而向蘇俄尋求合作。為贏得蘇俄的軍事支持，他接受了聯俄容共的條件。但孫中山一開始就明確向第三國際的代表越飛（Adolf Joffe）表示：第一、共產主義不能實行於中國。第二、中國的當務之急是儘快統一國家和爭取完全獨立。蘇俄對國民黨的援助以及國民黨與俄共的合作，其目的都是為促成這一偉大事業的成功。針對孫中山這一明確的民族主義態度，囿於俄國語境的列寧竟可笑地稱孫中山為「民粹主義者」。列寧這一頗帶微詞的誤稱說明，蘇聯對國民黨建國的民族主義立場並不感興趣。後來蔣介石去蘇聯考察，根據他在那裡的所見所聞，歸國後立即寫信向廖仲愷警告說：「俄黨對中國之惟一方針，乃在造成中國共產黨為其正統，決不信吾黨可與之始終合作，以互策成功者也。至其對中國之政策，在滿蒙回藏諸部皆將為其蘇維埃之一，而對中國本部，未始無染指之意。凡事不能自立而專求於人，其能有成者，決無此理。國人程度卑下，自居如此，而欲他人替天行道，奉如神明，天下寧有是理？彼之所謂國際主義與世界革命者，皆不外凱撒之帝國主義，不過改易名稱，使人迷惑於其間而已。」[11]

推翻了沙皇政權的蘇聯，在對華政策上依舊延續了沙俄擴張領

11　見蔣介石，《蘇俄在中國》，見「博訊網」：http://www.boxun.com/hero/sulian/4_1.shtml。

土，侵犯中國主權的根性。在滿清所對付的眾列強中，沙俄最爲陰險和貪婪。從鴉片戰爭至今，眾列強對中國的諸多侵擾均未能從中國的版圖中瓜分走一寸領土，唯獨俄國，多次趁中國危機之際巧取豪奪，從中國的東北方到西北方，陸續割去的領土達幾百萬平方公里之多。有一種誤傳已久的說法，說列寧代表蘇聯政府宣布把沙俄從中國人民那裡掠奪的一切都交還給中國人民，其實這是對蘇聯政府1919年對華宣言的誤讀。蘇聯所承諾的，僅指1896年以後的各項條約，在蘇維埃新政權惠及中國的那一點退讓中，根本就沒涉及1896年以前的一系列不平等條約。這就是說，蘇聯從來也沒有宣布要把《璦琿條約》、《北京條約》等不平等條約割去的土地還給中國，列寧的宣布不過是一個無損於蘇俄既得利益的賣嘴討好罷了[12]。他對所謂孫中山的「民粹主義色彩」曾那樣不以爲然，足見蘇共以及第三國際想要在中國推行的共產國際運動與國民革命所堅持的民族／國家主義路線從一開始就存在著重大的分歧。

國際主義排斥民族主義

伯林（Isaiah Berlin）未必十分了解中國的國民革命，但縱觀他有關民族主義的論述，我們不難看出，歐洲的社會主義者利用亞洲民族革命服務於歐洲革命的偏狹立場是不會眞心實意支持中國的民族主義革命的。他說，「就是列寧也認爲，這些國家的民族主義運動只不過

---

12 1919年7月25日〈俄羅斯蘇維埃聯邦社會主義共和國政府對中國人民和中國南北政府的宣言〉（通稱〈加拉罕第一次對華宣言〉）中寫道：「蘇維埃政府把沙皇政府從中國人民那裏掠奪的或與日本人、協約國共同掠奪的一切交還給中國人民以後，立即建議中國政府就廢除1896年條約、1901年北京協定及1907年至1916年與日本簽訂的一切協定進行談判。」

是反對歐洲帝國主義的武器,在這些運動似乎會加速或遲滯歐洲革命進程時,才值得關注一下。這非常容易理解,因爲他和他的革命同志都相信,歐洲是世界權力的中心,歐洲的無產階級革命必然將解放全世界工人,亞洲、非洲的殖民地半殖民地政權將由此而被消滅,他們的臣民將被整合進解放後的國際新秩序。因此,列寧對多樣的共同體生活並不感興趣,這一點他是緊跟馬克思,馬克思關於印度、中國或愛爾蘭問題的論述,對這些國家的前景可以說沒有提出一丁點見解。」因爲在馬克思主義者看來,「民族情感本身就是錯誤的意識,是經濟上居支配地位的階級即資產階級與舊貴族殘餘合謀而致的意識形態,是保持和完善階級控制的工具,這樣的社會以剝削無產階級的勞動力爲基礎,其中,生產過程本身必然把工人組織成具有紀律性、規模、政治覺悟、實力不斷壯大的力量,時機成熟,工人將推翻資本家壓迫者,資本家間的殘酷競爭使其兩敗俱傷,削弱他們有組織地抵抗工人的能力。剝奪者將被剝奪,資本主義的喪鐘行將敲響,作爲整個意識形態的具體表現形式的民族感情、宗教、議會民主等等,也將隨之被歷史拋棄。民族差異或許依然存在,但與全世界工人大團結及生產者爲了全人類的利益自由協作以利用自然的力量相比,地域和種族性之類的東西,就微不足道了。」[13]伯林的描述再明顯不過地讓我們看到,共產主義的大同世界將要消除一切差別,最終抹平的不只是個人與個人的差別,連作爲個人身份依據的民族區分最終也要一筆勾銷。

---

13 伯林,〈民族主義:被忽視的過去與當代的力量〉,秋風譯,見
    http://huanggua80.tianyablog.com/blogger/post_show.asp?BlogID　=348708
    &PostID=10043741&idWriter=0&Key=0。

四、民族／國家主義的路線及中共的反動

中共的反民族主義本質

　　國共兩黨互相利用的聯合最初建立在一致反對帝國主義的基礎上，直到孫中山臨終，那份著名的遺囑中所叨念的「革命尚未成功」，仍在強調要廢除列強加於中國的不平等條約，期望中國在國際上獲得平等待遇。從鴉片戰爭延續下來的排外情緒一直在持續加劇，至1925年到1927年之間，國民革命中指向帝國主義的民族主義怒潮空前高漲，極端的反洋行動最終導致了國共分裂。這些極端的反洋行動有一部分仍沿襲義和團方式，如1927年3月在南京攻擊外國居民與使館人員，招致英美炮艦的還擊。但在聯俄容共的形勢下，反帝的總方向已受到蘇俄的控制，且由鮑羅廷等派到中國的顧問直接指揮：它屬於國際反帝國主義革命在中國的部署，是爲對抗和圍剿資本主義世界而在中國開闢新戰場的一個策略。其中心目的當然不是建設民國，促進國民經濟的繁榮，而是發動工人在城市暴動，通過武裝奪權建立中國的蘇維埃政權。不幸此類盲動更受到莫斯科兩個司令部——史達林和第三國際——互相衝突的影響，以致在中共黨內引起忽左忽右的路線分歧和接二連三的權力更換，幾乎所有的暴動——從南昌暴動到秋收暴動——很快都以失敗告終。這種另類洋人主導的反洋活動愈演愈烈，兩黨在持續的奪權鬥爭中最終釀成國家民族的大分裂。毛澤東對中共在中國領導的這一場革命表述得很清楚，它被界定得遠遠超出了國家民族利益的範圍，已成爲「新的世界革命的一部分，即無產階級社會主義世界革命的一部分」，它從屬於史達林偉大的戰略，它「在

社會主義的西方和被奴役的東方之間架起一道橋梁，建立一條從西方
無產者經過俄國革命到東方被壓迫民族的新的反對世界帝國主義的革
命戰線。」因此，毛澤東號召「中國共產黨人必須將愛國主義與國際
主義結合起來」，這個愛國主義始終都從屬於以蘇聯為中心的國際主
義[14]。在中共四中全會的文件中，則更加明確地提出：「對共產國際
路線百分之百的忠實這個口號，是使黨更加布爾塞維克化和蘇維埃革
命更加勝利的唯一道路和保證」。

　　也正是在這一分裂國家和民族的路線指導下，中共於1931年在贛
閩邊區建立了中華蘇維埃共和國臨時中央政府。當時公布的「憲法大
綱」規定：「中國蘇維埃政權所建立的是工人和農民的民主專政的國
家，蘇維埃全部政權是屬於工人、農民、紅軍戰士及一切勞苦民眾」，
「軍閥、官僚、地主、豪紳、僧侶……是沒有選派代表參加政權和政治
上自由的權利的」。直到今天的「中華人民共和國憲法」，仍然說「中
華人民共和國是以工人階級為領導，工農聯盟為基礎的人民民主專政
的國家。」兩相對比，中共政權反民族／國家主義的本質及其對中國
人的國民身份之剝奪，自始至終都未改變。從該憲法的民族政策更可
看出，今日中國境內民族分裂主義傾向的始作俑者實為中共。如其中
這一條款：「中國蘇維埃政權承認中國境內少數民族的民族自決權，
一直承認到各弱小民族有由中國脫離，自己成立獨立國家的權利。蒙
古、回、藏、苗、黎、高麗人等，凡是居住中國區域內的，他們有完
全自決權，加入或脫離中國蘇維埃聯邦。」中共為什麼如此堅決地支
持各民族獨立呢？因為不管他們獨立到什麼地步，對中國蘇維埃和中

14　參看毛澤東，〈新民主主義論〉和〈中國共產黨在民族戰爭中的地
　　位〉，《毛澤東選集》（北京：人民出版社，1991），第二卷，頁668-
　　669，520-521。

共期望出現的蒙古、回、藏蘇維埃來說，「蘇聯是客觀存在的鞏固聯盟」。喬巴山領導的外蒙古獨立便是在促使中國各民族建立蘇維埃政權的革命路線指導下由蘇聯一手策劃的。對此分裂中國領土之舉，中共立即發表聲明全力支持，而且站在蘇聯的立場上指責國民政府說：「最無恥地，到現在國民黨政府還不承認外蒙古是獨立自主的人民共和國，而把外蒙古看成中華民國的附庸。」[15]回顧這一分裂國家領土的史實，不知今日的海內外愛國人士覺得到底誰「最無恥」？

國民政府的民族主義外交路線

　　與中共的國際主義反帝路線形成明顯的對比，中國政府──從北洋政府到南京的國民政府──則忍辱負重，一直堅持通過民族主義的外交路線盡可能維護國家主權。比如在1921年的華盛頓九國會議上，中國代表在美國支持下就爭得了不少國家利益，迫使日本放棄對山東的占領，但顧維鈞所提「關稅自主」案仍為各國所拒。海關主權是國家主權重要組成部分，自鴉片戰爭後，中國的海關行政管理權、關稅自主權和稅款支配權喪失殆盡。1927年南京國民政府成立，次年即宣告關稅自主，並公布國定《進口稅暫行條例》。經過拉鋸戰的談判，國民政府先後與各國達成協議，最終爭得關稅自主權。此後關稅收入大大增加，正是靠這筆重要的財源，南京政府支付軍費開支，初步發展了教育、文化、交通、廠礦等事業，對中國早期現代化因素的積累起到了積極作用。

　　在西方壓迫下的現代化進程中，外國的建議、輔助和控制既有推

15　以上引文均轉引自鄧正來〈中華蘇維埃共和國是一個偽政權〉一文，見「博訊網」：http://news.boxun.com/news/gb/z_special/2008/06/200806210703.shtml。

動中國建立制度，改善管理的一面，也有限制中國獨立發展的一面。
明清兩朝長期海禁，在清政府與他國未建立正式外交和貿易關係的情
況下，並未設立對外開放的通商口岸，既不存在海關總署那樣的機
構，也無所謂關稅主權。從某種程度上說，正因為中國到後來處於被
剝奪主權的狀況，海關主權意識才逐漸從中覺悟和樹立起來。天下主
義的領土觀是一個大而化之的概念，它重中心而輕周邊，只是在列強
逼迫下接二連三向外國割地劃界，中國政府的領土意識才逐漸強化起
來。在弱與強的對抗中，弱國是在抗拒強國壓迫的過程中強壯起來
的，它被迫地通過「他者」來定位自我。中國的民族／國家主義焦慮
就是力圖擺脫這一尷尬處境的焦慮。

英國駐華公使威妥瑪曾就赫德領導下的中國海關如是說：「我們
英國人尤其關心它(海關的外國監理)能運作良好，這不僅是因為它能
規範貿易，而且因為它是把進步引入中國的一個通道。事實上，中國
對此一無所知，因而也沒有引起它的猜疑。最後，如果我不是大錯特
錯的話，還應千方百計、未雨綢繆地防止中國建成一支艦隊或一支軍
隊。」[16]威妥瑪這一席英國對華政策的談話露骨地表達了列強在中國
的現代化進程中所設的限制，也透露了國民黨建軍之初未能從英美等
國求得援助的原因。蘇俄的及時援助在當時可謂雪中送炭，但蘇俄幫
國民黨建軍並非為中國真正的獨立自主著想，其目的是要把中國拉入
蘇共的反帝陣線。只是在國共分裂後，蔣介石擺脫了太上皇式的俄國
顧問，待海關收入稍微充實了財政，他才得以轉向德國：聘德國顧
問，買德國武器，取得德國的工業和軍事援助，趕在日本發動侵華戰
爭前練出一支德式裝備的軍隊，做成了威妥瑪不願意讓中國政府去做

16　轉引自徐中約，《中國近代史》，頁455。

的事情。

小小的繁榮

　　但南京京政府所能控制的地盤畢竟十分有限，財政的拮据一直使它的行政運作和軍隊建設捉襟見肘。按照史景遷和費正清的敘述，蔣介石及其軍隊在北伐中曾對上海商會採取勒索軍費的手段，在江浙商紳中一時引起恐慌，五院結構的南京政府建立後，所謂訓政期間的政績似乎也乏善可陳[17]。儘管南京政府在民生問題上沒做出多少顯著的成績，但至少就蔣宋、宋孔的聯姻，蔣本人與張靜江的交往，以及政府在金融改革上所做的努力而論，蔣介石政府與財富集團的利益基本上還是一致的。在這個短暫的統一局面中，由爭回關稅自主權而贏得的利益畢竟促進了當時的經濟發展，對民族資本家來說，建立起相對穩定的社會環境，總要比不斷鬧罷工和搞暴動的情況好多了。中共指責國民黨政府代表資產階級的利益，此話說得沒有錯。現代的民族國家不維護資產階級的利益，將何以促進經濟的繁榮？不靠繁榮的工商業納稅，哪裡有錢建立強大的軍隊？民族／國家主義的道理很簡單，那就是由民富到國富，在經濟繁榮的基礎上建立強大的軍隊，在經濟的持續增長中提高人民的生活水準。而中共的暴力分田和城市暴動等蘇共主導的國際主義革命路線則是劫富濟貧，其平分財產的結果是削高填低，降低原有的經濟水準，最終造成社會動亂，把國家拖入災難

17　費正清說：「國民黨非但不是中產階級取向的，還破壞了上海工商界的半自治局面。國民黨利用黑道的暗殺手段，威嚇商人多捐軍費。」見費正清(J. K. Fairbank)著，薛絢譯，《中國新史》(台北：正中書局，2001)，頁326。另見Jonathan D. Spence: *The Search for Modern China* (New York: Norton Press, 1999), pp. 342-343.

的深淵。這正是孫中山不同意在中國搞共產主義的原因。

南京政府在國民經濟上取得的成就固然不大，但畢竟開始扭轉自清朝以來受列強壓迫的現代化發展劣勢，畢竟建立了一個為各國承認的國民政府，為國家自主地發展經濟多少爭取到某些有利的條件，其初步取得的小小繁榮在歷史上被譽為「黃金十年」。只可惜那局面很快即因日本的入侵而化為泡影，真正的繁榮尚未形成，很多美好的事物都像歌曲〈花樣的年華〉所感嘆的那樣消亡於彌漫的硝煙。戰爭的破壞，經濟的崩潰，救亡壓倒一切，民族／國家主義路線陷入的深重危機，這一切反而給中共的奪權鬥爭創造了渾水摸魚的條件。

五、抗戰：國共美蘇的歧途

促戰情緒與緩戰策略

聞一多死在國民黨特務的槍下，實為一錯誤的諷刺，這位烈士「橫眉怒對國民黨」的態度一經毛澤東讚揚，他豐富多彩的一生便定格於最後那個壯烈犧牲的鏡頭。聞一多年輕時其實是很反共的。20年代留學美國時，他曾積極組建「大江會」國家主義——他強調nationalism的國家導向，認為孫中山的「民族主義」是一個不準確的中譯——團體，該會的第三條宗旨就明確指出：「鑒於國內經濟落後，人民貧困，主張由國家宣導從農業社會進而為工業社會，反對以階級鬥爭為出發點的共產主義。」[18]聞一多回國後一直宣揚國家主義的立場，1926年與同仁召開「反俄援僑」大會，抗議蘇聯踐踏中華民

18　梁實秋，《談聞一多》（台北：傳記文學出版社，1987），頁49。

國主權和殘害在俄華僑的行徑；後在青島教書，曾因批評學生中要求政府立即對日宣戰的言行而受到激進分子圍攻，以致無法在那裡繼續執教。縱觀聞一多的立場和言行，我們不難想見那時候的知識分子普遍對共產黨所持的懷疑或反對的態度。同時，聞在對日宣戰問題上較為理性的見解也可作為民意抽樣來證明，蔣介石在日本侵華初期的不抵抗政策並非無人理解和支持，也並非毫無道理。中國在軍事上一直處於弱勢，對付外來的軍事挑釁，不講策略地盲目回擊，未必符合國家民族的利益。早在滿清時代，有些本可通過談判和外交手腕解決的衝突，往往在朝野主戰情緒的影響下貿然宣戰，結果均因實力相差懸殊而打了敗仗，最終招致更多的不平等條約。蔣介石及其政府不是不願抗日，而是企圖以緩和的方式拖延時日，一邊爭取國際干預來制止日本的侵華行動，一邊加緊集結軍隊，在做好充分準備的情況下開戰。中國當時尚處於內亂，中日軍力的對比相差過於懸殊，倉促上陣，只會造成無謂的犧牲，反而妨害了抗日大計。無奈中國民眾的愛國心一向偏於意氣用事，激憤的群情與當局的緩兵之計於是形成強烈的衝突。受共產黨在青年學生中鼓動宣傳的影響，民間激烈的反日行動給日軍的挑釁製造了藉口，使本來就很緊張的局勢一觸即發。蔣的對策受到各方面的指責，抗戰的呼聲再次掀起了民族主義怒潮。在這一氣勢洶洶的促戰主流中，有一股暗流實來自蘇俄。

俄國自1904年在遠東敗給日本，不但喪失它原先在中國東北的利益，連西伯利亞的安全也受到很大的威脅。中日戰事初起之日，對比英美之袖手旁觀，不能不承認蘇聯對國民政府的援助——低息貸款2.5億美元，提供飛機一千架，派遣大約兩千名飛行員和五百名軍事顧問——之大度及其所起的作用。蘇聯幫中國，當然也是為自己，它支持中國抗日，並竭力通過中共的活動迫使蔣介石早日對日宣戰，意

在讓戰火只燒在中國，由中國拖住日本的後腿，自己好集中兵力對付歐洲的法西斯勢力。中共從江西蘇區撤出時，起先只是盲目逃竄，後來則打算分途去新疆和內蒙尋求蘇聯的接應。所謂「北上抗日」的長征，喊出的口號竟是「武裝保衛蘇聯」，而非解救淪陷的東三省。後來中共的路線從「反蔣抗日」轉向「聯蔣抗日」，也都是在按史達林的指示辦事。假若沒有因西安事變而促成過早抗日的局面，假若蔣當初確實得以在「安內」後再轉而「攘外」，中國的抗戰損失必會更小，全國的抗日力量必會更加凝聚，而成王敗寇的歷史書寫也必會大不同於今日。

美蘇的援助與霸權

中國的民族／國家主義焦慮之總根源在於中國自身的積貧積弱。中國無力單獨對付外來強敵，故不得不聯合國際的反法西斯勢力，不幸在得到外援的同時也受到了援助國的牽制和困擾。中國一邊以血肉長城死戰日本，一邊被掣肘在應付美國和蘇聯的不愉快關係之中。國際間並不存在無緣無故的援助，援助及其所附帶的要求往往使援助帶有侵犯受援國主權的成分。珍珠港事件前，美國在中日交戰的問題上嚴守孤立主義(isolationism)態度。如就美日在1939年7月以前的貿易往來論，美國賣給日本大批石油和汽車零件的生意，其實等於在間接地支持日本對中國的侵略。而作爲中國友邦的蘇聯，爲全力迎擊德國，摒除後顧之憂，竟於1941年背著中國與日本簽署中立協定，對日本所作的承諾不啻爲對中國的背叛。美國直至珍珠港挨炸後對日宣戰，始正式與中國結盟。因爲美軍要在中國修建機場，要從中國起飛轟炸日本，美國更指望中國戰場拖住日本更多的兵力，從而減少美軍在太平洋上的壓力，而且爲兼顧東南亞戰場，美國更調遣國軍最精銳

的兵力到緬甸協同英國人作戰。盟軍在幫助中國的同時，也以其優勢軍力的霸權僭越了國軍的指揮權，在美國指揮官高標準的要求下，國軍簡陋的裝備和缺乏訓練有時就難免顯得又寒傖又低劣了。軍事觀念和物質水平的差異就這樣在蔣介石與史迪威（Joseph Stilwell）的合作中不斷引發衝突，史的專斷獨行極大地傷了蔣的尊嚴，蔣的民族主義死硬原則也惹得史非常惱火，兩個最高軍事統帥之間的緊張關係再明顯不過地反映出一個弱國在接受強國援助過程中被動而委屈的處境。

　　美國的兩顆原子彈以最後的一擊加速了日本的投降，但美國沒有採取原先要從中國大陸出發占領日本的計劃，而是選擇從太平洋登陸日本各島。這一計劃變更在很大的程度上為共軍在後來的內戰中獲勝提供了有利的條件。美國自始至終都迴避捲入中國本土上發生的戰爭，美國不願意付出太多的人員傷亡，很害怕陷入中國事務的泥坑拔不出來。因此羅斯福才與史達林在雅爾塔暗定密約，犧牲中國在東北和蒙古的主權，在滿足蘇聯利益的條件下，取得了蘇軍出兵東北的許諾。據蔣經國回憶說，當年他受父親的指示當面與史達林爭持，要求保留中國在蒙古的主權，史達林先對蔣經國的要求表示了一番同情的理解，然後冷酷而現實地對他說：「不過，你要曉得，今天並不是我要你來幫忙，而是你要我來幫忙；倘使你本國有力量，自己可以打日本，我自然不會提出要求。今天，你沒有這個力量，還要講這些話，就等於廢話！」[19]史達林蠻橫的坦白狠狠地將了蔣經國一軍，這位在蘇聯滯留已久的太子黨人物終於認識到，國家與國家的較量，得靠各自的實力，莫斯科不相信眼淚，布爾什維克並不在乎中國人高貴的民

19　參看〈史達林對蔣經國解釋：我們為什麼要割走外蒙古〉，中華網：
　　http://news.china.com/zh_cn/history/all/11025807/20050225/12130579.html。

族主義感情。無論是蔣還是毛，當然都不會自願放棄國家主權，把國土拱手讓給他國，只可惜中國的國力和軍力不具備什麼事都可說「不」的資格。這才是中國的民族主義者面對領土完整的問題時常常情緒不佳的困境，從前是，現在是，將來相當長的時間內還會是。

蘇聯雖侵犯了中國的主權，卻為中共的得勢辦了好事。國軍抽不出手去打關東軍，美國不願付出那樣的犧牲，結果把擴張的機會讓給了蘇聯。蘇聯在美軍轟炸廣島兩日後才對日宣戰，紅軍迅猛開進東北，打了場甕中捉鼈之戰。日軍投降後，紅軍在中國的土地上劫掠價值20億美元的工業設備，作為戰利品拆運回國，沒收價值30億美元的金條和8.5億僞滿幣。唯獨從日軍手中收繳的武器沒帶回去，而是全部移交給前來接收的共軍。這批武器落到解放軍手中，自然對中共後來的獲勝起了關鍵的作用。史達林當時未必想扶植中共政權取代國民政府，他與蔣介石的中蘇友好條約簽訂得十分滿意，占盡好處，恐怕只有毛澤東聞訊後甚感窩火。史達林始終要求中共緊跟蘇共的共產國際路線，但他每一次與中國政府打交道，只會把蘇聯的國家利益放在首位。

毛澤東的美國情結

史達林不相信毛澤東領導的中共，因為毛一直在搞他自己那一套本土化的馬列主義，通過延安整風，黨內的莫斯科派已被他一個個扳倒。從某種程度上說，毛反倒更喜歡親近美國人，與資產階級知識分子交談，當然要比應付共產國際同志要從容自在多了，他至少不必遮掩他那離經叛道的面貌。毛與斯諾等左派文化人和美國政府派到延安的代表在一起總是談笑風生，胸襟開朗，給他們都留下了某種新型中國人的印象。那時候美國記者一批批前往延安採訪，他們的報導——特別是斯諾的《紅星高照中國》——發表後，在美國朝野一時間引起

對那個邊區政府充滿想像的好感。熱鬧的政治討論和模式化的軍事演習，表面上天眞的農民民主，自給自足的大生產運動，秧歌舞代表的群眾文藝，所有那一切在更同情勞苦大眾和喜歡浪漫化民間人情味的美國人眼中，全都顯得共產黨人的情調與樂觀坦率的美國人更爲相近，他們的民族主義革命精神似乎也比較符合美國的民主價值。與重慶的國民黨官員相比，延安人讓美國人覺得更富有活力。後來去那裡的軍官考察團甚至確信，在國共的下一場爭鬥中，共產黨將會獲勝。美國人對延安膚淺的好評和他們戴著民主有色眼鏡去看待中共的美好感覺顯然也感染了中共高層。由於擔心蔣介石獨霸抗戰的勝利果實，毛澤東和周恩來一直都在考慮奪取政權的多種渠道，比如直接爭取美國的支持，便是他們所打的一個主意。據說在抗戰勝利前夕，毛即秘密向美方建議，希望以中國政黨領導人的身份訪問華盛頓，親自與羅斯福會晤。毛的請求後來通過赫爾利（Patrick Hurley）傳給羅斯福，忙亂中的羅斯福沒來及認眞考慮此事就突然病逝。後來迪克西使團訪問延安，毛再次提出要求，而且向該使團表白，說美國是戰後援助中國「最合適」和「唯一的國家」[20]。毛的暗示顯然在向美國人強調，中共往後並不指望事事都靠蘇聯。怪不得史達林指責中共是「蘿蔔型」──紅皮白心──的共產黨。經過長期求倖存的鬥爭，中共好容易熬到出頭之日，如今進入美蘇兩國不同的引力圈，其民族主義的姿態自然呈現出左右搖擺的步調。

　　如果美國抓緊機會拉中共一把，最終促成聯合政府，會不會把中共拉入民主陣營？會不會避免那一場失去中國的內戰？會不會最終建成憲政的新中國？後來美國政府認眞檢討過對華政策的偏差，追究責

20　參看徐中約，《中國近代史》，頁684-685。

任，後悔不迭……無奈那曾富於包孕性的轉機業已流失，隨後的事態就一直向人們不願意看到的情況惡化下去。1946年召開的政治協商會議曾取得最佳決議：未來的憲法將保證各省的省長來自民選，地方政府與中央政府各有適當的權力分配。當時的中國社會多少還保留了地方自治的良好基礎，中外人士都覺得和平與民主的實現很有希望。但中共的談判要價太高，蔣介石一點也不讓步，停戰協定一再在衝突中破裂。蔣的判斷沒有錯，他越來越確認到國民黨的前景：不滅共產黨就會被它所滅。他錯就錯在該一舉消滅共軍之時沒能消滅共軍，而到了難以消滅共軍之日卻指望在美國幫助下一舉把共軍打垮。美國人很怕被蔣拖入中國的內戰，他們只能派代表在國共之間斷斷續續做調停的工作，結果沒起到和解的作用，反貽誤了國軍的戰機，也招致了中共的惡感。

後來中共地下黨藉沈崇事件在國統區掀起「反飢餓、反迫害」運動，在民眾中造成國民黨政府勾結美帝國主義欺壓中國人民的惡劣印象。美國駐軍被鬧得聲名狼藉，不得不陸續撤出平津，爲共軍進一步擴大解放區掃除了障礙。直到四十多年後，當事人沈崇供出她當初如何在黨組織安排下執行色誘美國兵的任務，外界才得知，原來中國人捍衛婦女貞操的民族尊嚴感完全是一個打起愛國旗號的仙人跳詭計挑起來的[21]。但對蘇聯紅軍占領東北期間大肆強姦中國婦女的暴行，出於投鼠忌器的考慮，中共方面就只得吞下恥辱，有苦難言了[22]。在「一邊倒」的50年代，很多正直的普通人僅出於自發的民族感不小心

---

21 詳情可參看謝泳，〈重說沈崇案〉，見http://www.edubridge.com/erxiantang/library/shenchong.htm。

22 參看〈蘇聯紅軍瀋陽暴行錄〉，「中新網」：http://big5.chinanews.com.cn:89/gate/big5/bbs.chinanews.com.cn/thread-349048-1-1.html。

批評了蘇聯的霸道，碰到運動中被揭發出來，不是被打成右派就是戴上反革命分子帽子。從此以後，中國人的民族主義不再有是非標準，全都隨著中共對外立場的變化而左搖右擺地更迭下去了。

勝敗與民族氣度

抗戰勝利後，中華民國在聯合國組織中贏得較高的地位，號稱四強之一。中國收回了日本強占的土地，各國也先後放棄在華租界，中國從此擺脫了不平等條約的束縛。孫中山期望的國際平等初步實現，民族主義這一國民革命的首要任務可謂基本完成。

但八年抗戰也耗竭了國民政府，那最後的獲勝僅可稱作慘勝。疲憊不堪的國軍雖打敗了日本，卻還在共軍牽制下面臨內戰的威脅。當時最大的問題是通貨膨脹，經濟崩潰。國民政府本應全力投入國民經濟建設，不幸卻陷入了內戰。因此國軍並沒能配合美軍登陸日本，一展其駐軍占領的威風。這一場勝仗似乎勝得並不徹底，沒打到直搗黃龍府的地步，難免在國人的民族意識深處打了不少折扣。

反觀蘇聯和美國的戰況，就對比得中國相形見絀了。蘇聯境內受到入侵德軍嚴重的破壞，蘇軍死傷十分慘重。但紅軍最終攻克柏林，強姦幾百萬德國婦女，掠走盡可能到手的財物，至今紅軍的坦克和紀念碑還耀武揚威，矗立柏林廣場。美國的珍珠港固然遭到日本慘重的破壞，但美國後來對日本的空襲千百倍於日本，在美軍全面占領日本和改造其社會制度期間，美國兵在日本的放縱造出了大量的混血兒，直到今天，美國的軍事基地仍設在日本的領土上。俄國人和美國人都通過征服和占領伸張了各自的正義。在事過境遷後恩仇已了，他們也就沒必要再去翻陳年舊賬。留在他們心中的戰爭記憶只是慘痛的教訓，深沉的哀悼，而不是受害者沒完沒了的怨詛和一再由官方煽起的

仇恨。受害者意識是弱者的變態心理，因感到自己無力無能，便只能熰煙似的在心裡慪氣。

即使吃了敗仗的德國和日本，被打垮的也只是錯誤的軍國主義道路。戰敗歸戰敗，除了戰犯受懲罰，國家原先的工業基礎、文化傳統、社會結構和民族氣概，還都與國土俱在，並沒有隨戰敗而橫遭唾棄。經過50年代的恢復，兩國都在經濟文化上迅速崛起，以更加富強的姿態再次翹楚世界。今日的世界格局已不同於二戰前後，無論是德國還是日本，都不可能，也沒必要為稱霸一方而與他國在武力上爭雄。日本人也沒有對美國投原子彈的罪行怨恨不休，人家另走了一條自強爭氣的道路：在技術和出口產品上爭取領先，讓日產的汽車和電子製品絕對地占領美國市場，不動一刀一槍，就賺了美國人，乃至全世界的大錢。德國在這方面的成就絕不次於日本，德國的名牌汽車甚至擁有比日本更大的市場和聲譽。因此日本人和德國人都能心平氣和地面對美國和俄國，照樣以大國國民的姿態登上國際舞台，與中國人那種老是心理不平衡的狀態恰形成明顯的對比。

上述的情況表明，任何國家，打了勝仗也好，打了敗仗也好，要在戰後自立於世界，贏得平等的國際待遇，首先要解決好本國的民權和民生問題，在經濟繁榮的基礎上，還需進一步提高各自的民族主義品質。這就是說，每個國家都想提高自己的國際地位，但當今之世，這個地位不可能全靠武力征服取得，而更多地取決於是否能推出比他國優秀的產品——物質的、技術的和文化的產品。

可悲的仇日心態

然而中共取得政權後六十年來，在優化民族主義品質的努力上卻做得實在太差。由於把大量的政治工作都放在加強全國人民熱愛共產

黨的教育上了，結果反而劣化了中國人的民族主義品質。從年老的到年輕的，很多中國人對戰爭的認識至今仍缺乏現代人的人權立場和人道關懷，尤其是年輕的一代，甚至表現出好戰的和反人類的狂熱。提起對外戰爭，特別是涉及到對日本的戰爭，中國人在其民族主義情緒爆發的亢奮中每每露出復仇的狠毒。2004年，美國的伊戰虐囚事件在新聞上曝光，新浪網就交戰中如何對待敵方婦孺和戰俘的問題作了一次問卷調查，問卷的結果令人震驚，竟然有82.6%的中國青年贊同槍殺婦孺和戰俘，特別在如何對待日本人的問卷中，來自全國各地的回答幾乎眾口一詞地表示要全部殺光。請看他們的回答：「如果是日本人，我會殺光，燒光，把他們從地球上清掉。」／「如果是日本人，我連孕婦也殺，何況婦孺和戰俘？殺殺殺！！！」／「如果是日本人，老的開腸，男的活剝皮，小的砍手腳，女的輪姦後凌遲至死。」[23]類似的殺戮狂回答還有很多，殘忍的字句令人不忍卒讀。

應該注意到，在這些青年人發洩仇恨的言詞中，基本上都強調了要「強姦」或「輪姦」日本婦女的欲求。對比上述蘇軍和美軍在德國和日本的征服行動，我們不難想像中國人仇日情結中鬱積的壓抑是多麼無助而無奈。按照心理分析理論的說法，性暴虐變態心理是性無能造成的，心理上或口頭上殘忍的人，行動上往往軟弱無力。以上問卷的回答讓我們明顯地看到，中國人的民族主義變態心理既緣於中共極權對民眾的高壓，也折射了中共的軍力一直無法與強國爭雄的弱勢焦慮。中共的海軍發展了六十年，至今連一艘航空母艦都建造不起。只因自忖沒把握挑戰日本海上自衛隊，故至今仍不得不坐視日艦多年來巡遊釣魚島海域，不得不容忍日本公司參與東海油田的開發，以至在

23　該調查報告見《觀察》雙月刊(2004年11月)。

最近與日方簽下讓步的協議。這才是憤青們激憤的病根。可悲的是，憤青們只有其銀樣蠟槍頭能挺出陣來，也就只能在安全界限內放他們憤怒的空炮了。

這些年輕人都是在和平環境中長大的，面對他們如此暴虐的戰爭狂熱，不能不令人對所謂愛國主義教育存在的嚴重問題作一檢討。歷史書寫的出發點是歷史的眞實，在古代，秉筆實錄乃史官的職責。只有面對眞實的記錄，後人才有可能談論興亡盛衰和是非成敗的道理，對民族國家的命運作有益的思考。因此，歷史在中國一直都被視爲資治的鏡子，任何王朝及其皇帝，都必須面對那一面鏡子的鑑定。從古至今，敢於公然歪曲歷史眞實，進而編造自身神話的，恐怕只有中共政權一個。因爲中共一直都在靠掩蓋眞相求其倖存，揭出眞相，原形畢露的中共便很難再見容於天地。

爲簡單明瞭，以下就直接用數字來說明眞相。國軍在抗戰中死傷總計三百一十二萬六千零八十七人，陣亡將官達二百多位。抗戰初起，逃至延安的紅軍僅剩二萬餘人，抗戰結束，其軍力已擴充至一百二十萬之眾。這正是中共按照毛澤東的教導——「七分發展，二分擾蔣，一分抗日」——所取得的輝煌成果。誰流血犧牲，誰自肥壯大，數字便是最好的說明。因此可以說，日本侵華，反救了中共，中共才是抗戰勝利的眞正贏家。從現象上看，是共軍打敗了國軍，但就根源論，國民政府主要是讓八年抗戰拖垮的。凡讀過黎東方《細說抗戰》或看過大型紀錄片《一寸山河一寸血》的年輕人，必會在吞聲飲泣的慘痛中對國軍抗戰的艱苦卓絕留下深刻的印象：弱勢的國軍儘管打得很慘，卻也錘打出拼命的頑強，原來分散的各路兵力反倒因受到巨創而凝聚了力量，在血肉模糊的挨打中硬是拼出不屈的民族氣概，居然堅持到日軍投降的最後一刻。在幾近崩潰的持久抗

戰中，傷亡非常大，屈辱也很深，但民國人向來都不屑喊冤叫娘，弱者要保持弱者的尊嚴，只有把打斷的牙齒吞進肚子。這一沉默的堅韌可謂民國人抗戰精神的基調，也是國民黨方面書寫抗戰史的態度：對敵我雙方的情況，一般均以平實的筆法記敘和評論，很少作煽情的渲染。

　　1949年國民黨被趕到台灣，中共掌握了歷史書寫的大權，為塑造中國共產黨抗日的中流砥柱形象，從歷史課本到文藝宣傳，大陸上所有的文字音像媒介不但全面抹殺國民政府的抗日功績，而且把日軍侵華過程中中方的種種失利和窘況都歸罪於國民黨的投降路線。特別是在反映抗戰的文學影視作品中，為突出國民黨的軟弱無能及其給中國人民造成的災難，一個慣用的手法就是大肆描繪日軍燒殺搶掠的場面，在激起公眾對日本法西斯仇恨的同時，進一步加深對國民黨的唾棄。在《地道戰》、《平原游擊隊》等電影和《烈火金鋼》、《野火春風鬥古城》等通俗小說中，為突出八路軍游擊隊的英勇善戰，日寇和漢奸的形象多被妖魔化或漫畫化，驚險的場面總是以我方的出奇制勝告終，敵人除了令人髮指的兇惡，剩下的只是可笑的愚蠢。公眾在皆大歡喜中認同了黨的抗日路線，但同時也潛移默化，不同程度地接受了虛假觀念，感染了偽劣情調：戲劇化的戰爭場面給年輕人造成一種殺人放火如同兒戲的印象，它不是通過表現戰爭的殘酷性和恐怖景象來探討有關人類罪惡和人性覺醒等嚴肅的問題，而是要對觀眾進行革命傳統教育，增強你對敵人的仇恨，激發你消滅敵人的志氣，在永遠是我方／英雄和敵方／壞蛋的黑白對比下，敵人已被歸類為非人。每當銀幕上的我軍在進行曲中衝鋒陷陣，把刺刀插進敵軍心窩的時候，在場的觀眾總會跟著意淫一次愛國主義快感。有一部青春片中年輕的主人公如此表白說：「在新的一場世界大戰中，我軍的鐵拳定會

把蘇美兩國的戰爭機器砸得粉碎，一名舉世矚目的戰鬥英雄將由此誕生，那就是我。」正是通過這一類空洞的豪言壯語和被戲劇化的英雄主義暴力，黨的宣傳機器把好戰的狂妄灌輸給青少年愛國的或民族主義的想像。

毛澤東在某種程度上也是懷著類似那個青春片主人公的英雄氣概派志願軍去抗美援朝的。1950年，以小米加步槍打敗國軍的共軍正處於驕兵得志的狀態，韓戰已打到鴨綠江邊，毛澤東覺得有必要冒險去教訓美帝一下。儘管那只是史達林攤派給中共的一個爛差事，儘管黨內高層多不同意貿然參戰，但毛澤東執意要打。他要向世界顯示中共堅強的民族主義姿態，要證明被稱為紙老虎的「美帝國主義並不可怕」。結果中方的傷亡極其慘重，實際的情況並非影片《上甘嶺》所鋪陳的那麼鬥志高昂和血染風采。在哈金最近發表的小說《戰廢品》中，你會驚恐地看到美軍的凝固汽油彈殺傷力多麼恐怖，成千上萬的志願軍在冰天雪地中如何白白送死。

韓戰後的中共政權捲入了美蘇對立的冷戰體系，隨著反帝和反西方資本主義路線的確立，中共的一系列政策都指向了反民族和反國家的方向：民族／國家主義的動力被摧殘殆盡，黨族／黨國主義隨之登峰造極。

六、走向孤立的黨天下

人民拔高和民間湮沒

民族國家的建立需訴諸民族的文化與歷史，從而自證其存續與法統（legitimacy）。但中共政權的法統來自共產國際及其意識形態，一

個在辦公室或會場照例要懸掛馬恩列斯頭像的政府自然不會把它的合法性與中華民族的文化傳統以及辛亥革命聯繫在一起。為給其「外來」性質的政權增補一本土的出生證，「人民」這個本來很普通的字眼被賦予特別重要的意義，致使其高升為中共政權合法性的資源。早在七大閉幕的講話中，毛澤東就把人民捧為中共的上帝。這個被架空到天上的「人民」，在新中國建立後更成為各種新生事物通用的冠詞，從「人民共和國」到「人民政府」，到「人民代表大會」、「人民解放軍」、「人民警察」、「人民法院」和「人民公僕」，直到印有毛澤東頭像的「人民幣」。這一命名的氾濫遍及各種機構與團體，它以人民當家作主的表面現象贏得民眾的認同，突出了新社會優於舊社會的面貌。

但仔細地辨析，「人民」實在與受憲法保護的公民或國民有很大的不同，它並非指向個體的法律概念，而是用來圈定特殊群體的政治概念。經歷過毛澤東時代的人不用說都明白，並非居住在中國境內的所有社會成員都被當「人民」對待。那時候，人民首先是以勞動大眾為主體的，只有贊成和擁護共產黨領導，積極參加社會主義建設的成員才屬於人民的範疇。反之，就是階級敵人。按照毛澤東在〈關於正確處理人民內部矛盾的問題〉一文中的說法，所謂「人民民主專政」就是「由工人階級團結全體有公民權的人民，首先是農民，向著反動階級、反動派和反抗社會主義建設的分子實行專政。」人民的社會地位固然提高了，但他們同時也被國家確定為必須爭取和動員的對象，打擊階級敵人的力量，黨指向哪裡就走向哪裡的羊群大軍。隨著人民的概念進入黨的政治論說的核心，自古以來就存在的「民間」遂被推向邊緣，以至趨於湮沒。民間者，民眾生活之空間也。「正是在這樣一個世界裡，民眾依其熟悉的方式過活，追求他們各自不同的利益，

彼此結成這樣或那樣的社會組織，如宗族、行會、村社、宗教會社
等。」自古以來，民間以其多樣性、自主性和私人性在官方的控制外
繁衍出豐富的社會生活。儘管「從歷史上看，『民間』的產生與存續
並非一種現代性的現象，在發生學意義上，它與現代性過程也沒有直
接的聯繫」，但比較地看，其中多少還是「包含了若干與civil society
相似的要素：一個商品交換的市場，家庭的內部空間，中介性的社會
組織，某種公眾和公議的觀念，以及一種不在政府直接控制之下的社
會空間與秩序。」[24]特別在進入民國社會後，出現了商會、農會、合
作社等新型組織和社會團體，又有晏陽初、梁漱溟等人倡導農村建設
活動；此類組織與活動若能在憲政的法律保護下尋求各自的利益，伸
張不同的要求，形成與政府互動的社會生活網絡，必將為民族／國家
主義發揮其正面的動力——即將經濟成就、競爭性和繁榮確定為國家
的重要價值——提供良好的社會環境。

　　但在人民民主專政的新中國，國家機器被確立為壓迫階級敵人的
工具和主管社會主義建設的總部，人民群眾儘管在表面上被抬高到當
家作主的地位，實際上卻處處受到國家的干預和控制。社會生活完全
政治化，任何獨立於黨權之外的群體活動都有被打成反革命的危險。
從屬於人民群體的個人沒有發言的自由，沒有參與決策或要求知情的
任何權利，連傳統社會中民間互助和自救的功能亦不復存在。比如像
從前發生飢荒時富戶或慈善組織的賑濟活動，在60年代初的中國就絲
毫沒有萌生的可能。結果幾千萬人民活活餓死在被隔絕的窮鄉僻壤，
地方當局不但不放他們出外找一條活路，連他們餓死的消息都全面封

24　關於「民間」的用法及引文，均見梁治平，《「民間」、「民間社會」
　　和CIVIL SOCIETY——CIVIL SOCIETY概念再檢討》一文。「法律史
　　網站」：http://www.fsou.com/html/text/art/3355789/335578946_7. html。

鎖，不准任何人公開談論。

人民性的反民族本質

　　人民性的觀念也是反民族性的和歷史虛無主義的，它的核心其實是階級性。1949年以後，中國歷史被重寫爲人民反抗封建王朝的歷史，農民起義被描述成推動社會進步的力量，從陳勝、吳廣到太平天國，馬克思主義歷史學家搜集各朝各代的民間暴動，編排出一套勞動人民「造反有理」的革命譜系，爲中共政權的法統疏通了歷史的源流。經過人民性這一轉換，中共的國際共運外來法統落地生根，在本土血脈的灌注下遂擁有了歷史道義和廣大的群眾基礎。華夏民族數千年來的文化傳統及其歷史進程於是在人民性這個武斷的標尺下被簡單地劃分成「封建」和反封建、壓迫和反壓迫兩股勢力的階級鬥爭。而中華人民共和國的建立，則標誌著舊的歷史的終結，勞動人民全面獲勝的新紀元之開始。經過歷次政治運動的激烈批判，中國的民族傳統和文化遺產至文化大革命幾乎被徹底否定，破壞殆盡，歷史被按照當前的政治需要任意曲解，被吹得無限膨脹的人民在很大的程度上已取代民族，成爲革命暴力的圖騰。

　　這一非民族化的階級鬥爭路線也同樣推行於少數民族地區。在中共語境中，「大漢族主義」主要是譴責國民黨政府壓迫境內各少數民族的罪名，共產黨的民族政策則與之相反，它被宣揚爲超越了狹隘的民族局限，正像解放漢族人民那樣，黨也要領導各民族人民打倒他們本民族內部的壓迫者。因此，在少數民族地區也像在漢族地區一樣，從五十年代起，同樣開展了社會改造及其它政治運動。各民族中靠攏共產黨的積極分子被發動起來，讓他們挑起群眾去鬥那些曾與國民黨政府有關係的土司、頭人、喇嘛、活佛、阿訇、奴隸主等等，把他們

都列爲人民的敵人。積極分子在運動中被提拔入黨，重點培養，進而安排到叫做自治區或自治縣的地方政府內擔任領導，成爲黨在不同民族中可靠的代理人。這些少數民族領導被培養得更像漢族中的領導，至於他們身上的民族特色，大概只有在他們作爲各民族的人民代表去北京參加全國人大會議，喜氣洋洋地穿上各自的民族服裝時，才顯得最引人注目。當各少數民族人民及其地方領導與漢族人民及其地方領導之間的人民性認同遠遠高於他們對本民族及其傳統的認同時，所有的少數民族還能有多少本民族的民族性保被允許留下去？從某種程度上說，中共的黨化民族政策對少數民族民族性的削弱、貶抑與它對中華傳統的削弱、貶抑一直都在同步進行，都達到了不相上下的地步。從歷史虛無化到民族虛無化，在各民族的大家庭中，要想避免被歸類爲階級敵人，只能緊跟黨的領導，老老實實當紅色臣民了。

中共對中華傳統及各少數民族傳統破壞之嚴重令人想起了《詩經》上「螟蛉有子，蜾蠃負之」的現象。螟蛉是一種青蟲，蜾蠃是細腰蜂。細腰蜂用它的毒刺把青蟲一螫，將被麻醉的青蟲拖入巢內，把蜂卵排入青蟲體內。青蟲不死不活，不動不腐，正好給孵出的小蜂提供了新鮮的食物。等到小蜂成群飛走，青蟲只剩下一具空殼。中共就是寄生在中國各族人民身上的細腰蜂，它靠民族主義資源壯大了自己的力量，結果卻惡化了中國人的民族主義品質，蛀空了民族的實體。

馬克思主義者常說，「工人階級無祖國。」國際共產主義的革命是跨越國界的和不分國別的。毛澤東自知中國無力與蘇修爭雄，他轉而向亞非拉等前殖民地國家擴大影響，輸出中共革命的土經驗，試圖領導所謂第三世界的人民掀起全球範圍的革命高潮。比如：在印尼、柬埔寨等東南亞國家支持共產黨的武裝革命，造成華僑在那些國家被

大量屠殺。對非洲很多朝三暮四的國家提供豐厚的無償援助，慷國家之慨，在國內經濟極其困難的年代給那些不斷在發生政變的政權花了大量的冤枉錢。中共與朝鮮和越南的關係自始至終都有悖於國家民族的利益，這兩個共產政權在受中國援助期間曾與中共十分親密，可惜到後來都因倒向蘇聯而與中共矛盾重重，最後鬧翻臉，反成為最危險的鄰邦。如果我們能搜集到確切的數字，把中共支持第三世界革命的各項花費匯為一編，其總數肯定遠遠超過清政府對所有列強的賠款。就此而言，中共的反民族主義路線就不只是觀念錯誤的問題了，該路線到底給國家民族的利益造成了多大的損失，的確需要進一步搜求資料，算一筆細賬，深究其禍國殃民的罪責。對中共來說，黨族的利益大於民族利益，無論國內還是國外，中共都力爭在各族或各國培植親共的勢力，最終把各族各國的人民統統圈定為共黨一族。此其所以為黨族主義也。

黨即國家

黨國主義是一種黨一國二元結構的體系，從中央到地方，任何政府部門都設有黨組，任何行政官員都受相應的黨組書記的監督指導。法官無權判案，決定權在黨的政法委；軍長名為最高指揮官，實際上要受軍政委的領導和監督；公司有經理，學校有校長，但他們的權力都低於該單位的黨委書記。中華人民共和國從未真正存在，它只是中共中央及其政治局的一個外部表現。

在建國之初，由於聯合政府的許諾言猶在耳，毛澤東在1949年9月召開的政治協商會議上多少還是作出了與各民主黨派聯合執政的姿態。隨後成立的中央人民政府和政務院，在任職的安排上給黨外人士

也留有一定的名額。但在這個權力股份公司內,黨掌握了絕大多數股份,黨外人士僅擁有一點獎勵性的股份,民主共存的局面打一開始就帶有很大的點綴成份。不幸那些黨外人士太相信黨的優待,其中有些人竟不知趣,敢在正式場合放肆議政。梁漱溟最先在毛澤東面前碰了釘子,緊接著1957年大舉反右,聯合政府的生機從此被連根除掉,倖存的民主黨派成員都規規矩矩作了黨派花瓶。新民主主義的中國一變而爲黨的天下。

儘管如此,民族/國家主義的動力仍在黨內的權力鬥爭中明滅閃現,不時擦出幾星火花。在解放區根據地曾主持政權建設和財經工作的一批負責人在解放後都擔任了各部門的行政要職,像周恩來、劉少奇和陳雲之類務實的中共高層,他們在日常工作上所建立的制度,所追求的效率,就與毛澤東經濟建設上的冒進路線常發生衝突。行政權與黨權的摩擦催發了黨天下內部的國家主義訴求。七千人大會後,毛退居二線,劉少奇擔任國家主席,國家主席從黨主席的身影中分離出來,中央書記處主持黨的日常事務,毛在被閒置一邊的日子裡編織起他意識形態權謀的蛛網。黨一國二元結構的體系內出現了二元對立的苗頭,一種健全政府職能的努力開始發揮作用,它抵消著毛的干擾,也使毛越來越感到他被架空的不適。這就是使毛澤東一直感到壓抑和焦慮的黨內路線鬥爭,毛把對立面定性爲資產階級路線,而以無產階級革命路線的司令部自居。他後來一手發動文化大革命,費了那麼大的力氣,以至打倒了劉鄧,仍不放過要設國家主席的林彪和陳伯達,其最終目的就是乾脆廢掉國家主席的位子,像慈禧太后那樣躺在他中南海的大床上操控一切。毛主席在取得文化大革命的徹底勝利後終於成爲唯一的主席,一個凌駕於國家之上的主席,一個統帥全黨、全軍、全民的主席,但同時他也把自己弄成了孤家寡人。

毛的愚行和風派

　　從土法煉鋼和人民公社直到工業學大慶和農業學大寨，毛澤東建設現代化的路線一直是一條反現代性的路線。西方的封鎖和中蘇關係的破裂使中國處於與世界先進技術隔絕的境地，毛利用他煽起的偽民族主義熱情——反帝反修的狂熱——調動了群眾的革命積極性，企圖靠發揮到極致的人力來提高生產的效率。他從愚公移山的愚行中得到了超英趕美的啓示，可惜那遠古的幹勁在現代化的競爭中毫無效力。那時候發達國家正在競相發展新技術，開拓新領域，亞洲的台灣、南韓和新加坡也順應潮流，急起直追，資本主義世界呈現出一片經濟增長的繁榮景象。只有中國的經濟像一個吃自己的血肉來養自己的身體的怪物，在文革末期，國民經濟已瀕臨崩潰，毛還在運動全國人民，對唯生產力論和資產階級法權開展了大批判的活動。

　　中共自公開反修以來，在中國的東北和西北邊界上不斷與蘇聯發生軍事衝突，領土紛爭加劇了中蘇兩黨的路線分歧。蘇聯的核打擊引而不發，對中國構成了極大的威脅。中國面臨的局勢並非毛澤東所說的「東風壓倒西風」，實際上中國從來也無力刮起大王之雄風，在國際上一直都處於隨風倒的境況：不是追隨東風，就是追隨西風。這一處處被動的境況才是中國的民族主義者最難耐的焦慮。一個一直成不了大氣候的國家，又不甘勵精圖治，踏踏實實地追趕世界潮流，它勢必機會主義地拉攏可聯合的國家，靠外援擺脫暫時的困境。因此中共的路線不得不根據「他者」的情況自我定位，最終難免在超級大國的引力範圍內左右搖擺。60年代以來的反修路線延續到70年代中期，中共的走向在不知不覺間向美帝靠攏過去。出於對抗勃列日涅夫強硬政策的目的，毛澤東終於在臨死前與尼克松坐到了一起。黨天下此時已

走到絕對孤立的地步，與美國人握手言歡，預示了改革開放的到來。

七、崛起中的蹣跚

體制性、結構性矛盾

唐德剛有所謂「歷史三峽」之說，他把中國百年來社會轉型的艱難曲折比喻為船行三峽，認為這緩慢的進程實受限於歷史的必然，該走的路若未走完，還會長久遲滯峽中。改革開放三十年了，中國在經濟改革上已取得不少成就，從國家的財富積累到國民生活水平的提高，從基礎建設的完成到對外貿易的增長，一種被期許為崛起的景象大有「輕舟已過萬重山」之勢。但就在這似乎即將出峽的航程上，明顯有一道人造的大壩橫梗航道，它一直在積壓舊問題，製造新麻煩，把改革開放的進程阻擋在強力控制的範圍內。這一人為的障礙就是共產黨本身及其體制性、結構性矛盾。

如上所述，中共本為一逆歷史潮流而起的勢力，故自其誕生之日起以至今天，它都處於為倖存而鬥爭的狀態。求倖存不但塑造了它的黨性，也成為它的慣性動力。改革開放是在毛澤東反現代性的總路線走不下去的情況下被迫採取的自救措施，也是以鄧小平為首的改革派為從黨內保守派手中奪權的一個叫板。如果說在改革之初，其作為多出於策略性地希圖倖存，及至改革逐步深化，勢不可逆，黨便越來越感到騎虎難下，很害怕革掉自己的老命了。事情就是這樣弔詭，本為挽救危機而努力，結果竟促成了致命的變局。黨內路線鬥爭的實質是奪權鬥爭，因受中共意識形態法統的限制，路線制定者每越雷池一步，都得在理論修辭的掩護下求得順利的放行。所以在起步之初，鄧

小平只能含糊其辭地推出他那個著名的「貓論」。明明是接續被中斷的民國使命，回頭去補所耽誤的現代化功課，但他偏要說建設中國特色的社會主義。

黨領導人民搞了三十年中國特色的社會主義，這條路越往下走，越暴露出它的資本主義方向，也越弄得黨聲譽低落，名不副實。據說，李瑞環最近已在黨內提出儘快更換「共產黨」這個黨名的建議。黨其實早已變色，已到了必需儘快卸下面具的一刻。但由於黨一國二元結構的系統至今未變，它不但使黨本身處境尷尬，而且拖累了國家的民主進程。黨與國家形同連體嬰兒，黨的任一舉動都會牽扯得國家抽搐痙攣，黨政關係因而日益成為彼此妨礙的痛苦關係。鄧小平早就提出「黨政分離」的建議，其出發點當然是為了消除毛澤東時代「以黨代政」的惡果。但鄧在陸續扶植起胡耀邦和趙紫陽兩位國家領導人之後，自己始終不放手太上皇的大權，隨後還是因不能容忍他們在政改——所謂政治改革，其核心就是國家政權獨立於黨權的改革——上所做的努力而將那兩個接班人先後廢黜。在鄧的時代，還有李先念和楊尚昆這樣有資歷的老人出任國家主席，江澤民和胡錦濤執政後已不存在此類元老級人物，他們進而演出「黨政合一」的模式，以總書記之職兼任國家主席。儘管如此，情況還是發生了一些變化：黨從毛時代的高踞國家之上漸變為進入國家之內，做起了一身二任的事情。但隨著政府職能在改革進程中不斷加強，像朱鎔基和溫家寶這樣能幹的總理便明顯地獨當一面，朱有膽識強力推行救急的政策，溫善於擔當排憂解難的主角。四川抗震救災中，胡錦濤幾天後才蒞臨現場，他的講話一口團總支做總結報告的腔調，與第一時間趕到災區調兵遣將的溫總理相比，他那些關於做好政治工作的指示就明顯是在打圓場了。在改革的洪流中，黨一國體制設下一系列重疊礙手的機構及職位已明

顯地機能退化，像已無水利只有水害的攔河壩一樣，如何爆破拆除，正在成爲最棘手的問題。這種機構與職位共生的權力化障礙也是改革的一個包袱，它在強行的削減中仍呈現暗暗增生的趨勢。面對十七大會場的電視報道，請注目與會代表的神情，你不難從中看出黨氣已衰的跡象：在大會那種紅色基調刺目的映襯下，主席台上繃緊西裝的政治局常委呆坐在各自的席位上，所有染得太假的黑髮與一張張沒有表情的面孔形成了奇異的反差，讓人不由得聯想到紅拂女眼中那個「屍居餘氣」的楊素大人。

共產黨確實已到了該考慮如何下好台階，全身而退的時候了。然而共產黨人仍在固守他們保衛紅色江山的觀念，根本沒有化作春泥護持新事物的胸懷。他們現在掩映在國家的巨影之下，繼續分享國家崛起的光彩，在黨與國家所保持的一體化中延續個人及家族的既得利益。但經濟崩潰的後果將比地震的破壞更加可怕，有錢有勢者要比平頭老百姓冒更大的風險。據新華社最新報道，溫總理在國務院主持會議，聽取地方負責人和經濟專家的意見和建議。國內外經濟形勢不容樂觀，通貨膨脹嚴重，股市泡沫嚇人，能源緊缺，就業情況不良，宏觀調控日益吃力，弄不好奧運會之後經濟會有滑坡危險。溫總理缺乏朱鎔基實話實說的勇氣，已經養成口號治國的腔調，專家們隨聲附和做幫腔，吃緊中還在許諾增長的前景。但終席之間，並無人直言點出體制性、結構性矛盾的危機。

暴力衝突在升級

毛澤東和黨的一系列錯誤造成的後果至今仍是中共當局甩不掉的包袱，因此他們至今不敢正式啓動政改，拚死也要杜絕顏色革命。爲把年輕人的目光集中到今天的光明面上，現代史教程中從1921年直到

文革結束那一段史實的編寫不得不一再刪改和簡化，凡有損於黨「偉光正」形象的事情全都不講章法地隱諱過去。但歷史不只寫在紙面上，它更活在人們的記憶中，沒有消解的積怨拖得越久，申訴的呼聲只會越強。目前，地主的後代正在向有關方面提出申訴，要求執政當局重新審視土改運動，希望國際人權組織調查運動中侵犯人權和草菅人命的現象。近年來，有些健在的老右派一再上書中央，強烈要求官方向反右運動的受害者道歉和賠償。不但清算毛澤東錯誤路線的呼聲不絕於耳，十九年來，天安門母親的抗議也從未停止。對來自群眾的此類要求，執政當局始終採取置之不理的態度，他們打算就這樣拖下去，一直拖到申訴者一個個死去，大地上再沒有冤頭債主。從江澤民到胡錦濤，中共高層只有一個信念，那就是堅持做好看守政府的工作，只求維持現狀到交班之日，把他們現在不願意面對的情況留給將來的領導人去解決。這樣僵持下去的做法當然不可能建立和諧社會，對很多中國人來說，在黨一國體制下談愛國，已成為讓人頭痛到精神分裂的問題：當很多人在他們生長的土地上常常遭受國家主導的不義和暴行，被剝奪到連起碼的國民權利都享受不到，以致覺得祖國已是一個住不下去的地方時，他們的愛國心民族感該在哪裡著落！於是有人憤而著書曰《來生不做中國人》，有人恨而撰文曰〈做鬼不做中國鬼〉，更有人唱出的哀歌曰〈不要做中國人的孩子〉[25]。

很多少數民族的民族主義情緒與其說是民族分裂主義，不如說是要在各自的民族脈絡中爭取國民的基本權利。他們要的是真正的民族

25　鍾祖康，《來生不做中國人》（台北：允晨文化出版，2007）；〈做鬼不做中國鬼〉，《開放》月刊2008年3月號；周雲蓬民謠〈不要做中國人的孩子〉，見水橫舟〈哀歌：不做中國人的孩子〉一文，《開放》月刊2008年元月號。

自治，而非分裂獨立。因為今日所謂的自治區政府只是黨官和各民族內黨的代理人混合任職的官府，除了那些黨的代理人與生俱來的民族身份以外，這種自治政府與其他省市的行政建制並沒有什麼本質的區別。少數民族地區不存在眞正的民族自治，也就像各省市根本不存在地方自治一樣。在少數民族地區，黨官與該民族內黨的代理人已形成壓迫老百姓的特權階層，其對各族居住區社會和諧之損害，一如內地各地方政府的粗暴執法在當地民眾中引起公憤一樣影響惡劣。就問題的癥結來說，今春拉薩的騷亂和包括最近甕安暴亂在內的很多官民衝突在性質上都有基本的相同之處，不管是藏民還是漢民，都因官民對抗情緒太厲害，每到民眾忍無可忍，一個小小的衝突就爆發成圍攻政府的事件。不同的只是，藏民有國外流亡藏人擴大影響，足以引起國際人權組織的同情和支持，而其它地方的暴力事件未必能在國外引起關注，一旦事件平息，民眾的維權要求從此便無人過問。但只要當局還在打壓網上言論，封鎖敏感消息，只要越來越多的異議人士和記者被不斷投入監獄，只要各地政府在徵地、拆遷、截訪過程中仍採用暴力手段，群眾的暴力抗議事件仍會越來越多，中國政府的人權紀錄也就會越來越壞，國際上的批評和施壓就不會斷絕。

歷史就是這樣諷刺，在毛澤東時代黨和政府所爭取、依靠和動員的人民現在紛紛走向了黨和政府的對立面，以致使黨和政府在越來越多的人民眼中變得反動和兇惡起來，變得快成了共產黨曾經領導人民去打倒的那種黨和政府。毛澤東不是說過「鎮壓人民絕沒有好下場」的話嗎？黨和政府的確應該放棄鎮壓的手段，認眞考慮現代化和民主進程中那些至關重要的問題了：政府的職權如何由干涉和管制轉向監督與服務，如何放寬限制，促使民間社會逐漸復興，如何放手建立各種非政府非贏利的組織，讓它們發揮積極的作用，各自解決

本社區內的問題。中央如何給地方更多的自主權,如何通過眞正的民選組成地方政府,從而消除目前地方政府的暴力傾向和黑社會化……。

　　然而,執政當局仍不願放下上述的所有包袱,仍無意促進平等、信任、容忍、妥協、合作等賴以實行法治的社會價值。抗震救災中剛剛湧現可喜的民間自救行動,可惜爲時不久,公安即嚴厲打壓,成都的黃琦即因此而被捕。近年來,中國政府一直自戀於「大國崛起」的形象,如果照現在這樣揹上如此之多的包袱硬撐下去,眞不知沉重的國體將如何崛起?

崛起狂想曲

　　自由主義的民主政治與一黨專制的根本區別是:前者「把任何一個人——哪怕是身份低下的,性情古怪的或口齒不清的人——對政府及其高層的批評均視爲神聖的權利。」[26]而後者則絕對不允許任何人批評政府。專制政權恍如氣球,只能靠吹噓膨脹起來,飛上天空,批評它等於拿針戳它,因爲它一戳即破,隨之便乾癟墜落了。因此,國家必須靠報禁網禁維持消息上的恆溫狀態。在這種報喜不報憂的環境中生活久了,大量的國人也會養成愛聽人說國家好話的習慣。他們喜歡把個人的受不受重視與國家地位的高低聯繫在一起,他們多少都有「西方亡我之心不死」的敵情意識,如果在任何情況下能有機會對外國人批評中國政府的言論做出反駁,他們更會產生自我崇高的寬慰。即使他們對黨和政府也有不滿之處,也發牢騷也罵娘,但只要見洋人

26　Leo Strauss, *Liberalism Ancient and Modern*(Chicago: University Chicago Press, 1968), Preface, viii.

發難，他們就立即變了面孔。護短使他們感到亢奮，排外的衝動振作了他們長期受壓的精神，他們心裡有太多無從發作的義憤，他們需要找機會把那些無名的怨氣像過年時放炮一樣熱鬧地噴射出去。另有很多愛國者是當前改革開放的受惠者，他們在物質生活上已達到中產階級，甚或富豪的水平，對他們曾經仰視的西方，如今漸生不以為然的心理，在隱隱的發福感中，他們渴望起合群的自大。一旦瞥見中國崛起的圖景，新版的「東方紅」便照亮了他們想像中的天空。胡錦濤大概已淡忘了鄧小平「韜光養晦，善於守拙」的告誡，隨著中國經濟的不斷增長，他在講話中提出了「和平崛起」的發展道路，指出了眼前「難得的戰略機遇」。胡主席此話一出，從黨報到民間論壇，種種浮誇的言論競相鼓噪起「大國崛起」之說。今年北京正好舉辦奧運會，值此風雲際會，中國人當然要在全世界面前一展大國崛起的風采了。

中國人的民族主義訴求再次陷入自我的「他者」定位。「他者」者，客體之謂也。女為悅己者容就是一種他者心態，她要從對方滿意的注視中汲取自信，要靠裝飾和儀態增強她確認自我的快感。北京主辦奧運的好強心爭勝心就有不少他者心態的成分。這樣的心情當然可以理解，值得同情。中國百年來受壓挨打，的確受夠了弱女子遭壞男人侵凌的那種屈辱。抗戰勝利後名為四強之一，實際上是在其他三強的挾持下硬充好漢。接著就是冷戰體系下的毛澤東對抗路線，受西方敵視，與蘇俄及其集團反目，不屈的姿態像一塊貧瘠的石頭，儘管頂住了外來壓力，卻也在頂牛中荒蕪了整個國家。在中國人的集體無意識深處，同樣暗藏著類似毛澤東想見羅斯福那樣的願望：要以新中華的姿態登上國際舞臺，一洗百年塵垢，贏得舉世矚目。在實現這一美好願望的努力上，國人正好與政府有所相通，彼此呼應，國際奧委也正是在理解這一心意的基礎上才把2008年奧運會主辦權給予了北

京。

　　然而奧運會畢竟是奧運會，不是演員初次登臺亮相，中國民眾儘
管對國家亮相的榮耀滿懷興奮，卻並不完全了解中共當局另有其更重
要的政治目的。如果我們還記得1990年北京成功舉辦亞運會後擺脫了
「六四」困境的情況，就不難想像中共為什麼這麼長時間以來把辦奧
運列為國家大事，不惜勞民傷財，一定要在全世界觀眾眼中留下最美
好的印象了。奧運會正是中共給「大國崛起」作廣告的良機，中共要
通過奧運會的操辦讓世界相信威權統領下的辦事效率。胡錦濤在十七
大講話中向全黨發出要「不為任何風險所懼，不被任何干擾所惑」的
呼喚，「風險」和「干擾」是什麼？就是北京承辦奧運以來國際上的
人權施壓和各方面藉奧運之機逼中共就範的訴求。對中共當局來說，
承辦奧運還另有頂風而上，偏要和西方對著幹的戰鬥目標。國際社會
想通過奧運改變中國的人權狀況，中共當局則兵來將擋，水來土掩，
就是要通過成功地舉辦奧運讓西方看到，打壓了人權，不搞西方的民
主，才得以保持中國的繁榮和社會穩定。中國的崛起不只是經濟增
長，人均收入提高，其中還鼓足了對抗西方價值的勁頭：中共高層一
心想在北京成功舉辦奧運後讓西方公眾接受中國特色社會主義的現
實，在減緩西方壓力的情況下更加強化對國內藏獨、疆獨、民運、維
權、法輪功等活動的打擊。

脆弱的強權

　　說什麼「同一個世界，同一個夢想」！中共和西方明明是不同的
世界，不同的夢想。中共的奧運討好明顯表現出欲迎還拒的色誘動
作，在好客殷勤的接待中，始終都在堅定不移地推行其絕不買人權賬
的路線。

　　然而北京畢竟在演色誘的戲，國際社會和世界觀眾可不是單單來逛體育狂歡節的。他們不會只迷醉於鳥巢的聲光電化，不會只安享奧運村的賓至如歸。當他們在電視上看到保護所謂「聖火」的衛士在倫敦等地對抗議者動粗，臉上塗抹五星紅旗圖案的留學生在世界各地發狂，外交部發言人一副紅衛兵好鬥架勢的時候，北京的全球主義笑容就不可避免地向他們露出了民族主義的兇相。在21世紀文明社會的公眾心目中，泱泱大國並不是這等模樣。中國還未真正崛起，先已暴露了自己的小國氣量。原來中國的強權如此脆弱：中國政府的愛面子就像中國人待客時總愛把瓷器擦得乾乾淨淨一樣，但與此同時，那一片辦奧運的好強心爭勝心也像瓷器一樣堅硬得太容易打碎。面對從拉薩事件到火炬傳遞那一起起風波，中國的崛起已在國際社會留下太多遭人議論和令人疑懼的印象。

餘論

　　站立的人無需提說崛起，只有在爬行狀態下才會生出「崛起」的議題。崛起是民族國家已成熟的存在狀態，它就像聳立的山峰一樣巋然不動，寂然靜息。只有妄言「崛起」，急於出頭者才難免一副長不大的孩子模樣，把過於延長的幼稚丟人現眼在眾目睽睽之下。中國的社會轉型和現代化拖得太久，彎路也走得太長，後發的劣勢中，不知怎麼竟會流露出這個底蘊本來深厚的民族不應有的浮躁、虛榮和某種近似弱智的冥頑？

　　那個黨及其所壟斷的政府，我們惹不起也管不了，就不必再提說它了。讓我們回到中國人每一個體本身，考慮一下自己如何才能立端行正的問題。在這個國家的政局仍然不太樂觀的情況下，我們不但要

爭取國民的權利，還要保持清醒的頭腦，不要讓自己單純的愛國心迷失了方向。國是千千萬國民組成的，頭腦清醒的人越眾多，國才會越優質。在21世紀的全球，經濟的持續增長不再只是數量增長的問題，更重要的是質量的提高。產品不只是純粹供消費的商品，它還要講究環保，審美，人性，未來……人比國更為重要。一個至今還沒能力向世界提供重要價值的國家，一個在當代人類精神文明成績薄上交白卷的民族，生產再多的產品，創下再多的外匯，也是談不上崛起的。所以作為國民，個人要靠自己的努力爭做人的尊嚴，最好不要去瞎摻和合群的自大，不要跟上千萬個依賴成性的「我」混到眾多的「我們」背後去狂歡和起鬨。崛起的衝動實來自個人本身的軟弱感，就像發燒來自內臟的發炎，它是過去的受壓挨打殘留在國民集體意識中的焦慮。但無論國家還是個人，力都不是一個簡單的強弱較量的問題。強者有強者的力，弱者也有弱者的力，其間的能量縱有大小多少之分，但就各自生存狀態中自足的運轉和充盈的發揮而言，都有其欣然的生意，不可言說的大美。中國人既談不上有何欠缺，也不必誇耀什麼特長，百年中國的不幸全在於自己把自己搞變態了：想要洋氣的時候嫌自己土氣，想要野蠻的時候又嫌自己文弱，強打精神，矯揉做作，裝得不像，磨得不亮，以致羨憎交織，忿忿不平，就是不願正視自己的原貌，一個勁向外、向「他者」亂撲，至今回不到存在的根本上來。

　　談了這麼多的民族主義大道理，其實就每一個人而言，也就是一個正心誠意的自行修持：盡一己可能之力，率本真獨有之性，按自己的方式成為中國人就很好了。這才是民族主義的根本。蔣慶的讀經，于丹的講《論語》，老朽學者的《甲申文化宣言》，各種祭孔祭黃帝的盛大活動，都是鬧劇和乍勢，一種文化中邪的表演罷了。傳統和民

族精神不可能通過文本宣講和儀式排練叫魂般回轉現實。民族精神古今相通，它充盈天地，流布於每一個體，它永恆地等待著世代子孫的返回。

2008年7月

第四章

一個血性思者的質文熔煉

—— 閱讀周劍岐

一、發現周劍岐：一個網上讀—寫時代的開始

我撰文評論過很多作者，不管是應約寫稿還是我自己有話要說，所有的評論均基於那些作者已發表的作品，且多為讀者比較熟悉的讀物。作為評論者，我至少可以假定，我的讀者在讀我的評論時都與我共享了他們認可其存在的作品及其作者。自從印刷業壟斷了文本流通的方式，書寫者非要通過正式出版來獲得承認的觀念已深入人心，從報刊的書評專欄到學院內審定教授的業績，評價一個人所寫的文字，至今仍只限於印刷出來裝訂成冊的東西。長期以來，出版成為文本問世的唯一方式及其存在被認可的證明，處於手稿狀態的文本就像產品無商標或營業無執照一樣被擱置在正規的流通渠道之外。

本文要討論的周劍岐先生及其所寫的文字便屬於類似的情況。他寫了很多東西，有好幾本讀書筆記，有多年來寫給我和其他人的電子郵件，有我們倆就不同的話題討論後由他執筆追記的談話要點，還有他平日隨時札記的片斷思考，也有不少或長或短的文章。所有這些文字都未正式出版，直到不久前，他才整理出其中的一部分貼入了他開在博訊博客上的「周劍岐文集」（http://www.boxun.com/hero/zjq）。

互聯網的出現徹底打破了印刷業壟斷出版和限制閱讀的局面,人類今日已進入一個新型的讀—寫時代。在學院、出版社和報刊控制的發表領地外,成千上萬的網站為任何一個有表達欲望的書寫者提供了寫跟貼和建博客的方便,將私人手稿轉為公開出版,如今成了只需點一下鼠標即可完成的事情。發表不再受編輯的審查和篇幅的限制,也不再是學者、作家和特約撰稿人的專利。表達及其傳播方式正在從極少數被認可的作者為廣大讀者製作讀物的狹小天地轉向一個無限開放的讀—寫空間:隨著越來越多的人參與網上書寫,一個互為讀者的書寫群體已日益壯大起來,各具特色的文體和文風正在把狹隘的可讀性逐步擴張到正式出版物設定的界限之外。被閱讀就是被認可被接受。正如圖書市場通常總是按某書的銷售量確定其是否暢銷,現在你點出一篇網上的文字,一眼就可從所標明的點擊數看出它已被閱讀的次數。與成千上萬普通的博客戶主一樣,周劍岐的文名還遠未到網絡名家們那樣廣為網民所知的程度,但僅就其文集至今已有的四萬多點擊量來看,我至少可以假定,在有興趣點開本文往下讀的瀏覽者中,多少總會有些人已涉獵過他寫在網上的文字。現在,讓我們就從這一點共識出發,直接展開對周劍岐及其言說的初步討論。

二、從讀書到讀人

我與周劍岐的交往可從我應邀參加他所籌辦的一個會議說起。康州哈德福地區有個華人組織叫南紐英倫科技協會,該協會的成員多為上世紀六、七十年代由港台來美留學,學有所成後留在美國工作的工程科技人員。為促進本地華人工商業的發展,該協會每隔幾年常會辦一次科技交流大會。與會者按學科分組座談,由各行業的專家們在一

起討論本行業的相關問題。在科學家和實業家交流信息，推銷產品的主會場之外，大會還附設了一個人文組的會場，此會場的主要召集人就是周劍岐先生。我移居紐黑文十五年來，已多次參與周所主持的會議，每一次開會，從創意、發起到組織安排，多為周劍岐一人負責運作，幾乎所有的講員都由他四處聯絡，從附近的大專院校或更遠的地方約請而來。他們的演講不只文化意味濃厚，也常關係到兩岸三地的現實情況，討論中每涉及在美華人所關注的時政社會問題，總會在聽眾中引起強烈的反應，一時間台上與台下爭辯得十分熱鬧。這些自籌自辦的會議雖不能與學院中召開的大型學術會議相比，但在周劍岐本人及其同仁這些年來以文會友的生涯中還是留下了難忘的紀錄[1]。

　　與常見的會議主持人總要登台露個面講講話的情況不同，我發現周劍岐只埋頭在幕後和台下做他該做的工作。對他來說，每召集一次會議，就好像編導一台大戲，會前的組織工作早已通過發電郵打電話安排就緒，等講員們陸續到會，各小組都按預定的議程發言討論起來，他就功成身退，恍若置身局外，大部分時間都坐在較遠的角落靜心聽講，只是偶爾會拿起照相機，湊趣地抓幾個台上講員的鏡頭。不認識他的人，多半會以為他是個外來採訪的記者。有時候，我特意從台上講員的角度看他幾眼，每當注視到他平板的面孔上那種行家看門道的神情時，我能隱隱感覺出他熱心辦會的獨特樂趣：既不是要擺出在前台主持會場的主席姿態，也無意於報幕員那樣的穿插性表演，他只要靜觀他安排的節目在進行中產生的效果，看哪些人的話搔到了癢

1　讀者若有興趣了解這些會議的情況，可參看「周劍岐文集」中以下各篇中有關會議的綜述：〈後現代東亞文明精神生命的動向與展望〉(1994)；〈華夏文明的異化與再生──文化深層結構與脈絡的反思〉(1999)；〈傳承中華新文化──從花果飄零到浴火鳳凰〉(2006)。

處，哪些人的話沒有說透，哪些人的話還不到位……。眼前的會場恍若在進行著一場由對話組成的談吐實驗，他在趁機感受他一手促成的論辯氛圍，玩味著其間的思想碰撞，似乎竭力要抓住講員們情意流露之際所傳達的什麼重要信息。

與科技會的其他成員一樣，周劍岐也是理工出身，從七十年代就業至今，一直在本地的一家保險公司做IT工作。人文社科的知識與他的本職工作當然沒有多大的關係，一週五天，一年到頭，他都坐在電腦屏幕前處理數據和維修程序。這是謀生養家的基礎，他幹得敬業而知足，其中的苦樂唯有他自知，我從未聽到他談論過任何有關他日常工作的事情。但無論如何，幾十年的辦公室事務並未把他消磨成一個事務主義者，工作之餘，他仍興味十足地保持著自學生時代以來就喜歡讀書思考和參與同仁活動的習慣。常常是在晚飯後，他走出家門，去附近的購物中心散步，走過陌生的人群，在顧盼間瞥見的音容笑貌中感受著他欣然融入的人氣。其實，他熱心組織討論會和參與其他活動，從某種程度上來說，正是要尋求能夠更集中地與他人交流的機會。對第一代華人移民來說，北美實在是個冷清寂寞的地方，一個華人學者若在所躋身的學院內只埋頭做書本上的學問，他／她在很大的程度上就有乾死在書本中的可能。周劍岐的業餘做學問反倒給他的機動求知方式帶來了方便，在勤於文本閱讀的同時，他有機會，也比學者們更有自由去閱讀社會、生活與人群。值得一提的是，他還有一雙聽話時敏於聽音的耳朵，當他帶著喜悅的探求態度進入會場和參與討論，除了聽一聽學者們所講的書本道理，還會更留心他們講話的思路。他就是有興致在活躍的交談中把握世態時潮的脈搏，趁機研討另一種書本外的學問。

來美後接觸的華人中，我發現不少學理工的人士對文史工作者多

持疏遠的或漠視的態度，而不少來自台灣的移民，在與這裡的大陸客接觸時，還常會流露出某種警惕而不信任的神情，甚至連提說大陸人所用的措詞，仍會無意中帶出白色恐怖年代的餘韻。但周劍岐卻有所不同，他在待人接物上不但包容面較廣，而且有興致主動地走向對方，與上述的兩種態度形成了明顯的對比。我第一次在我家客廳與他見面時，他還帶來了一位在他家附近一所大學訪學的大陸學者。那學者來自湖南的岳麓書院，專門研究理學，圍繞著他正在籌辦的人文組討論會，周劍岐就大陸的儒學研究現狀問了不少問題。談話過程中，他一直是討教和詢問的口吻，問題都問得簡明扼要，但也頗具挑戰，你要準確回答他那些問題，還確實得費些心思。周其實是很會問話的，在從你口中問出他想了解的情況之同時，他也將眼前正在進行的談話引入了他所營造的系絡。在我們認識後最初幾年的交談中，兩個人之間也時有維特根斯坦所謂的聾子對話：聽到周劍岐喜歡提說的「民德」或「血性」等屬於他自己的口頭禪，常聽得我有點不知所云；而對我那時正在鑽研性別研究理論的熱勁，周似乎並沒有表現出太多的鼓勵。因此在相當長的一段時間內，我們的交談中都存在著不少自說自話的成分。包括參加他組織的各種活動在內，看到他熱心聯絡和忙迫操辦的情形，我有時甚至覺得此人多事而好動。

直到後來相知日深，我才逐漸覺察出他迥異於我的為學態度。他讀書、為文以及與人交談，既非為單純求知，也無意做成名成家的學問。很久以來，他更多的情況是帶著自己內心的困惑，個人生活中種種切身的問題，去閱讀中求疏解，通過書面或口頭的表述來理思路的。所謂讀書明理，對他來說，為的就是要有個心無芥蒂的感覺，步入行無掛礙的情境。因此，能夠在思考和交談的帶動下活出自己的生命，度過生活中難免的坎坷，在他看來，也就算發揮了他閱讀、書寫

和交談的功效。但在讀和寫之外，周劍岐似乎更喜歡與人交談，只要能蹠到合適的交流場合，他總會帶著叩問的態度，把在場的談話不知不覺地引入他自己的文化關懷。

周劍岐的傍晚散步，最終總會走入購物中心的一家書店。那正是米諾瓦的貓頭鷹起飛的時分，白晝的喧嘩已沉入夜色，凝聚的燈光下，讀書的人們沐浴在一片舒適的色調之中。周劍岐來這裡翻閱，心裡常帶著正在思考的問題，憑他那長期養成的信息敏感性，他很快就從花花綠綠的新書堆中拿起他要找的書瀏覽起來，在他一目十行的快讀中，或獲得啓發，或得到釋疑，或證實了他一直在琢磨著的某個推測。有時候，他認為值得買的書的就當下買回去──日積月累，他收藏的中英文書籍不只使我大開眼界，也為我的寫作提供了比去圖書館更方便的參考──，但在更多的情況下，他則是站在那兒瀏覽上一兩個小時。他確實沒有充足的時間通讀太多的新舊書籍，死啃書本也不符合他的閱讀習性。書店閱讀之於他，只是工餘的零碎時間中活動一下腦筋的知識狩獵和信息勘探，是一種彌補「日知其所無」的野外採集行動。他勤於抓緊那一點時間有效地掃描要點，回家後常會寫電郵發附件，把閱讀印象中抓到的線索向我轉述，寫上幾條可供我們討論的話題。而近年來隨著網上閱讀的豐富和方便，他更上網博覽搜索，經常把他從其它文章中剪貼下來的文字集中起來，加以評點，及時寄來與我分享。我把他眾多的乾條條電郵比作史前先民的結繩記事，因為他那些「短章記思」的文字讀起來實在是沒頭沒尾，很可能讓局外的讀者覺得疙裡疙瘩，啃不下去。但對他自己──也包括我在內──來說，積累的多了，把它們按時間順序排下來連貫閱讀，常會從雜亂的記錄中理出一條條令人感到豁然貫通的線索。

周劍岐一貫奉行的是莊子「得意而忘言」的思維瀟灑，他寫那些

乾條條，僅爲弄清胡塞爾所謂的「事情本身」，只要通過即興的書寫獲得了思想上的澄明，文字讀起來流暢或優美與否，他認爲並不特別重要。他這種好爲文，不求甚工的手筆粗放，還眞可與五柳先生的「好讀書，不求甚解」有那麼一拚。古人有所謂「與君一席話，勝讀十年書」之說，周劍岐那些乾條條到了我手中，對我的閱讀和寫作常起到探照燈射出光束的作用。我的英文閱讀水平至今仍很有限，面對大量有待閱讀的英文資料，要做到快速檢索和把握要領，還是會感到有些吃力和隔膜。長期以來，周劍岐所做的勘探工作不但對我選擇讀書多有引導，還爲我提供了不少寫作時需要的參考資料。沒有他爲我做過的那些類似圖書館資料員所做的工作，我有些文章很可能會寫到思路不通時中途夭折。就他這種「古之學者爲己」式的讀—寫成果而言，受益最多最深者大概就數我了。

　　我是個做事情好從興趣出發的人，多年來嗜讀猶如貪食，博覽雖有餘，貫通實不足，思想的成熟較爲遲緩，在讀和寫的方向上，一直是在不斷的調整中逐步明確起來的。來美後結識了周劍岐，他對我思想上開導尤多，糾正上也用力甚勤，在我們將近十五年的交往中，或交談，或通信，或參加他組織的各種活動，所有與他接觸過程中發生的思想碰撞和對話機鋒，都像一面他人的鏡子閃現在我的面前，讓我照出了我長期以來慣性思維中存在的問題癥結，以及我的大陸經歷難免會有的局限。周劍岐並非專業學者，更不在公認的作家之列，在學界和讀者群中，至今還很少有人知道他的存在。有關他的言說、思想和情懷，除了我有較多的了解，且有興趣解說，此外恐怕再無人熱心作評介，書面上當見證了。

　　天下的道術一直都散布於天下，並非只集中於學院。很多叫嚷得特別響亮的人都是在死抓細枝末節，眞得其要領者反倒因專心思考自

己的問題而安於其真人不露相的狀態。周劍岐的閱讀書寫和思考交談
無疑屬於後者。

在以下的討論中，我將以博訊博客上「周劍岐文集」中所收的文
字為主要的資料依據，再輔之以他寫給我的很多乾條條電郵以及平日
接觸和交談的印象，對他的思想言說中我個人頗有體會的內容，試向
有興趣了解的讀者作一初步的評介。寫這篇並不指望引起學者或評論
家重視的文章，讓我一直感到猶豫的並不是我寫作的信心和能力，以
及可能引起的反應，而是在我開始闡述那些我想說清楚的問題時，我
忽然發現，我在平日撰寫評論時常用的措詞和運用自如的操作，如今
進入了周劍岐的系絡，竟無端地有些不太適用。真要做到比較準確的
把握和盡可能讓普通讀者容易理解的說明，即使是像我這樣還算熟悉
周劍岐的作者，也感到頗有難度和面臨挑戰。我不得不在這篇講述別
人的文章中將自己拉出來拋進去，在我與周對比分明的框架下，以我
的坐標系曲折地點染出周式思考言說的來龍去脈。

三、血性之根

周式言說的首要特點是他重人尚質的人文情懷。在周劍岐的系絡
中，對人文的關注更偏重於人的文采，這文采不只是文字本身，它更
多的是指人在文字以外表現出來的精彩。關於這一點，可直接從我與
周早年不同經驗的對比切入話題。

我在大學教書轉眼就快三十年了，諷刺的是，回想我自己當學生
的經歷，卻找不出一個曾使我深受教益的老師。很多學有所成者都有
他們的恩師，但我沒有。我不但沒有恩師，提起我那些代課老師，其
中有好幾個都在當時政治形勢的左右下參與過整治我的活動。就這些

人教室內外的言行而論，他們在我面前可謂更多地扮演了反面教員的角色。我在師生際遇上的這個陰影雖說純爲我個人求學路上的不幸和缺憾，但它在很大的程度上也反映了中共黨化教育所造成的惡果：隨著舊社會遺留下來的優秀教師被整肅殆盡，經新社會的不斷改造和培養，相當一部分教師都呈現出素質劣化的趨勢。在那個缺乏典範，無可師承的環境中，我只能自發地採取我反向選擇的做法：課堂學習，我只用來應付考試，更多的時間和精力，我都用在圖書館內自己讀書。碩士學位到最後還是拿到了手，但對我來說，它除了用作謀職的憑證外並無任何意義，因爲我從課堂上和導師那裡幾乎沒學到任何有益的東西。

這種反向選擇的做法乃出於現實壓迫出來的逆反心理，它可被稱作「爲淵驅魚」效應：一種以政治高壓的手段使越來越多的人走向其對立面的現象。我是因不喜歡報刊上那些歌頌黨和新社會的詩歌，才耽讀起古典詩詞的；因不愛看宣揚階級鬥爭的國產電影，才對當時還允許公開放映的外國電影倍感興趣的；因學不進去列入課程的馬列主義理論，才發現那些被貶爲唯心主義的哲學著作更有意思的。總而言之，是壓倒一切的批判和禁止激發我愛上了被批判被禁止的東西。對我來說，讀和寫在很長的時期內都屬於此類逃避現實的行動，讀的和寫的越多，我的想法和言行便愈加顯得與周圍的人群格格不入。這正是五、六十年代中國那種令人窒息的政治狀況下很多文學青年所陷入的困境：文學本來是有助於讀書人作興觀群怨表達的召喚結構，按照傳統的觀念，學問的積累常被認爲可以優化人的氣質，不幸在政治干預無處不在的毛時代，沉溺文字卻使我麻煩纏身，歷盡憂患。逃入文字的習染使我處於薩特所謂的「文學神經症」狀況，除了困守在詞語的世界中維持我對人群和現實的抗拒，我其實沒有任何能力介入改變

現狀的實際活動，而無處可用的精力和激情就這樣長期地坎陷到文字之中。

　　與我同年出生的周劍岐早在國民政府退出大陸時就隨父母遷去了台灣。他父親周伯道是黃埔四期生，畢業後歷經北伐、抗日、剿共諸戰役，內戰末期帶兵退守舟山群島一帶，在登步島與共軍追兵殊死周旋，曾打過幾場硬仗，撤退台灣後，任職中部防衛區八十七軍軍長。周劍岐從小隨父母在軍中長大，他耳聞目睹的人和事自然與我在大陸歷史課堂上被灌輸的那些信條有很大的不同。在給龍應台的一封信中，周劍岐是這樣講述的：「影響我最深的不是事，不是書，而是人。北伐抗戰世代大江南北的民國人中，我生於斯長於斯。漢唐明清的質地，我以大江南北民國人的素質與教養來理解驗證。除卻活人的氣質素養，文字是空的，話是空的，文化又何嘗不空？」（〈民國世代的文明格局──與龍應台聊天〉，以下引文凡括弧內直注篇名者，均出自網上「周劍岐文集」。）

　　周劍岐所說的那些「活人的氣質素養」，不只來自周劍岐的父親及其同僚，還有很多是他喜歡與之廝混的普通士兵留給他難忘的印象。這些受苦人來自大陸的不同省份，他們南腔北調，心性各異，狡黠與忠厚相雜，放辟與敬事並存，在周劍岐年幼的心目中，他們的音容笑貌紛亂地拼湊出舊中國江湖世界的一團雜色。三民主義或反共教育的大道理多爲當局的文宣辭令，就部隊中──從將官到士兵──個人的實際情況而言，差不多都是在戰爭洪流的衝擊下上了同一條險惡的大船。只因爲大家已經結夥幹上了，就只有扭成一股繩拼命硬打下去。這就是軍營內戰場上極普遍的同袍氣概。面對他從小即司空見慣的大量人員傷亡，周劍岐深切地感受到民國軍人的忍辱負重和血性義烈。也正是在這群人硬承受不叫屈的苦撐堅守中，愛讀王度盧劍俠小

說，更愛在鑼鼓喧天中看舊戲的周劍岐，對江湖俠義和戲台上那些忠孝節義的角色，漸漸有了更加生動和實在的體認。就是在這樣一個角色與個性交融的世界中，周劍岐感受了有血有肉的德性。

好在那海峽的天險和冷戰的壁壘挫敗了共軍大舉進攻的氣焰，台灣在偏安中轉向了繁榮的經濟建設。蔣介石和他帶去的幾十萬官兵在他們「毋忘在莒」的等待中日益老去，亂世烽煙隨風吹散，周劍岐不再有機會像它的父輩那樣捲入大規模拼命的慘烈行動。軍營、戲台和劍俠小說在他胸中激發的血性義烈並未付諸任何真正的冒險壯舉，他那一股子爲朋友兩肋插刀的夙願最終都在他少年的熱望中趨於耗散。

隨著年齡和知識的增長，周劍岐胸中的那團熱逐漸轉化爲求知與思考的動力。國民政府退守台灣，除了帶去幾十萬大軍，倉皇逃亡中，也有大批層次不同的文化人先後避難來台，從陶希聖、胡秋原、徐復觀、方東美等文化名人到西南聯大等名校畢業的流亡青年，一時間大批的民國文化人都補充到各高等、中等學校的教師群中，給剛擺脫殖民化教育的台灣帶來了「再中國化」的文藝復興氣象。與我上中學時爲逃避學校教育，從祖父的藏書中搜羅出四書五經和胡適、梁漱溟等人的著作胡亂貪讀的自學情況應有所不同，周劍岐起碼是在官方弘揚傳統文化的氛圍下和老師的正規指導下接受國學基礎教育的。不管他在他老師跟前曾受過多大程度的教益，他至少不會像我那樣讓太多的反面教員敗壞了親近師長的興致。上有可親近的師長，下有軍營內耳濡目染的袍澤情誼，應該說正是這些從小影響過周劍岐的各類民國人物，使他先入爲主地受到了「泛愛眾而親仁(人)」之類走向生活實際的誘導。

而我的反向選擇的做法，則是對當局那一全面否定的壓力被迫作出的否定之否定，它使我在消極對抗的同時也受到了我的對立面那一

「否定趨向」的感染。黑夜給我了黑色的眼睛，我看到的多爲歷史和現實中陰暗的方面，因而從一開始就讓沉重的黑暗過多地消蝕了專注光明的動力。直到我移居美國，讀到了在大陸看不到的很多歷史資料，並與自稱爲「長沮」的周劍岐長期在一起思想耦耕，原來在我的頭腦裡被抹得一團黑的民國史才開始有所澄清，我才從一直把所謂「解放前」的中國籠統地歸結爲「舊社會」的歷史虛無感中拔出泥腿，開始在補課式的研讀中吃力地提昇自己的認識。很多很多大陸人，或仇恨型的反共者，或對現狀有不滿情緒者，或參與民運活動者，他們批共反共的指向大都基於1949年以後歷次運動所造成的危害，以及他們自身的受害經歷。但很少人能夠跳出「新社會」的範圍發表異議，對1949年以前被稱爲「舊社會」的世代，他們基本上都與中共官方的歷史定性持一致否定的論調。這一鋪天蓋地的歪曲誤導了大陸好幾代人的歷史觀，它至今仍如一劑注射進國人大腦的麻藥，造成了普遍的認識殘缺。有心的讀者若能留意周劍岐在他的文集中反復申訴的「民國世代」說，以及他在國共作戰史方面所做的零星考訂工作，我相信，閱讀後多少都會減少歷史盲點，會在清醒起來的回顧中瞥見被蒙蔽的點點光亮。

四、父輩經驗及其民國世代的重構

周劍岐爲什麼致力於民國世代的再現性描述？爲什麼特別對國共作戰史懷有零星考訂的興趣？作爲一個IT工作者，他業餘做這些事情，既談不上有多大的學術抱負，更無意作單純的翻案文章。應該說，那一切多半起因於他父親去世後留給子孫的一部自述傳手稿。周父大半生戎馬倥傯，老人在世時多次有意向周提說從前的征戰經歷，

但對於父親的陳年舊事，年輕旁騖的兒子在當時並無多大的興趣耐心傾聽。只是在父親去世後，他翻出了那部自述手稿，才發覺自己對父親經歷的烽火年代了解太少。出於掃除無知的內心需求，他在近年來多方搜集材料，從澄清事實入手，做起了追尋民國世代的工作。

在〈怒潮澎湃──1927年國民革命的分裂〉和〈無形的決戰──從1945後國共決戰與分裂說起〉兩文中，周劍岐慣用的乾條條敘述方式頗有古代史書編年紀事綱目的明晰簡潔，他堅持要言不煩的原則，只求把事件梗概如實陳述出來，絕不信筆揮灑大發議論的文字。點到即止的語調基本上呈客觀概述的走勢，國共兩黨的衝突始終是放在革命軍中反帝情緒的激變與蘇聯顧問的一手操縱這兩大動力的相互作用下歷史辯證地敘述出來的。這裡面既有人事糾紛的擦槍走火，也有義和團式盲動的亂中添亂，而在那一場蘇聯直接援助下發起的武裝革命中，由於受到莫斯科指令的牽制，不斷在左與右之間動盪的危機則是國共合作從一開始就刀插而入的致命裂痕。建立這一支革命軍，本來為的是反對軍閥與列強互相勾結，制止國家的分裂，最終促成統一的大局，結果卻在組建過程中受到另一個紅色列強的支配，最後鬧得比軍閥混戰更為混亂，造成了貽害至今的國家分裂。周劍岐的陳述既未用激昂的調子偏袒任何一方的革命正義，也無意於誇大他們在衝突中發生的暴行，他只集中勾畫事態的發展和參與者如何一步步捲入其中的趨勢，好讓我們看出兩黨及其中的個人在走向分裂的過程都做了什麼事情，起了什麼作用。藉助互聯網的方便，周劍岐還特意在乾條條文字間插入經過精心挑選的配圖。按照他的構想，在今日這個讀圖時代，圖像特有的表現力是文字無從替代的，如能通過互聯網，讓更多的圖像代替文字說話，其效果當比單純的白文更佳。此一圖文並行的表述方式在減少文字贅敘的同時，更發揮了淡墨皴染的勾繪效果，其

虛實相間的排列從側面烘托出歷史的形勢,而其間的留白則攤給了讀者個人的思考。周劍岐堅持避免在行文中強作解人的做法,他相信讀者群中自有明眼人在,作者只需點到穴位上,其中的是非曲直,明眼人都會有各自的判斷。

順便一提的是,周劍岐的岳父郭修甲黃埔十三期畢業後也歷盡戰火,特別是滇緬遠征歸來後投入了四平會戰,曾在與林彪軍隊的交戰中出生入死。基於此戰事曾牽連過周家親屬死生安危的經驗,對有關遼瀋戰役的資料,周劍岐投入了特別多的鑽研。在〈無形的決戰〉一文的側面檢討中,他對國共兩方情況的粗線條勾畫首先排除了種種事後蓋棺定論的干擾。透過歷史的陰差陽錯,他理出一連串偶發的機緣,讓我們在事隔六十多年後更加清晰地看出,就那些被渲染得神乎其神的戰爭結局來說,獲勝者到底僥倖在哪裡,失敗者又不幸錯失在何處。由於中共官方的歷史教育長期以來已深入人心,大多數大陸民眾至今仍難免用成王敗寇的勢利眼光看待有關國共鬥爭的一系列問題。在此,我必須鄭重地向讀者指出,所謂正義戰勝邪惡,人民戰爭勝利萬歲之類的歷史觀,不過是巧妙翻新的紅色天命論罷了。歷史的洪流向來都充滿了隨機的曲折和無目的的激盪,論史者若能抓住任一起到轉捩點作用的偶然事件,明確地追蹤出它深遠的影響,都有助於讀者理解戰局中隨時變動的不定因素,讓他們在勝利者書寫的歷史必然性中看出一個個掩蓋不住的破綻。

周劍岐在國共作戰史上所做的零星考訂工作並非他獨家臆斷的海外奇談,此一敏銳的史識與近年來大陸從黨內到民間歷史意識的普遍覺醒是靈犀相通,遙相呼應的。不要只看到大陸民眾至今還習慣在口頭上重復歷史教科書上那些老生常談,也別以為螢屏銀幕上大演特演的激情歲月戲真的會重新喚起觀眾對革命傳統的崇敬,改革開放畢竟

三十年了，如今的世道人心已非同昔比。官方一手製造的歷史冰封正在從根子上解凍崩塌，從黨校教授到個別的獨立撰稿人，不少學者和作家都在力所能及的範圍內做著他們重寫民國新史的工作。一葉落而知天下皆秋，隨著更多的真相陸續披露出來，「偉光正」歷史的崇高形象已經在層層剝落中捉襟見肘，露出了它固有的低下和寒傖。

　　做這些零星的考訂工作，周劍岐自有他更為廣闊的思路。作為一個長期涵養的時間旅遊者，憑著他觀往知來的眼光，縱覽今日後毛鄧的中國大地，他已從紅旗虛掩下看出一片遮蓋不住的熠熠藍光。舊社會並沒有在六十年的蓋棺論定中被完全封死，長期受到壓抑的現代性正在以各種方式長入現在。如何用適當的論述做正確的還原工作，如何把不斷長入的新東西及其微弱的可能性明晰地分離出來，讓百年中國現代化進程中被扭曲的種種事物各歸其位，各正性命，這才是周劍岐期待海內外有心人努力去做的，也是他一直在苦心琢磨的事情。民國並不僅僅意味著國民黨和國民政府，在「周劍岐文集」中，有多處文字都對民國世界和民國文化作出了具體的描述。為求準確和詳盡，我特從他的網上文集選出幾段論述，現抄錄如下：

　　　　活著的中國文化是辛亥以來的民國文化。要談先進文化，就得以民國文化為主體。民國文化中有南中國的上海、蘇杭、江浙、湖湘、廣東、香港與台灣等文化，還有華中、華北、西北、東北各地的民間社會經濟與區域文化。

　　　　民國文化指的是：戊戌、辛亥、北洋、南京、上海到抗戰，包括魯迅的阿Q、林語堂《吾國吾民》和《京華煙雲》、以及錢鍾書《圍城》到張愛玲的小說、胡蘭成

《今生今世》中的民國男女。對我來說,台灣文化只是民國文化的延長,尤其是曾與台灣生死廝守的軍公教世代群,正是抗戰後忍辱負重,不棄傳統,又能接受現代文化的幾個世代。大家平起平坐,不論階級出身,讀一樣的書,考一樣的試,接受一樣的國難,不喊冤,不叫娘。刺刀炸彈下,有誰區分過誰的長江,誰的黃河,誰的濁水溪,誰的淡水河?(〈民國世代的文明格局——與龍應台聊天〉)

民國世界與民國文化的特色,正是在由地方派系和鄉紳文士無形中制衡著國民黨黨治訓政下的國民政府(國民參政會以約法制衡黨治)而形成一新舊交融的政治文化,才會有三十年代的社會史論爭,民主與獨裁的論爭,也有國民黨內西山派、政學系、CC、留學歐美和日本的學者的兼收並蓄,以及桂系、閩系、粵系、直系、奉系、晉系、皖系與黃埔系的山頭林立。

對孫蔣的歷史敘述必注意其歷史的系絡。他們的時代是一群雄並立,朝野對壘的民國世界。合則留,不合則去。說下野,就下野。說去國,就去國。出仕從政,是名望,是聲勢,是爲天下效力。縱使派系(除國共清黨和武裝暴動外)鬥爭,也是點到爲止,較之後來,幾不可同日而語。孫蔣信念不移,但都能包容,方有新舊交融,東西兼容,聯俄容共,英美德日、遠來近交的南中國的開放胸懷。(〈民國世界的義烈血性〉)

民國文化不等同國民黨黨政制度與運作,但國民黨黨政制度卻得依賴民國文化中現代化人文質地,方能作用。

　　國民黨是在民國文化中順勢同構廣納多元成素，不論中西，不分英美日俄……惟多依賴個人操守，因而難以貫徹團隊紀律。但民國文化的精彩正在於它廣納多元成素中那個等級有序和多向度的框架，它吸納傳統與現代血性質地中的優質，從而成其人文教化的價值基礎，由城鄉士紳、事業商賈、新軍、新學、工程師、教師、記者、知識青年等，成其多元現代化的民間社會。

　　民國文化是一自然轉化傳統後的現代中國文化。它是順著自然的價值序列，經個體生命轉化，再配合上制度法律務實的現代化轉化，從而完成傳統價值情懷質地向現代的轉化。

　　最為重要的是，民國文化不但不顛覆或倒錯自然價值，甚至還改造了傳統的建制或價值中違背自然的一面。(2008年1月致康正果信)

　　從以上所引各段落可以看出，周劍岐的中國現代史觀是一個通觀的大歷史透視。如果把清末至今的中國現代史比為一段曲折激蕩的河流，那中共官方歷史教程所做的褒貶性區分──如新舊社會的一刀切分，中共領導的無產階級革命與一切被稱為反動派勢力的敵我對立性劃分──就是一堵堵截斷歷史流向的攔河壩了。從本質上講，這一段歷史應被定性為中國傳統的農業社會在西方資本主義擴張的衝擊下向現代工商社會轉型的曲折過程，但由於在其間不幸插入了中共主導的暴力革命，六十年來，它一直被曲解成中國共產黨領導下的無產階級反帝反封建反官僚資本主義的革命。建立民國世代的通觀歷史，有利於拆除此類觀念障礙，也便於在百年中國現代化巨輪的無情滾動下勾

繪出國共兩黨殘酷傾軋的軌跡。周劍岐的論述不但不是將兩黨的任何一方從歷史進程中排除在外，反而是要將雙方對立的現代化取向納入此一進程，進而從兩者交錯對抗的歧途中疏導出一條歷史的可能性虛線，爲當前的社會轉型進程提供一可參照的正軌。

周式歷史通觀首先要讓我們認清，憲政共和是在派系對立中打出來的局面，它不可能按西方進口的腳本在議會的舞台上排演出成功的盛典。從北洋軍閥到國民政府，直到抗戰期間的南京和重慶，乃至延安和各抗日根據地，以及國共的反復分合，不管其間有多少混戰與鬥爭，曾經在衝突中推進的聯合，爭論中達成的共識，當時若能在良性互動下假以時日，再有所進展，則均可爲憲政共和打下良好的基礎。這是因爲民國世界本來就包容了社會各階層和全國各地域，地方勢力本來就土生土長地紮根在那裡，多元的和多向度的框架已在混亂中初具成型的規模，無論就民間社會蘊含的生命力來看，還是就各方實力在對抗中造成的制衡與合力來看，都有利於完成傳統向現代的自然轉化。國民黨一貫的兼收並蓄固然失之渙散，弱化了中央的權力，但不管怎麼說，從五四到抗戰，那幾十年間產生的民國文化及其潛在的影響，都是1949後的黨文化無法比擬，也絕對取代不了的。對周劍岐來說，「今天來回顧這股強勁的生命力，並非出於個人的懷舊，而是明明看見它像一道江流，正從深山中重新湧現出來，使人不得不注視它江闊水深的源頭和後浪推起前浪的流向。……此一現代的民國新文化，是在北伐、抗戰苦難的戰火考驗下應時而生的，從梁啓超、章太炎到張愛玲、沈從文，其精神素質、人文風貌，即使與英倫的維多利亞和德國威瑪等現代文化相比，也毫不遜色。」（〈花樣的年華——民國文化的生命力〉）

現代性到底是什麼？要領會中國的現代性，從自由主義與新左們

口水戰文章的泛文論述中恐怕很難讀出多少眞切的信息，還不如把平實的目光轉向歷史上和文學作品中那些生動的民國人物及其所置身的社會文化景觀。被林琴南指斥爲引車賣漿者流的早期白話文，被魯迅挖苦的洋行西崽相，禮帽、皮鞋加長袍的土洋結合裝束，創造社的僞狂飆囂叫，新月派被譏笑的費厄潑賴，遊行隊伍中女學生半大的解放腳，茅盾小說中肺結核型的革命青年，張愛玲筆下的小奸小惡和胡蘭成不以爲恥的跌宕自喜，湧入城市當工人的破產農民，既傳統又洋氣的東南商紳，所有那一切蠢動著促使現狀改變的力量，以及形形色色各有其生命情調的個人，在帝制崩潰後的紛亂中，都精力彌滿地體現了現代性的構成因素。好比從蝌蚪變成青蛙，民國的新面貌還拖著帝制年代的舊尾巴，它的洋氣中雜有村俗，它那未成款式的新面貌，以及拖泥帶水的舊情懷，在在都反映了漸進演變中自然的轉化形態。它在守舊派眼中的不成體統，以及在激進派眼中的不夠理想，正是那原汁原味的質地在長入其新形式的過程中難免會有的不純粹和不規則。但惟其爲自然的轉化，故基本上還能維持一種自足平和的氣象，正如胡蘭成所描述的那樣：「鄉村裡也響亮，城市裡也平穩。胡村亦不像是個農村，而紹興、蘇州城市裡亦閭巷風日灑然。」按照周劍岐的生命哲學觀，每一個體都有其獨特的質地，質地不同，故生命力能量的大小強弱有別，但人無論貴賤智愚賢不肖，只要各安其分，在各自的價值序列（order of ranks）[2] 中盡其所能，便可自成其德性，均構成人世

2　關於價值序列的論述可參看Max Scheler, *The Formalism in Ethics and Non-Formal Ethics of Values* (Evanston: Northwestern University Press, 1973)。在pp. 86-87中是這樣說的，「在整個的價值領域中有一獨特的秩序，即一切價值所具有的序列。正因如此，價值有高低對比之分。此一秩序乃價值自身的本質，其性質一如價值的正面與負面之分。」爲避免打斷行文，特在此稍作說明，下文將詳加發揮。

繁華中有機的一份。帝制崩潰後的民國世界,總體情況是各方面都呈現一趨平的發展勢態,周劍岐之所以特別強調其雜亂組合的面貌,是因爲正是在此各呈異彩的紛亂中,每一個體的生命才得以自然流溢,在保持價值序列完整的情況下充分發揮出民間社會的活力。

五、關於資產階級和資產階級革命

白色恐怖和反共教育下的台灣人,一般來說,很少有研究共產思想和閱讀相關書籍的膽量和情趣。周劍岐卻有所不同,他的台灣背景及其國民黨軍幹家庭出身,並未對他閱讀思考的視野造成任何偏狹的束縛。對馬克思主義理論,他非但無政治詆毀的偏見,而且很早即從求知的態度出發有所涉獵。來美之後,在他博覽的西方經典中,馬克思幾部重要著作的英譯本——從《資本論》到《德意志意識形態》——他都做過細心的閱讀。與我從馬列教育的搖籃中浪蕩出來的情況相比,他不只對我無意涉獵的東西有更爲深入的了解,且常有他得自第三隻眼觀察的獨特體會。他採取的論證方法是用祖師爺的至理名言來反襯不肖繼承人的歪嘴念經,老馬的言說成了他騎著馬趕馬的馬刺,給他的追溯性論辯增添了持之有故的論據。比如他注意到馬克思在《德意志意識形態》中這段重要的論述:

> 在過去一切歷史階段上受生產力制約、同時也制約生產力的交往形式,就是市民社會。……這個市民社會是全部歷史的眞正發源地和舞台,可以看出過去那種輕視現實關係而只看到元首和國家豐功偉績的歷史觀何等荒謬。
> 市民社會包括該階段上的整個商業生活和工業生

活，因此它超出了國家和民族的範圍，儘管另一方面它對外仍然需要以民族的姿態出現，對內仍然需要組成國家的形式。「市民社會」這一用語是18世紀產生的，當時財產關係已擺脫了古代的和中世紀的共同體。真正的資產階級社會只是隨同資產階級發展起來的；但這一名稱始終標誌著直接從生產和交往中發展起來的社會組織，這種社會組織在一切時代都構成國家的基礎以及任何其他的觀念的上層建築。……

　　如果還沒有具備這些實行全面變革的物質因素，就是說，一方面還沒有一定的生產力，另一方面還沒有形成不僅反抗舊社會的某種個別方面，而且反抗舊的「生活生產」本身、反抗舊社會所依據的「總和活動」的革命群眾，那末，正如共產主義的歷史所證明的，儘管這種變革的思想已經表述過千百次，但這一點對於實際發展沒有任何意義[3]。

　　從馬克思的論述可以看出，他所讚賞的市民社會即當時出現在歐洲的資產階級社會。針對馬克思這段論述，周劍岐進一步解釋說，馬克思「在回溯英法的政治經濟兩百年的史實中逐漸發現，歷史的潮流是以社會結構的整體形態的變遷來運作的。此現代社會的出現，是以一激烈而漫長的變動與革命方式進行的，從一保守傳統的有等級區別卻比較鬆散的封建社會，逐漸趨向以有產者為首，人人都想變為有產

3　按：周所引者本為英譯文，此處所引的中譯文見馬克思(Karl Marx)、恩格斯(Friedrich Engeles)，《馬克思恩格斯選集》(第一卷)(北京：人民出版社，1972)，頁41、44，下同。

者的規律化的跨國生產競爭洪流。他也很清楚，他面對的不是一家一派的思想意見，而是一文明浪潮跨世紀趨勢的面具遊行。他把此先進主流的趨勢，定位為英國資產者帶動起的全面變動——從抗爭封建秩序的政治革命到潛在的生產力與生產關係在社會法律經濟面的變動。他認為資產者只是此先進物流趨勢的選民與歷史工具。」（〈民國世代與資產階級民主革命〉）

我在此特別徵引周劍岐所讚賞的馬克思言論和他對馬克思的個人解讀，並無援經立說的用意，與其說這樣做是為了拉近讀慣了馬列著作的大陸背景讀者閱讀本文的距離，不如說旨在突出中國的各類馬克思主義者在理解馬克思著作上存在的盲點：比如讓他們看到馬克思如何以清醒的唯物——不是官方馬列教程那種機械唯物論——態度動態地分析此資本主義先進的物流，如何以冷嘲熱諷的方式批評普魯東等左派分子在德法時空錯位下所犯的雙重錯誤。儘管馬克思後來同樣也犯有他自己的雙重錯誤——他在他《資本論》中錯誤的經濟學論述原來是建立在錯誤的德國左派抽象哲學的基礎之上——，但不管怎麼說，馬克思對現代社會生產機制的分析與批判至今仍很有意義。他對資本主義這一先進的生產方式及其交往方式所作的肯定性論述足以說明，資本主義生產方式和市民社會是現代社會進程中不可跨越的階段。這個階段，也就是孫中山所看到的「世界潮流，浩浩蕩蕩，順之者昌，逆之者亡。」關於這一點，馬克思在《資本論》第一卷第一版的序言中也言之確鑿，他說：「一個國家應該而且可以向其他國家學習。一個社會即使探索到了本身運動的自然規律，——本書的最終目的就是揭示現代社會的經濟運動規律，——它還是既不能跳過也不能

用法令取消自然的發展階段。但是它能縮短和減輕分娩的痛苦。」[4]
請注意這個「自然的發展階段」，放在中國，就是傳統向現代自然轉
化的階段。

當年的國民革命若能比較順利地進行下去，就有可能起到「縮短
和減輕分娩的痛苦」的作用。即使是遠在俄國領導布爾什維克武裝奪
權的列寧，當時都看出了中國不同於俄國的特殊情況，因而用「民粹
主義的資產階級民主革命」來界定孫中山領導的國民革命。這樣的界
定至少表明，列寧未必認為中國革命者必須跟蘇聯一起走無產階級革
命路線。孫中山聯俄容共的政策若沒有出現後來的曲折，它本應發揮
促進資本與土地結合的作用，在城鄉資本累積的過程中發展工商企
業，從而漸進地激發生產力的產業轉型。對照馬克思的說法，我們可
以明顯地看出，當時中國社會的最大問題是苦於資本主義生產方式太不
發達，既「沒有一定的生產力」，也沒有形成「反抗舊的『生活生產』
本身、反抗舊社會所依據的『總和活動』的革命群眾」。但中共偏要
把蘇聯的階級鬥爭搬到中國變本加屬地施行，四處煽動和組織暴力分
田，結果把大量被糾集起來的流氓無產者和鄉村地痞煽動成打土豪分
田地的「革命群眾」。現在看來，毛澤東在〈中國社會各階級分析〉
和〈湖南農民運動調查報告〉中提出的那些「變革的思想」，對中國
社會的實際發展，不但如馬克思所說，是「沒有任何意義」的，而且
最終導致了國共的分裂，把中國的現代化徹底引向了災難的歧途。

至於周劍岐用新舊混雜的庸常現象來正面地描述民國的現代性特
徵，讀者可別因至今還很少有人道及此說而輕率地視其為私心臆斷或
無稽之談。近來在國內，我發現已有個別作者撰文提及類似的現象，

4　《馬克思恩格斯選集》（第二卷），頁207。

周劍岐在這方面無疑做出了他早鳥先飛的工作[5]。新舊混雜正是傳統自然長入現代的過程中難免會有的現象，在當時實為既風雅又洋氣的常態。只是經過中共在四十年代的延安整風，以及建國後一連串政治文化批判運動，那些人物和他們的趣事才被籠統地戴上資產階級的帽子而拋入了歷史的垃圾堆。

關於資產階級負面形象的發生，周劍岐也做過片段的考察。如果我們留意巴爾札克、司湯達等人的小說，不難從他們筆下的沒落貴族眼中看出，新生的資產階級就是那一群被描寫成言行粗鄙，穿著不倫不類的人物。特別在歐洲19世紀末的反猶（anti-Semitism）論述中，論者在談到鑽錢眼、自私自利和冷酷剝削的惡劣行徑時，往往把猶太人的貪婪猥瑣與資產階級的粗俗劃上等號。對資產階級的鄙視，一時竟成為文化人的風尚，以致在西文的語境中，「資產階級」一詞從此含有了相當程度的貶義。在歐洲，新生的資產階級的負面形象極大地投射了舊貴族自命優越的偏見。那偏見就是再偏，也偏得有根有源，但

5　如孫郁在〈民國文人的趣味與操守〉（見《南方周末》，2006年8月10日）一文中便就很多民國文人的趣味与操守總結説：「外來的與固有的東西有時還處於碰撞的狀態，間或還顯得錯雜、零亂的排列，不過以我的看法，恰恰是彆彆扭扭之中，誕生了罕有的生氣。古無此類新人，今無其繼者，那也像六朝之人，後人只能愛之而不可及之了。」他還説：「那時的中國正從晚清到民國，軍閥混戰，文人團體都在尋找自己安身立命的所在。他們當時思考的問題、生活的情調和興奮點和現在的我們完全不一樣。文化處於過渡階段時，最大的豐富性莫過於不舊不新又舊又新、不古不今又古又今，不中不外又中又外，所以那個時代的文人身上，會自然散發出那種鬆散的、自娛自樂的趣味。而這種儒雅、混沌、自然、悠然的文化狀態，現在都被那種學科化的，非常條理化的東西代替了。現在的文人學者都各幹各的，在自己的專業中打拼，但也因此成為被馴化的、單向度的人。這是看似現代化進程中最遺憾的事情。」

在中國，那些跟風的反資產階級論述則大有百犬吠虛的荒謬，更多地表現了在價值序列上偏低的一群對一個尚未成形的較高等級捕風捉影的嫉恨。它基本上陷於詞語的偏執，是那些熱衷於搬運西方用語的文化人對「資產階級」一詞重點擴散的誇大使用。五四的西潮也帶入了歐洲浪漫主義論述與激進革命思潮中鄙視和仇恨資產階級的情緒，資產階級的負面形象先是經時髦文化人的文字渲染，後來又在革命文學中被橫加貶斥，隨著中國大地上的反帝情緒不斷高漲，反資產階級，連同反資本主義，便混合成為左傾文化人強化其革命激情的動力。

　　當時留洋歸來的文化人帶回的主義和理論五花八門，這些文本上的主義宣傳家和理論搬運工大都好空談民主、公平、自由等美好的字眼，他們只熱衷於呼籲在中國建成那個空中樓閣的上層建築，卻很少思考如何在他們不喜歡正視，更缺乏了解的資本主義經濟基礎之上夯實他們奢談的憲政大廈。於是他們只在口頭上欣賞「盧梭的柔情，洛克的鄉紳優雅與孟德思鳩的節制有度」，卻對英法兩國從帝制到共和經歷的混亂和鬥爭熟視無睹，因而也很難悟出，正是通過「克倫威爾的劍，羅勃斯卑爾的斷頭台，輝格的貪婪，拿破倫的騎兵，才有了民主社會中自由文明的果實。」（〈中國式的資產階級民主革命〉）

　　我在撰寫〈中國的民族／國家主義焦慮〉那篇長文時，周劍岐就與我反復討論過歐洲系絡中民族主義與資本主義發展的相關問題。他一再強調說：「西方的民族主義與自由主義是資產階級革命的一體兩面，早自威尼斯起，民邦共和與工商財稅自主是同一原動力。血緣語言文化，土地信仰，因紅與黑外第三階級的抬頭，成為現代民族共和國家認同的主要內容。在此基礎上，才有政法代議的憲政可言。自由民主是一個民族以革命爭來的成果，不是玩文字剪貼，炒理論定義，向當權集團或國際輿論跪求乞討可以得到的。空有主觀意願，不可能

變成歷史。在當代中國要談自由主義，就要落實到如何轉主觀意願爲客觀現實的自由主義群體的實踐。」（同上）

這樣看來，國民黨清黨後搞訓政，聯合鄉紳和地方軍閥，試圖以地方長老參政統合南北民間社會與派系勢力，所走的就正是這種民族／國家主義的路線了。其目的就是在維持「鄉村裡也響亮，城市裡也平穩」那種人世繁華氣象的基礎上促進民間社會在中國的成長。只可惜時勢不利，南京當局在當時既受到外國勢力與地方派系的牽制，又困於財稅來源不足，每有改善舉措，輒有不利因素掣肘，本來是力圖突破資本主義生產不發達的劣勢，結果卻正好爲左傾文化人批評資本主義發展方向的論調提供了口實。中國的左傾文化人就是在此一吊詭的形勢下唱高了他們的調子，一方面，把民主社會既有的成果捧爲光輝的目標；另一方面，對達到此目標的過程中各派勢力如何拼搏，如何妥協，如何在盡可能公平的競爭中捍衛各自權利等複雜的現實情況，卻視而不見，棄而不圖，完全讓文本上民主、自由之類的大字眼遮住了眼睛。結果一任空喊與口水造成聲勢，反而讓共產黨帶領的農村暴力革命奪了先鋒，致使發育還不健全的中國資產階級，連同轉變中的地方鄉紳，都被宣布爲無產階級的敵人，在中共建國後統統打倒，從此後，馬克思所謂的市民社會所賴以建立的大好根基被徹底地破壞了風水。

六、爲中國的左症診脈

我寫這篇閱讀周劍岐的文章，不只要闡明周如何爲還原民國世代鋪一條可能的來路，還特別想講清他一直力求從情緒和認識上爲各種擁共反共者驅散迷霧的良苦用心。特別是大量的反共者，他們最大的

問題是，他們那些反共論述的思維表達方式，實質上也是共味十足的。比如有一本題為《誰是新中國》的巨著，在揭露中共的反動性上，該書的確提供了大量可貴的史實，只可惜書中的毛式話語連篇累牘，字裡行間散發出十足的共味，因而極大地削弱了該書的可讀性。共症感染者的架勢頗似《三岔口》中摸黑的對打，他們總是在敵意十足的敏感中就事論事地口誅筆伐，渾不知隨著當今中共實體持續地衰變下去，陷入共式思維表達的激憤人士最終都難免為死而不僵的共屍陪葬。周式言說最值得反共人士省思的，首先是他的現實主義的清醒眼光。如上所述，之所以本著包容的態度還原民國世界，首先是要打破六十年來共產黨所謂「新舊社會」和「解放前後」那一偏狹的界線劃分。既然中共本身即民國世界的一部分，它發展壯大的過程自應置於民國的系絡中予以還原。只有通過一種「現形記」的還原過程，才能從那個被籠統地視為中共整體的審查對象中剝離出眾多被感染的非共成分，才能把解構的光束直射孤零零的中共內核，最終從情緒和認識上袪除無論是擁共者還是反共者都被附了體的共式思維。

周劍岐的剝離過程首先從左派及其左情左思的綜合症——可簡稱為左症——入手。為什麼首先要把左派剝離出去？因為左派並不等於共產黨，他們只是促使中共實體壯大起來的激素及其賴以發威的寄體。共產黨的核心成員乃是靠左情左思的動力而興風作浪的一群機會主義者、權謀家和煽動者，經過長期與左傾和右傾的反覆鬥爭，他們最終倖存下來，並奪取了優勢的權力。左情左思在這一政治動力過程中曾發過光出過熱，但歷經殘酷的鬥爭和逐步的淘汰，無數的革命者或光榮犧牲，或作為廢渣被清理出革命隊伍，他們不管是被認為有功還是有過，都或榮或辱地給那一取得勝利的革命步履當了血污的墊腳石。他們才真正是左的精魂，而最後倖存的共黨庸人，實際上早已失

去理想和熱情，甚至壓根就沒有過左的信仰。

　　情況既然如此，那又該如何給左派定位呢？請看以下周劍岐對左派的出現及其與自由主義的分離所作的簡要勾勒：

> 　　左與自由原是西方資產階級向封建王權爭共和、爭產權、爭公義、爭政治自由以確保生命福祉自主的天賦人權的理念與話語。但在19世紀後，卻經民粹與文化的反動，轉化質變爲社民、社革到布爾什維克的暴力專政黨。左與自由的情綜，不多不少是暴力專政下不斷革命寄生變態的資具。左與自由同暴力專政間有一極爲隱匿的辯證關係。左與自由的情綜，對布爾什維克式共產黨而言，只是一動員民氣、瓦解敵人的道德口號。精神上而言，後者仇視前者的激情熱焰，以群眾普羅之名，置於死地是一定的後果，韜光養晦實庸平自欺的掩飾。
>
> 　　左與自由的分裂起之於宗教氣質與教派文化的分殊，政治的意識型態分野於1848，而後自由主義被老左帶上資產階級的帽子。
>
> 　　五四後中國左與自由的深層情意結構，爲何轉爲歷史運命的崇高和個體的卑劣與怨憤。在普羅文學與社會史的論爭上，義憤的情綜已轉藉受難的冤屈，以劃分敵我，對敵無情爲聖潔的清滌。受難的冤屈必以暴力清滌，在瞿秋白等人幾代知識分子身上附體。（〈從左傾情綜到殘缺物靈──共產精神結構的形變與物化〉）

　　以賽亞・伯林洞悉俄國思想家的來龍去脈，他對19世紀俄國知識

分子激進思潮及其狂熱做過深入的分析，現將其要點簡述在此，對理解中國左症的發生過程，或有一定的幫助。按照《俄國思想家》一書編者克雷的描述，俄國激進知識分子的意識形態領袖們都具有道德使命感，他們以熱烈的道德感反對現存秩序，同時滿腦子信仰理性和科學的觀念。他們的理論均來自歐美，但對拿來的理論大都缺乏透徹的理解。克雷把這種迷戀觀念的熱烈興趣稱之爲頭腦與道德失序的症狀，他向我們指出，伯林的論述抓住了這些激進知識分子所堅信的「觀念在行動中所起的作用，特別在精神與道德的吸引力上所起的作用。」此外，他們還相信，在所有的現象下存在著一個根本的統一，並認爲此統一源自一普遍的世界目的。這樣，在思想認識上，他們奉行的觀念便成了一種用抽象壓倒個人的暴政。觀念使他們自以爲是，他們甚至認爲，只要本著觀念做事，完全可以用非人的態度來對待人：人最終被當作抽象的歷史力量的工具。這種極端的看法導致了政治實踐上的罪惡顚倒。作爲一個自由主義者，伯林明確反對綜合地解決所有的價值衝突，在他看來，並不存在唯一獨尊的價值，一種方法也不可能解決所有的問題，因爲任何制度和措施都免不了這樣或那樣的缺點，都得不斷地修正和補充 [6]。另一個當代美國的民主黨自由主義者在其批評美國平均主義的著作中，也對一種非自由主義的偏狹態度(illiberal)——如將善惡對立，妖魔化敵對的一方，頌揚暴力，迷信一種啓示錄式的或千禧年的世界觀念等等——提出了批評。他簡明地指出，自由主義的核心價值是「必須爲政治的自由充分發揮而保障一個不可缺少的政治條件。」[7]

6　見Aileen Kelly爲Isaiah Berlin, *Russian Thinkers* (New York: Penguin Books, 1978)一書所寫的引言。

7　Richard J. Ellis, *The Dark Side of the Left: Illiberal Egalitarianism in*

　　不幸在缺乏自由主義傳統的俄國，年輕激進的知識分子只看重西方的科學技術，他們不但堅決抵制英美的資本主義，而且把俄國缺少眞正的資產階級這一現狀視爲俄國革命的優勢。相對而言，俄國人民則被他們捧爲「眞理的支柱」。他們所謂的「人民」，是對現實中普通人的具體統一，而落實到社會生活中，則將農民和勞動階級奉爲人民的主體。但他們自己不但不是來自人民，而且其中還有不少人出身富裕家庭，因不滿長輩的保守，遂發起「到民間去」的運動，因而被稱爲民粹主義者。這些人在民間其實並無市場，連他們所美化的農民都不歡迎他們，於是他們便與恐怖主義或無政府主義合流，開始採取非常手段來呼喚革命的到來。他們的口號是：不平等是天下最大的罪惡；破壞欲即創造欲；罪惡的舊社會一旦消失，只需在革命先覺的領導下，一個公正的新社會即會從舊社會的灰燼中產生。社會的進步被他們描繪爲由罪惡到死亡，在復甦後走向樂園的大轉變。而個人的經驗，則被描繪爲從獸性到思想，最後造反[8]。由接受思想到感染情緒，然後情緒再發酵思想，最後激化出暴烈的行動，這就是俄國的民粹青年走上革命道路的過程。只要對比一下我們從文學作品和回憶錄等書中了解到的某些五四文化人及其後的激進青年，便可看出他們的思想資源和情意結構與上述思潮的關係。

　　那時的年輕學生從思想激進到參加革命的道路通常也是觀念先行的：他們往往是從學校和朋友群中接觸到某些文學作品和宣傳社會思潮的小冊子，受到了其中新觀念新思想的影響，回到家中便與他們官僚、地主、鄉紳或資本家的長輩發生衝突，結果供給他們上學的長輩

（續）――――――――――――――――――――――――――

　　　America（Lanrahce, Kain: University of Kansas Press, 1998）, pp. 1-14.

　8　參看Isaiah Berlin, *Russian Thinkers*中Russian Populism一章。另見別爾嘉
　　　耶夫，雷永生譯，《俄羅斯思想》（北京：三聯書店，1996），頁99-128。

反成了他們要打倒的對象。其中的個別人就在這種情況下走出家庭，參加了革命。但他們對革命的大道理，比如馬克思主義或社會主義的理論，特別是俄國革命者以及蘇聯布爾什維克黨的實際情況，大都只有極膚淺的了解，連做過中共早期領導人的瞿秋白臨死前都承認，他不只不太了解馬克思主義，甚至沒讀過相關的經典著作[9]。正是這些年輕人、富有正義感的知識分子和強烈的民族主義者最易受左情左思的感染，爲當時的激進思潮造了聲勢，也爲共產黨組織的產生和壯大貯備了人力資源。

此外，民國時代的激進青年普遍有志大氣盛的毛病，不管他們是否傾向革命，大都容易在文字的感染下高漲起激昂的情緒。如毛澤東年輕時高唱的「指點江山，激揚文字，糞土當年萬戶侯。」再如徐志摩在新月社成立宣言上說：「幾個做夢的人，一點子創作的能力，一點子不服輸的傻氣合在一起，什麼朝代推不翻，什麼事業做不成？」[10]比較而言，俄國激進知識分子以及職業革命家與他們很大的不同在於，俄國民粹派和早期革命者的革命熱情中具有他們固有的東正教精神，同時還有骨子裡的斯拉夫主義民族自豪，他們對西方現代性的拒斥，含有其民族自信和自尊的濃厚情懷。如果用周劍岐的血性質地觀來看這一特徵，可以說俄國的左傾青年和知識分子，以及職業革命家，就他們身上具備的民德而言，尚存有其養育那些新思想新觀念的血性質地，因而他們的人格較爲充盈實在，其革命精神常帶有某種聖潔的理想主義色彩。相比之下，中國的左傾文化人就顯得浮躁和貧血

9　瞿秋白，《多餘的話》：「我的一點馬克思主義理論的常識，差不多都是從報章雜誌上的零星論文和列寧的幾本小冊子上得來的。」

10　參看孔慶餘，《1921：誰主沉浮》（濟南：山東教育出版社，1998），頁59。

多了。一因在五四反傳統傾向的大氣候下,他們普遍缺乏民族自信的底氣;二是中國在列強的壓迫下屢遭屈辱,他們對西方觀念的認識和接受多少都受到了民族主義情緒虛火的干擾。他們處於既激烈反傳統又滿懷民族主義情緒的矛盾之中,高漲的義憤與自卑的怨詛陽亢陰虛,從而構成了他們中國特色的左症病竈。再加上文化人對自己身上某些舊文人成分還有所不滿——所謂「一爲文人,便不足觀」——,因而很容易用自責自審的眼光挑剔自身或他人的小資產階級作風[11]。

正是存在著這些弱點,他們在文化歸屬上不自覺地選擇了自我過繼的方式:不只盲目地投奔民眾,甚至熱衷於發表崇拜民眾的言論,以至把民眾混同於民族,甚或引入俄國革命者的「人民」觀,直接用以替代民族。而「無產階級」這個從布爾什維克那裡拿來的新帽子,正好爲他們把自己無根的個人與虛擬的人民大眾群體結合在一起充當了一頂堂皇的冠冕。特別後來又引入日文的轉譯,將那個「普羅」一加在大眾身上,大眾立馬就高大神氣了許多。連曾經挖苦過阿Q的魯迅,進入1930年代,都加入了謳歌普羅大眾的合唱。再往下走一步,無產階級更作爲公分母,把中華民族及其民德的獨特性僅從觀念上那麼簡單地一除,中國革命就被拉下資產階級民主革命的正軌,強行納入了蘇聯及其共產國際的世界革命。

七、民德與江湖血性

左症的病變是在近代中國社會落後挨打的總背景下發生的,以往

11　瞿秋白在《多餘的話》中即提到,中國知識分子對小資產階級作風的自審自責,與讀書人對自己身上的「文人」習氣的不滿情緒有一定的聯繫,所謂「一爲文人,便無足觀」。

的論述多將此落後狀況籠統歸罪於傳統文化和社會制度，都犯了伯林所批評的那種試圖用一個總體的變革方法來解決一切問題的錯誤。周劍岐有幸避過了1949年以後的一連串政治運動，他沒有在地主、資本家、知識分子和一切被指責為舊社會的事物被逐個打倒的天翻地覆中遭受血性氣質的悲慘失重，而是有幸寄身在海峽那邊，在自然延續下來的民國世代大氛圍中感受了台灣鄉鎮的「宗教祭祀，敬老尊賢，鄉里親緣等人文氣息」，因而得以無心插柳地領略到仍活在民間的盎然古風；而有關民質民德的思考，正是在此「祭神如神在」的情景宛然間，觸發了他的幽懷，使他有了感而遂通的嚮往（參看他〈斷岸叫西風──兩岸文化的困境〉一文）。對於近代中國衰落的問題，他產生了古道溯源的想法，後來大讀錢穆等其他新儒家的一系列有關著作，帶上他自己的疑慮和困惑，遂嘗試如何把近代中國的問題癥結引向對民質民德的檢討。關於民質和民德，他在〈民德與君子──華夏文明跨世紀的反思〉一文中有個簡單的界說：

　　一個民族精神質地的內涵為民質。其在某一時代的動態顯示為民風。其依終極源泉之供輸，而成其生命力的匯集為民氣。將質地的內涵在時節的觸激與開展中，回溯其生命力的終極源泉，以成其理想與價值，其以生命踐現此內涵的功價為民德。

　　文化傳承的意義，不過是傳延、涵存此精神內涵，發而用之，以在與時潮的互動與挑戰中不失其質地，並代代提昇之。而民德的踐現，則在每一代子孫，精神生命的總體成就與功價。

周劍岐的民質民德說是他的言說中頗具原創性的論述，至少由此說出發，來思考清末民初中國社會在西方資本主義擴展挑戰下出現的種種問題，來檢討當時社會轉型過程中的諸多弊病，要比五四文化人——特別是魯迅——所肆意鞭笞的國民性更切合實際，也更具建設性。國民性論述根本的偏差在於把中國人的特性——即學舌Arthur Smith所謂的Chinese characteristics——本質化了。此說先是將中國的落後挨打籠統地歸罪傳統文化，進而從中國人身上搜羅出各種以漫畫化方式描繪的劣質——更多的是來自外國人，特別是日本人所觀察到的劣質——作為案例，從其中挖出國體衰弱的病根，最後將那一切總歸為國民性。從周劍岐以下一段對華夏民質民德狀況的歷時性勾勒可以看出，與缺乏民族自信心的國民性論述相比，他對華夏文化傳統的充分肯定和對宋元以來衰變趨勢的解釋，不僅更切合歷史的實際，而且特別富於歷史辯證的思考：

原型民德之儒道的特色，即在對天地終極源泉的道，均有一份親和深切的神聖信念。也就是對自身質地的來由，深信與天道一源，有著不隔不異的自信。「民無信不立」一辭，應在此神聖靈明、信守涵存的宗教泉源與民質民德的互動交澈的層面上來解讀。三代先秦對這份來自天源的質地之內涵的解讀是：容乃公，公乃王，平平蕩蕩，並育不害，並行不悖的王道；天道無親，常與善人，綿綿若存，疏而不失。

華夏的民德，顯然形成於諸系氏族千年的融合。秦漢魏晉而後，經草原民族的挑戰與再融合之際，那份農業共耕細作，氏族共和的王道文明，不得不在內憂外患

中，凝結成君權霸道，刑名禮法的剛性結構。但不論柔性核心或剛性外殼，均環繞著農業文明的形而上價值，未經工商活動之形而上價值的衝擊與挑戰。宋元之際，原有衝破農業文明心態之瓶頸的轉機。明清重農抑商，大帝國中央集權之吏治與財政，無柔性核心之價值供輸精神的血流，終之於剛性結構的腐化而自殘。民間迷信與宗教運動是政法結構失卻終極價值合法性的病象，也是剛柔失衡，泉源異化的危機，但也是民質再生，優劣辯証的轉機。轉危機為生機者，則在民德的自新。（〈民德與君子——華夏文明跨世紀的反思〉）

談基督教、被征服民族。近代中國是一被征服民族？文化性的阿Q與優雅性的麻痺比比皆是。周作人、余秋雨式的典故把玩精緻中，有一種深度自殘後選擇性的遺忘與病態的自憐，一如小腳。元、明、清、五四，偽滿、汪偽、民盟、靠攏為中共抱抬腳的民族自卑情綜、為獨台跑腿的，為現世顛倒編說辭的，以白開水攪和價值原態的，到尊卑貴賤失衡的，全都是靈魂受虐、本能退化後的奴性反應。（〈歷史失憶與靈的殘缺〉）

與本質化的國民性論述根本的不同在於，周式民質民德說是在中國歷史發展的系絡中來探求民質民德盛衰的軌跡，它首先與華夏大地上的族種演變和人口結構有密切的關係。如果說從三代到隋唐，中華民族的發展呈現為征服性的同化，至宋元以降，則漸變為被征服性的同化。應該明確地指出，「華夏」這一族群稱號，在上古時代並非一本質性的血緣種族概念，而更多的是強調在生產、生活方式上較周圍

的蠻族更爲文明的一個文化及價值系統的獨特標誌。所謂「華夏夷狄則夷狄之，夷狄華夏則華夏之」，至少在今日黃河中下游區的北部中國一帶，那時候自稱爲華夏的眾多小國與被稱爲夷狄的眾多小國，自遠古以來即雜處在一起，而華夏這一範疇的確立，則是在周邊的夷狄陸續被同化進來的過程中漸進地發生的。後來經過秦漢的擴張性征服，華夏文化的同化更從江淮擴向嶺南，向東北遠達幽燕，向西北超過了隴西。五胡亂華後，更多的入侵者陸續融合到他們所占領地區的人口中，經此數百年占領和抵抗的殘酷廝殺，至隋唐時代，同化後的整合局面達到了興盛的頂峰。惟其爲征服性的同化，故具有開放性的強勢，華夏的民質民德反因異族的輸血而凸現其剛健包容的優越。但從北宋開始，情況發生了變化。先是遼金征服占領北部中國，接下來蒙古和滿洲全面入侵，在中國建立了元和清兩個王朝。異族統治下的漢人從此進入被征服性的同化，華夏族群出現了周劍岐所謂「自身分化、異化和質變」的劣化趨勢[12]。

在入侵與抵抗的血腥廝殺中，犧牲的無疑以剛強勇敢者居多，軟弱怯懦的順從者自然更容易倖存下來，華夏人口的質地遂在此被征服的同化過程中漸趨劣化，好比被稀釋的汁液，民質中的古道成分日益淡薄。此一民族質地的劣化乃華夏質變的第一個方面。此外，歷朝的

---

12 〈無信不立——中國宗教精神的扭曲與衰落〉一文中，周劍岐說：「與康正果談文革、惡官、刁民與儒家。我強調有清一代，是被征服的一代文化惡質低能化因素之成形。在我眼中，儒的精神已隨宋明衰亡。花果飄零，靈根自植，不僅是曾、左、胡、康、梁而後知識分子的命運，也是儒門不得不沉潛山林市井，結合民間社會，不再存聖君外王的迷夢，而以民德自立自強再續命脈的新機運。儒在均產、減租、平權、德治、禮制上是穩健保守的，但在是非善惡、明德、新民上應是積極進取的，在順天應人的情況下，還是激進革命，殺身捨生，在所不惜的。儒在大局的考量上理應是左派的。」

科舉取士和文官體制造成了庸俗的泛文泛情，讀書做官的道路不只削弱了讀書人的道德勇氣，而且通過虛飾的文字腐蝕了一切被表述的知識和思想。元明以降的八股文取士，更加劇了文字對性靈和民氣的戕害，至滿清有意以此籠絡控制漢人，文對質的侵蝕可謂敗壞到極致。此一浮華虛文的氾濫乃華夏質變的第二個方面。征服者——特別是旗人——在享受其占有華夏文化的特權之同時，也弱化腐化了他們自身，他們不只漸漸喪失祖先在漁獵遊牧生活中的強悍氣質，而且以自身的腐敗加重了國人整體上質地劣化的成分。此一退化因素的加入乃華夏質變的第三個方面。

　　這樣看來，五四文化人所痛心疾首的國民性問題就不能只簡單地歸咎於孔孟之道或所謂的封建專制制度了，當然更不能把它本質化為中國人的人種缺陷。打一個比方，就好比人在營衛血氣失調的情況下抵抗力變弱，容易感染疾病一樣，晚清至民初，乃是華夏民質中的抵抗力變得十分衰弱，而外部環境又極為惡劣的時期，就連本來在征服性同化時期顯示為優點的諸多方面，在此時竟都衰變為這樣或那樣的缺陷，更不要說突然「值此三千年未有之變局」，在企圖「師夷之長技以制夷」的窘境中，被迫地捲入資本主義擴張所難免的進退失據了。至此，中華民族陷入被征服性同化的劣勢已暴露無遺。

　　儘管如此，華夏民質民德中占主流的優良因素仍以其脊梁骨般的堅硬頑強地支撐著衰病的國體。就拿清末的反清勢力來說，便由那遠在大清順民與臣僚之外的三股勢力組成：一為清末接受西洋現代文明洗禮的新生一代；二為自清初即轉入地下的反清復明組織，其中尤以洪門為最有實力；三為逃避清朝壓迫而遠遷海外，始終心繫故國的華

僑[13]。此三股反清勢力後來也成了清室退位後建立民國的中堅力量，包括北洋政府和各地軍閥在內，有不少重要人物都兼有留洋和參與會黨組織的身份。他們集傳統教育與洋學堂訓練於一身，其中個別人還雜有江湖幫會的傳習，稟賦民間義士的剛烈，從徐錫麟、秋瑾到黃花崗烈士等反清先烈到後來臨時政府的創立者，他們的氣質和學養都顯示出華夏民質民德在新的歷史形勢下以自新的面貌自然長入現代的優化方向。正是著眼於此一被忽視的歷史脈絡，周劍岐特別強調了「南中國血性義烈的傳統」，並嚴格區分了它與政治暗殺的不同，進而辨析了胡蘭成所倡言的「民間起兵」與被煽動的盲眾作亂造反之間本質的區別。順便指出，周劍岐原籍浙江諸暨，對於魯迅所謂「會稽乃報仇雪恥之鄉，非藏污納垢之地」的鄉俗，他自然有其地方親緣的體會。

「血性義烈的傳統」和「民間起兵」的出發點是捍衛地方的自主和財產權利，它是地方對中央的不服從，是民間對官府的抗拒，是用武器來保護土地和商業利益的自衛行動，是地方豪強抵抗土匪打家劫舍的團練組織，借用今日流行的一個用語來說，就是武力保障下的「維權」行動。促使辛亥革命爆發的四川護路運動，孫中山二次革命前的護法運動，都屬於此血性義烈的民間起兵。閱讀英美歷史受到了啟發，周劍岐在好幾篇文章中都一再為歷史上一直都聲名不佳的地方豪強鳴其不平。他在〈民德與君子〉一文中如是說：

13 參看姚大中，《近代中國的成立》（台北：三民書局，1985），頁406-407。其腳註引朱琳《洪門志》序曰：「洪門組織，自明末清初，於今三百餘年，歷史悠久，勢力龐大，人多稱為『秘密社會』，忠國勤民，卓具功績。原本天賦人權，倡導『民族革命』，並以『反清復明』運動，建立『民國』基礎」。

　　讀西方近世民議民治群勢的興起歷史，可知自由公
民、自制恆產的動力，方是民邦自治，法制民主與自由
人權思潮的泉源。有地有產斯有德，管仲孔孟均深知其
理。反觀英倫民氣抗爭的歷史，集士紳群德，不惜血濺
劍鋒的君子德義，方能制神賦君權之任意恣肆的不負
責。此等商務民議、恆產生德、一以貫之的民質德義的
內涵，乃是17、18世紀英倫輝格自由主義精神的深義。
不惜血濺劍鋒以捍衛恆產之義，方是消極自由理念的血
肉生命。此財德互輔之勁力與其主動創就出的客觀物質
條件，實也是西周君子，能沉潛砥礪、博厚高明，成其
精神風範之重要成素之一環。

　　在此一系思緒的光照下，對中國歷史上之民間豪
強，遭違亂法紀、據地自雄大帽子的命運，實有重新檢
討的必要。英雄世界中有黃天霸之公門差役，若他果真
是替清官辦案的話。也有竇爾敦，據地自雄對官門有本
能的不信賴。民間道義實是官門朝廷最忠實的鏡子。惟
讀書士子功名薰心，斥之為小道而不為。朝廷動則責豪
強兼并土地，民不聊生，充公沒收之。這到底是分化封
建，削弱貴冑的合法延續，還是中央集權的官僚奴才們
減低地方自治權力的勾當，抑或異族征服朝代或部落派
系黨私想死抓權勢，千秋萬世的惡性積累？值得研究。
土地如此，商人資本更是如此。這皇極一統的觀念絕不
是王道平平蕩蕩、無黨無偏的原義。

　　從17、18世紀英倫輝格自由主義的精神與演變中，
可看出非鄉紳豪強如克倫威爾，非精誠虔敬如清教徒，

非轉私產謀利爲厚生群德之際遇，則不足因應時勢的機遇，而突破文明的內在瓶頸。所有的風雲際會，並非先王的設計。恰是應勢，但卻忠於各自的質地情境，方能啓材質、物能、氣性之德，盡義利、功價、理想之宜，而開出群德川流，匯集成民權立法、農商相輔、向外突破的新制度之契機。其所以不懼變之爲亂，能從亂中抵定新的重心，就在於地主鄉紳，有產有德，終之於轉農益爲商利，……若無英倫強悍自主，務實崇法的民德，內戰弒君，獨裁復辟，實難不保不落入法國革命的血祭災亂的下場，焉能在輝格主政後，將歐洲自相殘殺的困局突破轉化爲商務海權的世界文明。

我在此之所以不惜篇幅，大段抄錄了周文中表彰英倫輝格精神和替古代地方豪強說公道話的論述，是因爲至今還未見到任何教授學者或異議人士在討論中國歷史和百年來社會艱難轉型過程的文字中觸及此一極爲關鍵的問題。自由不是空洞的口號，它是經武力捍衛財產權的鬥爭而贏得的自主和權利。荒謬的是，爲建立其暴力革命的傳統，中共所改寫的歷史反而把歷代破壞私有財產權的造反作亂一律追封爲轟轟烈烈的「農民起義」。此類以掠奪爲生的暴亂多發生在王朝末世或飢荒流行時期，通常多起於饑民爲活命而對富人或官倉的搶掠，其中有個別的武裝力量壯大了聲勢，更昇級到打江山奪皇位的地步。其動員方式多帶有「蒼天已死，黃天當立」之類的蠱惑性號召，歷代王朝深知此類讖緯話語和秘密會社的可怕，就像中共畏懼和嚴打反革命集團那樣不擇手段，始終將此一粗暴力量壓抑在無可名狀的黑暗草莽中。對此以劫掠爲目的的武裝力量，之所以歷代皆稱之爲「賊」或

「匪」，就是因為他們不是為維護私產而建立武裝，反而是為剝奪他人私產而採用暴力。因此，不管他們打著多麼道義的旗號，都始終為綱常法紀所不容。這樣看來，同在江湖，同為幫會，以武力和組織殺人越貨的烏合之眾便與像洪門那類為反清復明而聚義的秘密組織存在著本質的區別，在價值序列上明顯存在著高與低之差。

說起幫會，我們自不必純粹用今日健全的法制社會中黑白分明的標準去衡量從前的是非曲直。江湖世界向來良莠不齊，幫會運作中往往黑白並行[14]。論史者應做的不是一味站在今日的制高點上做蓋棺論定的道德判決，而是透過歷史的混沌去觀察清者上浮和濁者下沉的複雜過程，抓住其中良性的趨勢，分離出破壞性的因子。比如太平天國，就明顯屬於被壓抑的粗暴力量在國脈脆弱的情況下產生的癲癇性暴發，其武裝席捲南中國的浩大聲勢與其說是為了反清，不如說是旨在稱王，是在殺人如麻和自相殘殺中建立其邪教惑眾的軍事獨裁政權。以洪門為基層組織而建立的湘軍便與之形成明顯的對比，其剿滅太平軍的行動就起到了保衛民眾生命財產的作用。對此類江湖血性義烈所體現之民德及其鼓舞軍隊士氣的關係，孫中山在有關中國民族主義傳統的演講中曾有詳盡的細節描述。

美國的工會不但與國際共運毫無關係，反而是在幫會的血腥拼殺中壯大起來的，就是在此粗暴力量的較量中，逐漸發展出捍衛工人利益的力量。這一迫使資本家自我調整，引起法律和制度不斷修改的鬥爭，顯然與列寧所煽動的工人武裝起義有著完全不同的方向。像拉薩

14　正如周劍岐在〈血性江湖的悲劇〉一文中所說：「江湖未必是一個俠義公道的世界。它黑白混雜，良莠不齊，有其特殊的語言價值與群集結社的規律，但均帶有強烈的地域民風色彩。也有它滋長寄生的經濟行業，謀生技能等特殊社會結構與文化。」

爾那類工人運動活動家，之所以受到馬克思的批評，也正是因爲他們把工人的鬥爭導入一建設性的方向，即把政治活動具體化爲一個個的經濟要求和政治要求──比如限制勞動時間，勞動保護，小孩上學，普選權，對生產過程管理上的介入等等。正是社會民主黨人開闢了這一條促使資本主義生產方式自我揚棄的「西歐道路」，才爲資本主義社會中不斷滋生出社會主義的成分而創造了條件。就「西歐道路」所提供的例證來看，脫離了資本主義生產的實際發展過程，根本就不可能有一個抽象存在的無產階級隊伍去領導任何革命。眞正的革命只有一個，那就是資產階級革命。但列寧及其領導的布爾什維克急於從臨時政府手中奪權，非要把普列漢諾夫設計的「兩步走」並作一步去走，結果俄國資產階級的民主革命派掌權還沒有幾天，就被蘇維埃的槍桿子奪取了所有的權力。

布爾什維克在俄國的勝利不但爲東方非工業化國家的暴力革命提供了範例，而且把蘇聯建立成一個促使暴力革命在世界範圍擴散的策劃中心，使形形色色的權謀家和機會主義者都步入職業革命家的行列，並爲他們破壞舊秩序的造反行動披上了社會主義的外衣。「爲中共的更加布爾什維克化而鬥爭」這個讓中共的莫斯科派叫得特別響亮的口號就這樣在國共分裂前後主導了中共的革命路線。在共產黨煽動下準備城市暴動的工運純粹是破壞生產的陰謀，它不只損害了資本家的利益，也從沒給工人贏得任何眞正的個人好處，而且還害得很多盲目的參與者白送了性命。倒是上海灘上那些被指責爲反動和罪惡的幫會自有其幫會的原則，他們遊走在各種勢力之間，利用租界的地盤，反而發展出民族企業的雛形。包括今日的香港，有不少經營成功的大財團都與黑社會有過糾纏不清的關係。

我如此評價幫會，並無讚賞黑社會的意思，而是要強調周式言說

對那些未受左症感染的民間生命力所採取的獨特透視。生命力本身無所謂善惡好壞，最惡最壞的事情其實是寄生在粗暴生命力之上的貧乏平庸者對此生命力的誤導、扭曲和濫用。周劍岐是一個勤於在模糊現象中洞察幽微的思考者，他的視境（vision）中常有黑白混淆的社會氣象雲圖飄來飄去，他敏於在明暗不定的陰陽變化中捕捉機緣性的東西。他讓想我起了那個站在電影Déjà Vu「時空之窗」前的警官，就像那一場穿越時間隧道的拼刺，直接到災難萌發的過程中阻止其進展，周式論述也是一場追蹤既往的拼刺，它介入到歷史的重述中，執意要把被磨損的文化生命力挽救回來。就這一取向而言，周劍岐的讀書思考已超出了一般性的求知做學問，他那力透紙背的眼光似乎要延伸到接通古今的層面，為起死回生的轉承找到一個支點。因此，他指出，華夏文化的生命力「必得尋一現代血肉架構之載體與生命，才能延續下去，否則就只能變為失魂落魄幽靈野鬼，幢然遊蕩於故紙文物和陵墓宮廟之間。……失德敗德者，失喪敗壞的不只是俗成禮法之道德而已，而正是失喪敗壞這個上昇、精進、創生的靈明公德的生命能力」（〈民德與君子〉）。

八、在左症與群氓之間：顛覆／倒錯／物化

職業革命家在中國的湧現，是十月革命一聲炮響後送到中國的一個新的社會現象。我們通常談論此類人物，多著眼於他們獻身革命的精神，卻很少想到一個做全職革命工作的人靠什麼吃飯。既然是職業，就應有報酬，當一個職業革命家，不只意味著全力以赴地幹革命工作，同時也包括從中領取經費，謀得一個革命家所享有的飯碗。從前在魯迅著作中讀到有關「領取盧布津貼」的說法時，我還以為都是

當時的反動派流言，後來接觸到更多的文字記載，才知道中國共產黨的正式建黨及其早期活動，所有的經費均來自蘇聯。那時候，像陳獨秀、瞿秋白、李立三這些住在大城市領取「項目資金」，過著白領革命家生活的人物，從發表文章到策劃罷工鬧事等活動，全都按共產國際的指令辦事。這種拿著盧布津貼，從事東點火西煽風活動的革命工作，就與中共成立前，李大釗、陳獨秀最初在北大熱衷討論共產主義思想的情況有了了根本的區別。那時候教授們發表言論，多出於探討問題和宣揚主義的激情，他們當教授的收入本已十分豐厚，不但沒必要領取賞金性質的津貼，有時候爲印發刊物或組織活動，還會自己掏腰包往裡面貼錢。所以在那一段比較天眞的文化論戰歲月，他們的左思左情都還左得較爲理想和純眞，不管他們發表的那些過激言論今日看起來顯得多麼幼稚，但在當初，他們就是再過激也都只限於紙面。

步入職業革命家的行列，性質就有了完全的不同。你不可能再保持一個知識分子的獨立立場，你拿了共產國際的錢，你就得充當國際在中國搞顛覆活動的代理人，這就叫從事上層投機活動。怪不得到後來，那些人都陸續被打成了左傾或右傾的機會主義。這種動輒應招去莫斯科開會或短期受訓的革命生涯，在當時的圈內人看來，想必自有其風光之處，但投射到從來都無緣參與其事的毛澤東心中，就有了微妙的刺激和複雜的回味。毛澤東自從在長沙組織新民學會起，就似乎被定位於一種只屬於他自己的邊緣處境。他身邊的很多朋友和熟人都結幫去法國勤工儉學，獨有他錯失了那一次留學的機會。他說他爲留在國內做實際工作而主動放棄了留學，實際上應爲他自知外語太差，根本通不過留學資格的考試。隨後他兩次去北京尋求發展，均與他仰慕的文化精英們擦肩而過，最後帶著頗爲挫折的心情返回了湖南。即

使他後來參加過中共成立的首次集會，在那十幾位代表之中，他充其量只能算無人重視的一員。在早期中共領導人的眼中，他不是被認爲政治水平很低，只適合在農運中做實際工作，就是被發現讀書不多，中西學問的底子都比較欠缺[15]。總的來說，在走上革命道路的初期，年輕的毛澤東似乎一直都爲他那一身外省的土氣所累，以致長期處於不入流的地位。由此可見，在價值序列上，毛顯然處於偏低的位置。毛澤東自從小時候和他父親作對起，一直遵循的都是尼采所說的「從反方向尋求確定價值的行動」：從否定「外界」、「他人」和「非我」開始，把對立面全都確立爲「醜惡的敵人」，進而在此一基礎上另立對立面，把他和他那一方確定爲好人[16]。

周劍岐從尼采和舍勒(Max Scheler)有關怨憤(ressentiment)以及價值序列的論述出發，在與我的多次筆談面談中，對毛澤東出於自卑心理而竭力提昇平庸者及其平庸的顚覆與倒錯(subversion and perversion)曾做過深入的剖析。按照他的說法，神化毛固然荒唐幼稚，但妖魔化毛也不符合事實。從周的清醒的現實主義眼光來看，毛的所做所爲多源於他的低劣平庸，他既談不上有什麼神機妙算的軍事指揮，更不具備克利斯瑪的震懾魅力。從很多陸續披露的事實可以看出，毛在長征途中不過充當一支逃兵虛有其表的首領，扮演了象徵性角色而已，當時的日常決策，實際上均來自一組實幹的團隊。毛之所以能以如此平庸的質地而成其偉大，主要在於他引爆了那股壓抑在民間的粗暴力量，是此力量所造成的破壞哄抬了他的地位。

15　參看余英時，〈打天下的光棍〉，見《歷史人物與文化危機》(台北：東大，1995)，頁47。

16　參看尼采，周紅譯，《論道德的譜系》(北京：三聯書店，1992)，頁21-24。

　　毛的轉入農村鬧土地革命，固然與他入不了城市職業革命家的流，更領不到國際撥款有直接的關係，但歸根結底，還是他在價值序列上原先就處於較低層次的本性決定了他的選擇：只能到沒有老虎的荒山中去稱其猴子霸王。陳獨秀說毛是「農運中一個實際工作的人員」，明顯把毛的工作能力與他們所從事的上層投機活動劃清了界線。應該說，處於他大學教授的序列上，陳從一開始即直覺出毛身上那股農村邊緣人的濃厚氣息。關於這一點，余英時在其〈打天下的光棍〉一文中有幾句精煉的描述：「毛可以說是集各種『邊緣』之大成的一個人：他出身於農村，但早年也沾到城市的邊緣；他沒有受過完整的學校教育，但也沾到了知識界的邊緣；他最熟悉的東西是中國的舊文史、舊小說，但又沾到了西方新思潮的邊緣；他在政治上最獨到的是傳統的權謀，但又沾到了『共產國際』的邊緣……。歷史的狡詐把他送回了邊緣人的世界，特別是他最熟悉的中國農村的邊緣世界，他的生命本質終於能發揮淋漓盡致，這恐怕是連他自己也是始料所不及的。」[17]關於邊緣人的界定，余文僅點到即止，周劍岐則從民質劣化的線索追蹤到需要進一步討論的社會病理根源。

　　在貧窮落後的舊中國，災害叢生，戰火連天，大量民質劣化的盲眾，也就是尼采所說的the herd，正好為毛這樣的bad shepherd提供了大量可供驅使的力量。如果說good shepherd所做的是將牛羊引向水草豐盛的牧場，那麼bad shepherd所做的就是把牛群瘋搞成狂奔的火牛陣，讓群羊都披上狼皮去嚇唬良民了。「群氓本能地認為中資和下愚是最高級最有價值的，因為大多數人可以從中找到自己的位置和規範，所以他們反對等級序列，他們把從低向高的提昇視為從多數跌落

17　余英時，〈打天下的光棍〉，頁51。

到少數。因此你只要表現得特殊，與他們不一樣，你就會遭到他們的反對，被視爲有害。……得不到他們的信任，致使你因自己的特殊而感到內疚。」[18]只需拿尼采的這段描述對照一下毛那條著名的言論——「最乾淨的還是工人農民，儘管他們手是黑的，腳上有牛屎，還是比資產階級和小資產階級知識分子都乾淨」——，就可以明顯地看出，他如何通過貶低特殊來抬高群氓，從而贏得大多數中資和下愚跟上他起鬨，並通過他們的力量，把他自己所猜忌和不能容忍的特殊人物排除在外的手法了。爲了將壓抑在黑暗中的粗暴力量釋放出來，毛領導的中共邊緣人首先揪出了他們的對頭——地主富農，土豪劣紳。這一革命死對頭的樹立，很快即引爆起中共的農村暴力革命，使他們光天化日下明目張膽的搶劫獲得了正義的旗號。因爲只有人爲地強化現存社會的不正義——例如大肆宣傳地主剝削佃戶——，無能和渺小的自我才會滿懷崇高的義憤，才會將他們的無賴和暴行提昇爲轟轟烈烈的革命壯舉。比如，痞子們得機會到少奶奶的床上打一打滾，在一般人看來，那無疑是很下流的行爲。但此下流行爲一旦被稱讚爲「好得很」的革命行動，被作爲值得誇獎的表現去大肆推廣，那就給本來只敢暗中去做的低劣惡行鳴鑼開道，給猥瑣與下流鼓噪了耀武揚威的聲勢，最後起到全面扭曲世道和敗壞人心的作用。貧窮本身並不會把人變成暴民，由於在傳統社會中，對「窮斯濫矣」的行爲一直都有嚴格的約束，因而長期以來，窮者、弱者和賤者對富者、強者和貴者的不滿多被壓抑在舍勒所謂的怨憤狀態。但這種怨憤並不導致對一種對抗價值的肯定，怨憤者雖懷有怨憤，卻仍暗中渴求他們所豔羨的富

18　見Friedrich Wilhelm Nietzsche, trans. & edit. by Walter Kaufmann, *The Will to Power* (New York: Vintage Books, 1967), p. 159.

裕、強壯和高貴。毛澤東所做的顛覆是空前的破壞性的，他揚言要把被顛倒的世界整個地再顛倒過來。這個他所認為的「被顛倒的世界」，就像一個倒挂在樹枝上的猴子眼中的天地，是低下者對正常秩序的歪看斜視，而那一「整個地再顛倒過來」的手法，則讓人想起了《動物莊園》(*Animal Farm*)中那些奪了權的豬玀們最簡單的思路，豬玀們的口號是「四條腿比兩條腿更好」。然而毛的變態的顛覆比豬玀們走得更遠：你只承認農夫腳上的牛糞不髒還不夠徹底，你資產階級知識分子要表現自己革命，還得承認牛糞是最乾淨最好聞的東西，你最好把你的腳上也弄滿牛糞，這才顯得出你與勞苦大眾緊密結合的決心。同理，痞子在少奶奶的床上打滾不只「好得很」而已，正是通過在少奶奶的床上打了滾，痞子才一個個提升了革命的勇氣，經受了鬥爭的考驗。毛澤東所說的「一個階級推翻另一個階級的暴烈行動」，就這樣從井岡山燎原到寶塔山，直至火炎崑岡，玉石俱焚。

還有很多問題需在此進一步深究，譬如：毛澤東領導湖南農民運動以及後來建立井岡山根據地和蘇維埃政權，果真只是為搞土地革命嗎？秋收起義失敗後，毛和朱德帶領那麼多人上了井岡山，又沒有共產國際發下來的「革命經費」，他們吃什麼用什麼呢？幾年前網上曾發出一系列《兩個局外人對談錄》的長篇大論，我們可從中讀出一些令人驚異的消息。那兩位富有洞察的局外人顯然熟知局內的情況，他們翻出了紅軍靠搶糧食挖浮財來維持部隊的陳年舊賬；關於這方面的問題，其實周劍岐早在他發表於三十多年前的一篇文章中就做過初步的討論[19]。現在，讓我們先看那兩個局外人是怎樣講的：

---

19 此文題為〈中共黨政結構上的根本難題〉，署名長沮，原載堪薩斯大學中國同學會會刊《方向》第六期(1973)。

　　毛上井岡山，也是先拿槍換袁、王的銀元和糧食。毛手上只有武器，給袁、王一百多支步槍作爲交換。這幾千人上井岡，很快就只剩下了經費問題，即便袁文才、王佐把自己劫得的財寶都給你，也沒有多少。山上只有兩千多戶人家。山民原本就窮困，所以就只有南瓜湯喝。於是毛就不斷帶人下山搞錢糧。整個1928年，他主要就是幹這個事。

　　「打土豪」是中國革命的一個意像。從早期的國民革命、中共蘇區，到土改，到文革，一直都在「打土豪」，而且打的方式也差不多。從南方一些縣誌資料上看，打土豪的那些方式方法，倒並不是中共發明的，民間早已有了，中共在早期農村動員時，借用、光大了。

　　這個就是我們今天來講的一個視角，即當中共從城市敗退下來，走入鄉村時，中共的主要領導人，其實並不知道要怎樣才能動員鄉村的力量。他們只是無處可去，只有進入鄉村去拼命，然後想到或看到了民間的那些獨特的方式，抓過來用，「打土豪」的那些辦法，就是這樣來的，保留在革命的記憶中，一到大事不妙，就拿出來。抗日後期在晉綏之類的地方，也用南方鄉村的辦法，同樣很靈。

　　「分田地」就逐漸成了幌子，「打土豪」又成了當務之急。紅軍有口號叫作「向一切剝削者籌款」。剝削者自然有個定義，但實際執行的時候，就給擴大了。中農也算進去了，可能有些貧農也給算進去了。反正到了差不多這個時候，已有幾十萬的「土劣」被逐出或自己

逃出了蘇區，男的當苦力，妻女當娼妓。這是黨內檔案明確記載的[20]。

從上引談話可以看出，紅軍的活動在當時並不存在什麼預定的正確方向，所謂的革命路線，其實都是在生死存亡的具體情境中隨機發生的和被迫選擇的，至於後來印在教科書上那些堂皇的革命修辭，多屬在事後爲其並不光彩的行動所確立的正當理由，不過把倖存者無數的集體共謀掩蓋在「偉光正」碑版的背後罷了。蔣介石發動五次圍剿，其性質一如曾國藩帶領湘軍剿滅給大半個江南造成嚴重破壞的太平天國。可惜蔣的軍力十分有限，經過五次圍剿，最終只做到把紅軍逼上長征，趕到陝北的地步。國共兩軍就是在如此長期的殘酷廝殺中日益加劇了雙方的惡性互動，蔣那種農藥除蟲式的反共手段最終竟從反面塑造了共軍，使他們在倖存中發展出頑強的抗藥性能[21]。

然而中共也爲他們的倖存和最終勝利付出了代價。就共軍與國軍的殊死拼搏而言，首先是靠大量的人員犧牲來頂住和打垮敵方的。死者已矣，成千上萬戰死的農民子弟兵就不說了，需要追究的是那些活下來的成員。他們在習慣死亡的生存中逐漸變得漠視生命，其磨練得更爲堅強的革命意志明顯地標誌著中共大量黨幹軍幹人物貧血、冷血而嗜血的獨特面貌。殘酷的階級鬥爭塑造了倖存者存在的境況，他們都自覺或不自覺地充當了殘酷鬥爭的工具。革命將他們革成了物，他們視殘酷爲必要和正確，通過拉高就低的抹平方式，最終提高了自身

20　這十四篇對談從局外深入到局內，對談得生動平實，不亂掉書袋，不妄發高論，屢有切中肯綮的點撥。原載後遭中共查封的「世紀中國」網。

21　我在〈抗美援朝的炮灰〉一文中對此有詳盡的討論。

的平庸。正是這種周劍岐稱之爲「殘缺物靈」的黨幹軍幹人物，凝聚了中國社會「平庸惡」的強大陣營。勤於田間農作的農夫不以腳上的牛糞爲髒，那本是農作環境下一自然正常的務農心態，其中並不存在任何政治上正確與否的判斷。但當毛澤東硬是把那牛糞腳提昇到資產階級知識分子必須低頭膜拜的高度，硬是把自卑情結的價值昇華爲崇高的美學，他本人便已在心理上出現了變態。沉默的民質於是遭到扭曲，被用來充實了革命的歪理，日常的舉止被造型爲刻板的姿態，進而被賦予政治審美的模式，樸素的民風民俗就按照這樣的模式被編排成延安土窯洞文藝的狂歡節觀摩。臭裹腳布一旦被祭成一面戰旗，就有了毀滅性的魔力，在它的引導下，千軍萬馬齊奔騰，匯爲一支海畔逐臭之夫的盛大遊行。

　　殘缺物靈的嗜血性特別表現爲它對熱血青年的無情吞噬，按照周劍岐的統計，中共的革命養分包含了兩波青年的投入：一是北伐前後，黃埔與地方的中級幹部；二是抗戰期間，來自全國各地的愛國青年。這兩股左情左思的力量均在中共的內部鬥爭中被陸續消耗：一部分是流血犧牲，被消耗了生命；另一部份活下來的成員繼續留在黨內，他們則被消耗了人格和意志，變成了殘缺物靈。特別是經過延安整風的煎熬，在互相殘損中自殘自損的一群就像被老虎吃掉的倀鬼，他們把自己被傷害後的倖存融入害人的勢力，繼續在殘損他人的行動中存活下去。這又是周劍岐所說的虎倀症候群。那些懷著抗日熱情湧入延安的青年學生和文化人，在當初恐怕很難想到投入革命會陷入如此殘酷的內鬥，等他們在批鬥王實味等人的大會上嚇破膽也喊破了嗓子，他們的純眞理想和朝氣便在革命熔爐中漸趨消磨，不知不覺地地陷入靈的殘缺，一個個都板結成可憎的政工幹部面孔。此後的運動接連不斷，從批胡風到批丁陳，直到反右，打倒別人的人在後來也都難

以幸免地再被人打倒,最後經過十年文革浩劫,全中國整個地捲入了
在互相殘損中自殘自損的瘋狂。

九、平庸惡與三鬼影

　　周劍岐談論問題時從不做一棍子打死的判斷,每當他把一條線拉
扯到趨於極端時,他的解析便適可而止。好像對剛做出的結論又打了
折扣,他接著再拉出一條線扯向事情的另一方面,在似乎顯得混淆和
模糊的範疇內,他漸漸地清理出某種召喚性的澄明。周劍岐年輕時曾
對現象學有過一陣子苦讀苦思,至今在他的抽屜裡還保存有兩大本讀
胡塞爾、海德格等人著作的筆記。我翻閱過他的筆記,面對那些已經
褪色的英文筆跡,我只能淡淡地感受到他年輕的思辨激情退潮後留下
的幾絲殘痕。好在他學無所成,沒把那門高深的學問做成他此生的飯
碗,沒出息成一位執教或著書的現象學學家,而是僅從中受了些熏
陶,感觸過幾縷靈思,品嘗到一點妙味。

　　對海德格的高足阿倫特(Hannah Arendt)所說的「平庸惡」
(banality of evil),周劍岐獨有他在中國語境中的心解。阿倫特說
過:「惡只是極端,絕不是根本,它不但毫無深度,也無任何強力的
向度。它像黴菌一樣四處瘋長,大有荒蕪整個世界之勢。正如我說
過,惡是抗拒思想的,思想要達到某種深度,要趨向事物的根源,但
它對惡卻無能為力,因其原本就一無所有。」這就是阿倫特有關「平
庸惡」的著名論述[22]。阿倫特的「平庸惡」可謂從根子上給毛澤東及

22　轉引自 Richard J. Bernstein, *Hannah Arendt and the Jewish Question*
　　(Cambridge, Mass: The MIT Press, 1996), p. 167. 此外,也可參看克里斯蒂
　　瓦(Julia Kristeva),劉成福譯,《漢娜·阿倫特》(南京:江蘇教育出版

其一夥定了品位。對搶糧食挖浮財鬥地主，直到後來搞大躍進餓死幾
千萬人，文革中全中國被拖入自相殘殺的混亂等一系列野蠻罪行，毛
始終都自以爲是，從無自省和反悔，而中共集團，不但至今拒不檢
討，甚至不許有思想要論說的人對他們提出任何批評。爲什麼他們會
如此冥頑不靈呢？原來，那個被稱爲創造了毛澤東思想的偉大領袖，
壓根就沒有思想，他沒有意願思考自己的所作所爲，而跟著他幹革命
的千千萬萬共黨庸人，甚至連思考的能力都不具備。看來，我們的古
人早就對「平庸惡」有所針砭，僅看「冥頑不靈」這四個字，眞可謂
把那種沒有思想的狀態點得惟妙惟肖。平庸惡就這樣使平庸的共產黨
人弄權操控在自由同左的結盟與中資下愚的盲眾之間，上採補左的精
血滋潤自己的平庸，下藉助激蕩群氓的濁浪洪波壯大自己的淫威。按
周劍岐的分析，「從左與自由的深層情意結構，轉到一黨獨霸暴力專
政的深層情意結構，看起來是相互對反的，但在歷史現實中，它們卻
是難兄難弟，如虎如倀，在歷史災難的暗夜裡，一前一後，如影隨
身。」（〈從左傾情綜到殘缺物靈〉）在利用左的動力掀起一個又一個
暴烈行動的過程中，左的資源總是被作爲推進衛星上天的多級火箭而
遭到陸續的廢棄。因爲平庸的黨幹軍幹人物一旦面對左氣昂揚的自由
傾向，立刻就會爲自身的心智貧瘠而感到危機，他們是在與左傾勢力
打得一團火熱後，很快便轉向總是憤憤不平，隨時準備起鬨的盲眾，
唆使和縱容那一幫普羅畜群的鐵蹄狂奔而去，將一批批青春熱焰的精
英都踐踏成肉泥。試讀周劍岐簡要勾繪的六十年左傾動力曲折圖：

　　　中共1949前，靠左與自由民盟，拖垮國民黨。49年

　　社，2006年），「惡的平庸」一節，頁143-152。

後把自由民盟打為右派，靠左冒進把國民經濟搞得奄奄
一息。知錯的務實派偷偷摸摸，想以生產力為號召的社
會主義往現代化的世界潮流靠攏，反被文革的左鬥成走
資派。六四流血到改革開放後的共產黨，大多談左色
變。但打天下暴力專政的道德正當性，卻仍是左的，是
而三個代表的轉向，有其布黨邏輯的迫急性。是而三個
代表的論述，要比左與自由更貼切中共的政治現實。但
左與自由同三個代表卻是兩組不同而無可交接的話語。
（〈從左傾情綜到殘缺物靈〉）

但改革開放三十年來，左勢動力的定位已發生了變化，隨著中共
從革命黨向執政黨的轉換，左勢動力從以前的壯陽性刺激漸成為弄不
好就可能造成大麻煩的政治干擾。中共當局今日與左勢動力的尷尬相
處，真可謂養左遺患，自詒伊戚，已弄得自己左右都不是人了。自從
鄧小平南巡中在談到既反左又反右的問題時特別強調要反左的方向以
來，左症一直是中共當局的心腹大患。中共至今在政改上之所以舉步
艱難，與其說是單純地恐懼民主，拒絕憲政，絕不照搬西方的模式，
倒不如說是要命地懼左，自上至下都擺不脫左情左思後遺症的困擾。
周劍岐將其總結為「三大鬼影」：「一曰毛澤東的父性崇拜；二曰共
產黨革命救亡神話與沒有共產黨中國就會大亂的深層自欺；三曰中國
受難的貧苦大眾，被共產黨迫害的冤鬼，以及童稚麻木的大眾文
化。」此三大鬼影幾乎成為中共當局頭上的懸劍。他憂慮地指出，

　　若不為此三鬼解咒，中國近代史與過往是斷裂的。
任何政治改革都可能被三鬼附身，引入歧途，尤其是民

粹式的民主與平等。大陸民主的機遇指日可待,說來就來。但大眾文化仍停留在解放前後的前現代的政治童稚期,精英文化卻沉耽於後現代超現實的政治話語,逐漸成形的中產階層只能活在紅塵洋場官商營利的半下流文化中,讓技術官僚擁著權貴,獨霸行政法權與正當性,而人代政協以娼妓之質把憲法錯亂為全民的賣身契。入世、中奧、三代表、十六大的現實,而國內耽迷在左與自由的口水論爭,海外論述精英聯盟賣身以助中共執政興國,此大勢正足顯示此三大鬼影仍在左右中國的精神現象與歷史辯證。

真正的政治體制與惡質文化的逐漸改造,必得在技術官僚宏觀調控,多次失靈後方會開始。而積弊經年,落伍保守的勢力,在改革開放中,藉機已樹起各自的堡壘與法規的掩護。若不為左情綜解毒,未來的政治與文化抗爭,仍有落入無理想的殘缺物靈的歷史旋渦的可能。(同上)

三大鬼影中,我看最難驅除的就是「中國受難的貧苦大眾」。在改革已搞了三十年的今日僵局中,前兩個鬼影的浮沉出沒,在一定的程度上都反映了後一個鬼影的不滿和欲求。權貴與資本的結合使得中共當局與左和自由以及廣大民眾的關係變得遠比以前複雜,毛澤東的父性崇拜成了各方勢力用以滿足其表達訴求的武裝工具。從胡錦濤前拜西柏坡後上井岡山到弱勢群體示威時打出毛像壯聲勢,直到不滿現狀者懷念毛主席及其「清廉」的五十年代,經濟起飛中出現的任何不義不公現象——貧富差距,下崗潮,三農問題,拆遷和徵地糾紛,自上而下的腐敗——都不同程度地刺激到左情左思的蠢動,甚至在當前

維權活動、政治異議和民運話語的眾聲喧囂中，都或多或少地摻入了與三個鬼影糾纏不清的雜音。當中共當局的專制腐敗被描述得越來越像中共左派人士當年所口誅筆伐的國民黨當局時，形形色色的反共話語聽起來也就越來越像來自那個年代左情左思的回聲了。反共情緒與戀共心理就這樣以連體嬰兒的方式滑稽地固著在中國人的政治無意識之中。

馬克思說過，「要求拋棄關於自身處境的幻想，也就是要求拋棄那需要幻想的處境。」中共當局與當今的既得利益者或未得利益者，乃至受害者、反對者，都必須拋棄各自的處境所共同需要的幻想，因為正是囿於此一共同需要的幻想，左症才得以延續它作祟的邪力。托福勒在其近著《革命性的財富》一書中指出，中國當前最大的麻煩是三波浪的重疊，前現代的農業人口正在分化出一部分流向現代的工業城鎮，後現代的高科技白領階層與大量的低收入者拉出了過於懸殊的差距。西方國家分階段走過的路程，如今在中國竟共時性地交錯在一起，壘成了新舊問題堆積的金字塔。面對法輪功的興起和基督教的迅速傳播，托福勒模糊地感覺到另一個比周劍岐所說的三個鬼影更為可怕的鬼影：某個噩夢般出現的毛二世人物。他說：「在一個渴求取代近乎宗教的共產主義的國度內，這個毛不是共產主義的毛或資本主義的毛，而是一個可將農民、工人和年輕的第三波因素積聚在一面宗教旗幟下的毛。」[23]此噩夢般的鬼影正是中共的前世孽障，不難想像，中共當局也正是因深懼其獸樣原形之醉後再現，才對法輪功和地下教會採取了殘暴迫害和嚴加取締的手段。曾經靠被壓抑在黑暗中的粗暴力量和左情左思取得勝利的共黨庸人集團，如今碰到了最頭痛的事

---

23 Alvin Toffler and Heidi Toffler, *Revolutionary Wealth* (New York: Knopf, 2006), p. 329.

情：點火者終於點到了引火燒身的一天，他們吃驚地發現，他們自身
已越來越深地陷入了那兩股力量的擠壓之中。三個代表的修辭不管說
得多麼好聽，其革命黨的前身與執政黨的現狀早已矛盾百出，無論如
何都拉扯不到一起了。

　　下一步到底怎麼辦？中共的遁詞不管說得多好聽，最終都逃不過
剝皮賣肉的蛻變。那時候「偉光正」的蝸牛殼一旦破裂，暴露在眾目
睽睽之下的就是一條滑膩蠕動的軟體蟲了。

十、展望：民德自新三大波

　　托福勒的預測未免聳人聽聞，對於此類西方學者就中國現狀所發
的宏論，吾人自不妨姑妄聽之，權作為參考放到一邊好了。周劍岐雖
耽讀西人之書，卻很少以偏信的態度妄傳西書之論。比如，對於近年
來被海內外華人論者作為普世價值熱談的自由主義、民主、憲政等問
題，他不但從未湊熱鬧隨大流一起鼓噪，反而不避保守之嫌，對文本
上的自由主義論調提出了嚴肅的批評：

　　　　近期間讀海外對中國自由主義的歷史評述，此等文
　　字剪貼的論述益為顯露，不論反對與同意，知識分子心
　　目中的自由主義，只是書齋裡書本上政治學教課書中的
　　自由主義。從不知自由主義之為一社會變動中爭身家產
　　業財稅自主自律的群體政治意願與潛在潮流，在馬克思
　　的話語中應是「資產階級的革命精神」。換言之，不只
　　是盧梭的柔情，洛克的鄉紳優雅，與孟德斯鳩的節制有
　　度。而是克倫威爾的劍，羅勃斯卑的斷頭台，輝格的貪

婪，拿破崙的騎兵，才有民主社會自由文明的果實。就因爲中國從沒有過如此的自由主義，才會有痞子流氓帶頭的共產主義，任意玩弄文字，而一批唱鴛鴦蝴蝶式的書齋自由民主的自由主義文人奴從其後，高歌社會主義祖國新民主萬歲。等到反右，被割了尾巴，吃盡苦頭平反後，仍覺十分委屈，仍以民族主義與理想主義的藉口，一面爲共黨的黑歷史編說辭，一面爲自身的奴從愚蠢作粉飾。若仍一味把自由主義限定爲個人個性與一己意願的伸張，就難免落入了土八路共產黨祖國民族集體主義情綜的陷阱。從1931到2001，以民族主義與理想主義的面具跳加官的猴戲，把戲沒變過，音樂一響，自有群猴起舞，漫山猿啼，連割過尾巴的也蠢蠢欲動，悲哉。(〈中國式的資產階級民主革命〉)

袁偉時、潘惠祥是我所謂的文字自由主義的歷史學者，他們活在後西方資產階級革命下的文字話語世界。他們要求歷史事件與人物能合乎自由主義人權憲政的理念。當歷史的天足，不合他們的小鞋時，他們有與左症一樣的義憤不滿。

文字自由主義者往往得依附一殖民的現成文化租界(西方主義)的話語。開口洛克，閉口盧梭，從不知資產階級政治的創世紀是怎麼發生的。其等上賊船後(不論是列寧的史達林的，還是毛澤東的)，還想掌舵的天眞，無關乎道德勇氣，識見不足而已。善從來不是現成的。誠如克爾凱郭爾所言，「無知即罪」。中國自由主義是一進口啓蒙西方的道義光環來掩護精神貧血症，就像一從

　　不知奶牛之爲何物，卻堅持每人都應喝牛奶的阿木林。
　　以西方主義的話語來看中國歷史，就更是莫名其妙了。
　　（《民國世界的義烈血性》）

　　要充分討論這方面的問題，恐怕得另文深究，我在此只能三言兩語來概括一下周劍岐反復申說的要點。他所批評的不是民主、憲政、自由等觀念本身，而是批評此類觀念的傳播者僅在文本上誇誇其談的態度，以及他們對西方國家爭自由民主，建立憲政的過程視而不見的盲點。他特別指出，民主、自由之類的高調乃資產階級革命過程中及其勝利後的論述和修辭，而此革命之得以成功，民主憲政和自由平等之得以維持，則與該社會制度下民德的培育有著很重要的聯繫。社會秩序和民風民氣不是僅憑主義的貫徹，觀念的宣揚即可得到提昇的，從蘇共到中共的意識形態破產已證明了觀念動力的虛幻。共有的價值是共同體中的所有成員活出來的精神，是普通人飽滿的生命力開花結果的東西，絕非輕飄飄的泛文泛情所滋生得出。因此，展望未來，周劍岐巡視的眼光並未投向學院精英的論壇，而是落向了民間的厚土。他認爲，「文明的新機往往起之於邊緣厚實強勁的生命，它可以是聖潔自信而良善的，但也可以是原始粗野而強暴的。尼采超人的不測危機即在於此。華夏後現代的生命邊緣和腹地在哪裡？南下北上的流民外勞？鄉鎮企業或民間社群？也許正有一個英雄出漁樵的時代等在前面，華夏的質地將以民德自新，君子自強的精神出現。其間最大的挑戰即在，如何將怨憤與貪婪下的平庸與扭曲，轉化爲因神明誠敬而可能的崇信愉悅與涵容感通。」（〈斷岸叫西風〉）他將此形而上質地的轉化稱之爲君子革命。

　　而這一場新民德的華夏再生，必先經過爭身家產業的新中國資產

階級革命，再繼之以後毛鄧的新江湖政經團體——周認爲用「新江湖」要比那個譯自civil society的「民間社會」更實在——爭財稅自主自律的立法鬥爭，這期間還會有不知道多少難以預測的黑白雜交和優劣較量，直到形成了公德私德的整合，才談得上民質的復原和民德的重建。這三場革命也是三大波，但卻是漸進而隱蔽地推動著的三波，它們與托福勒所說的三大波交織在一起，並釋放出一種將托福勒擔憂的危機和不太明瞭的混亂化解爲新的生機的動力。

　　頭一波的衝擊必須從加強商務文明的勁力上起步。商場一如戰場，商務文明的勁力不是按照黨的政策能閉門造車搞出台的，「數量管理、規則運作、品質提昇均是生存競爭下的本能與手段。紳士風範的底層是，武士的榮譽，商人的利潤，僧侶的救贖和工匠的技藝。知識的工具性與眞理性，服事於歐洲民族終極價值與民德內涵的內在必然。商務、科技、民主、法制均有其倫理德行的一面，而統攝於公義與自主之西方民德之內。」（〈民德與君子〉）因此，必須在認識西方民德的基礎上磨礪華夏的民質，才可能走出中共缺德教育的困境。對改革開放以來的混沌狀況，周劍岐並非如流行的批評論說那樣，僅籠統地貶之爲權貴資本主義。他仍然秉持其一貫的辯證洞察，透過那混濁的汪洋，他在尋找一線明滅閃現的可能性演變。這不是他的臆想，是他從西方資本主義社會發展引伸過來的延長線，從民國世代被中斷的現代性延續下來的接頭線，是他多年來觀察思考所瞭望到的地平線。他指出：

　　　　當稅務、地權、農商、社資、統獨、產業、金融的動盪矛盾週期化中，出現各型瓶頸時，專政黨權不得不訴諸憲法與政務協商的方式，在新的公私勾結，商業族

群的利益結構，以及舊的農村國營中層定薪依附集團間，為了給自身尋求存亡的平衡點與合法性時，全民制產業與產權立法的意願就會悄悄啟幕浮現。在外觀上，它會是新型資產階級匯集城鄉中小型產業主的聯盟，以爭取合法的政經立法權。在底層上，它會是腐蝕性、顛覆性、狡黠性、實務性、妥協性、勢利性、競爭性的；換言之，它是帶著資本主義的精神的，它來自狼窟熊穴滋養出的頑強自然生命，毛鄧一生趕資本主義的鬼，但事實上，連半個鬼影子都沒看過，沒想到摸著石頭過河，還沒一半，鍾馗自己倒讓鬼附了身。道高一尺，魔高一丈；一個新的世代，將以勢利冰冷的邏輯，替代封建權力的話語，從民間的山林市井中鼎現天命，而為一個盲信妄行的世代，悄悄地挖墳送終。待資本商品的規律成熟到一定程度時，物化的運轉為開物成務，才德效率的倫理形成有利的客觀條件時，熊狼之質亦能成虎豹之德。（〈民德與君子〉）

不要只看到今日的權貴還鋪天蓋地地寄生在資本之中，也不要因此便以為金錢就是絕對的腐敗。惡與惡相惡，往往會踫撞出非惡，儘管它還不是善。但面對惡的鐵門，正義修辭的攻克力卻總是顯得銀樣蠟槍頭的疲軟。中共注定是要在自身的交叉感染中生瘡流膿了，要觀察周式三波說好戲的人，不妨冷下面硬下心來，挺起自己的承受力和免疫力穿越當今的社會潰瘍，以現實主義的清醒目光洞察民質恢復的端倪。

按照周劍岐的勾繪，「捍衛恆產後，天道德義在人間的履現方能有物質基礎。」也只有在這樣的條件下，才談得上「以德聚財，以財

養德，而在跨國商務、地方企業、民間社團中所匯集的新的豪強才得以進入議會，明文立法，來構制和凝結地域次結構實力的有形的民間管道與網絡。」（同上）這時候，君子革命才得以水到渠成。君子革命與全球化背景下的第三波文明是同步並進的，隨著先進地域之間的科技落差逐漸縮小，在不同的國度、地區和社群之間，優勢與劣勢的競爭，貧富強弱的對比，就不再只是憑仗財力和物質，而更要取決於各自的生命倫理與群體和諧所呈現的精神質地之差異了。這就是說，物質文明背後的精神文化將是保証物質技術是否能精益求精和持續發展的決定因素。此即周劍岐多年來在他的文章中反復申辯，亟欲重建的民德。中國與中國人，是新生還是劣質化？這的確是一個令人焦慮的問題。因為「一個厭棄自身根源的民族文化，不可能成為孕育文明新基因之來由之一。生物性的多數，並不保證靈魂素質的延續。文化中之生命氣質，一如將斷種的稀有動植物，一旦被混種同化，很可能就成為弱基因而不再生現了。」（〈無信不立──中國宗教精神的扭曲與衰落〉）

餘論

周劍岐這些古拙的措詞用語──諸如「民德歸厚，開物成務，崇德而廣業」等華夏文明古訓──置諸今日紛亂的時髦語境中，顯然不易引起一般讀者的理解和重視，包括我自己在內，初一接觸，多不甚瞭了，很難一下吃透他的意思。十幾年前我讀到他交給我讀的那些文章和乾條條時，也曾不以為然，戲稱其「民德說」為浪漫的倫理抒情。對他不斷寄給我文字，好多年來，我一直都堆在一邊或存入電腦，並未給予認真而全面的回應，致使他撫卷自惜，大有古道西風下一匹瘦馬獨行在天涯的蒼茫之感。

那「古道」就是他憑著血性思索活出來的對華夏民質民德的體悟，「西風」則爲百年來西方資本主義文明衝擊下，帶給國人和他自己的種種影響，而「瘦馬」就是迷失的古道，尚未轉化到現代性中的傳統，以及他這個執著的論說者在當前的孤立處境。

只是在後來經過反復交談和相互溝通，我逐漸摸清了周劍岐那些長期以來我都覺得陳舊、含混的論述，才開始領會到他深沉的心意，才梳理出他連貫的思路，才對他獨到的思考有了仔細咀嚼的興趣，最後，才決定寫一篇公開評介他的文章，把我這些年讀周文、聽周說的感想講給普通讀者。這就是本文寫作的緣由。

寫這篇數萬言的長文，首先要表達我對周本人的回應。投桃報李，我收了他那麼多手寫的，電郵的文字，也的確該有個總的回應了。之所以公開寫出我的回應，當然有意要向網上的讀—寫公眾盡我力所能及的導讀之務。爲吸引更多的讀者有興趣上網去讀周的原作，我不但經過精心編排，把這篇轉述他人思想的文章用我自己發揮的口氣表述出來，更經過反復挑選，從他網上那榛楛叢生的文集中剪裁了大量精闢的段落，作爲引文插入我的論述，以期讀者能在我捧出的這一碗糊辣湯裡多品到一些周文的原汁原味。

「花外春來路，芳草不曾遮」，周劍岐的「古道西風瘦馬」感，到此該有所寬慰了吧。有一條逐漸明晰的地平線已呈現於我們眼前的視野上，我從電腦鍵盤上敲出的每一個字都飛向熹微的晨光，化作了閃閃的亮點。

2009年2月

第五章

史海神探，檮杌克星
——胡志偉及其重審現代史的編著

雜博乃能擴吾範圍，恣吾別擇。——梁啓超

吾恐後之人務博而不知所裁，故先爲之極，使知吾所取者有可損，而所不取者必非其事與言之真。——萬斯同

小引

　　華夏大地是一個由共享的歷史感凝聚而成的天下，歷代王朝中，每一朝滅亡後新王朝都會及時爲前朝修史。幾千年來，史書的延續組成了記憶的長河，國家與民族的過去一如源源不斷的活水，一直從往古流向後世。後人或以古喻今，或撫今追昔，過去總是向現在呈現出一面明鏡般敞開的屏幕，從史書到說部，直到戲台，通過集體的記憶，世人可隨意穿越時間的隧道，徜徉於今昔的交流。但從1949年以降，這個源頭活水的「過去」卻遭到攔腰堵截。被封閉的過去恍如被謀殺的屍首，讓掌控歷史敘述話語權的當局施行了全面的消毒。黨向全民發放了政治口罩，爲在衛生的「現在感」中維持共和國嶄新的形象，中國大陸的空氣中絕不許一絲舊社會的死屍味洩漏出來。

　　最近，新影片《南京南京》在大陸熱映的情形大有洩漏死屍氣味

之勢，據說，該片已在廣大的觀眾中造成了極其震撼的效果。雖然受震撼者的反應各不相同，但之所以受到震撼，顯然都是因突然看到了從長期封閉中釋放出來的「過去」。原來日本侵略軍並不像幾代人在《平原游擊隊》之類的電影中所看到的那麼小丑，原來國民黨軍隊曾抵抗得那麼慘烈，原來從淞滬大戰到南京失守，根本就沒出現過共產黨軍隊的一個影子！

「解放」都六十年了，六十年前的歷史至今才出現了小小的解放。中國觀眾的確應該向陸川等新一代文藝工作者致敬，向促成解放「過去」和恢復集體記憶的一大批學者、作家以及相關的個人致敬，特別應向早在多年前就孤軍奮戰，開始做這方面工作的個別人致敬。他們是「過去謀殺案」的偵探，是被掩埋的真實的發掘者，他們為今日勢不可擋的「解放過去」工程開了篳路藍縷的頭，正是他們鼓起闖禁區冒風險的勇氣，才舉起丹柯的火炬，照亮了前驅的道路。

本文要詳加論述的胡志偉就是舉火炬者中的一個。他居港垂三十年，寫稿數千萬字，夏志清推崇他的治學精神，盛讚他所寫的政論、傳記和現代史研究編著。青島大學教授王書君稱頌他治學嚴謹，在資料搜集編纂上下了很大功夫，對中國近代史研究貢獻良多。還指出他安貧樂道，在數十次威脅電話的壓力下，始終堅持了不畏強暴的學術風範。為什麼有人恨他罵他？因為他著書立說，一貫揭偽打假，翻史海之冤案，暴文壇之醜事，賣文修史，樂此而不疲。他雖為論敵所切齒，卻榮獲萬人傑新聞文化獎，享有「秉筆春秋，橫掃千軍」之譽。他在香港的孤軍奮戰如今已在大陸的學術界和出版界打開了通道，他寫的東西，大陸能發的，有不少文章都上了那裡的文史刊物和報紙，大陸不許出的書籍，則被地下書商大量地翻版盜印。胡志偉曾為國軍反攻大陸的失敗而寫過太息扼腕的文字，在今日港商台商及其港台文

化遍及內地的新型登陸形勢下，胡志偉其實已以他的文字言說取得了他孤軍反攻大陸的戰績。這一切正是我在以下的長文中要暢談的內容，自然，也是讀者會有興趣一覽的引人入勝之處……。

從尋找鄭義說起

他有很多筆名，鄭義是其中較常用的一個。我最初接觸他的一系列編著，即始於聽說「鄭義」這個名字。那是多年前的一個晚上，友人周劍岐帶來一本鄭義編著的新書，題名《毛澤東欽點的108名「戰犯」的歸宿》。出於好奇和心儀，他詢問我此「鄭義」是否即我認識的作家鄭義。我推測該書作者應係另一高人，因為我認識的那位鄭義向來以寫小說著稱，並沒聽說他寫過國共鬥爭史方面的著作。

當時我正在寫自己的「反動自述」，實無心旁騖周君推薦的任何書籍。等我的自述交了稿出版問世，勤於搜求，更樂於泛覽的周君已陸續買到了一大堆鄭義的編著。有一天他提來一大包向我展示，有《蔣介石怎樣失去大陸》，有《中共歷史謊言》，有《四大戰役真相》，有《中共十大敗仗》……，嶄新的厚書從包內一本本拿了出來，一時間在我家客廳的地板上擺了個花花綠綠的地攤。聽周君說，這個鄭義本名胡志偉，現定居香港，經過輾轉聯繫，他已在電話上與胡志偉有過好幾次交談。周君一再向我表示，他對胡多年來持續不衰的寫作精力甚為欽佩，特別嘆服其辨析真偽，褒貶忠奸所秉持的春秋筆法。從此以後，周君常通過電郵附件寄給我胡志偉所寫的長篇短章，與我分享他辛勤挖掘的一系列史料。我後來撰寫一篇論述台灣文化譜系的長文，其中討論「共諜」的片段便經周君的指點，引用過胡文中極具說服力的例證。

寫完那篇長文,我正好在暑期赴台北開會,順便取道香港,專程拜訪了筆名鄭義的胡志偉先生。文字江湖訪異人,在那個令人甚感隔膜的粵語環境中,我之所以還有耐心逗留數日,唯一的興趣和目的就是找到周君高度評價的鄭義,聽他講一講多年來鑽研中國近現代史的經歷及其前因後果。

少小入獄老大回

胡志偉的父親胡賡佩出身貧寒,幼年出外當學徒,他歷盡艱辛,經多年勤奮創業,在眼鏡行業上經營有方,後來成為上海灘有名的「眼鏡大王」。直到1949年解放軍「解放」上海,他的茂昌眼鏡行生意都做得十分興隆。不幸新中國成立後,他的事業很快就交上厄運。共軍占領上海的第五天,胡賡佩即隨本埠的近百名大企業家一起被市長陳毅召去訓話。這些民族資本家對共產黨許諾的新民主主義前景多少都還抱有各自的天真幻想,沒想到第一次接觸新政權,當場就受到了勒索錢財的威脅。幾個月之後,迫於日益嚴峻的形勢,胡賡佩扔下家人和上海的公司,冒險轉出一部分資金,隻身逃到香港另求發展。從此以後,胡賡佩在那個緊貼鐵幕邊的英屬地盤上生意越做越大,而留在上海的妻子和兒女則牽累受罪,再也沒過上一天安寧日子。年幼的胡志偉在胡氏家族中尤其不幸,木秀於林,風必摧之,在那個大抓階級鬥爭的年代,他早熟的頭腦和直憨的脾氣不可避免地首當其衝,為他遠逃的資本家父親做了替罪的羔羊。

胡志偉生在抗戰年代,模糊記事的日子始於日本投降。在他早年的閱讀經驗中,有一本名叫《緬甸蕩寇誌》(孫克剛著,上海國際圖書出版社,1946年)的書給他留下了難忘的印象。儘管後來紅旗下的

黨化教育受了好多年，胡志偉心中那一縷先入為主的民國情懷猶未泯
滅，有一次歷史課上聽到老師大講國民黨蔣介石「對日妥協，賣國投
降」的罪行，想起了曾在孫書中讀到的事實，他竟不由自主地站起來
列舉中國遠征軍苦戰日寇的英勇事蹟，當面向老師提出了質疑[1]。這
冒失的發問雖出於一時的衝動，卻再明顯不過地流露了胡志偉勇於求
真辨偽的心性。性情就是命運，習染決定選擇，從那一象徵性的時刻
開始，這個帶著民國記憶進入「新社會」的少年已踏上了他荊棘叢生
的前路。

　　除了愛讀愛寫，少年的胡志偉還特別愛好收藏。他從小喜歡蒐集
火柴盒商標，後來加入英國火花協會，在1950年代大上海那種猶存昔
日國際都會氣象的氛圍中，他滿懷公子哥兒的天真和人文情趣，同六
十多個國家的火柴盒發燒友建立了通訊交換關係。時值反右後的恐怖
年代，一個高中生與國外的頻繁通訊很快即引起周圍某些積極分子的
警覺，由同學密告政治老師，再從學校彙報到所轄的派出所，他的
「反動」嫌疑隨即被記錄在案。戶籍警於是與街道幹部密切配合，很
快在暗中羅織起胡志偉的罪狀。經居委會主任的特意安排，一個來自
鄉下的女共青團員被安插到胡家當上了保姆。趁胡志偉離家之機，這
位臥底保姆竟在主人的臥室內翻箱倒櫃，將胡的日記、信件等文字偷
偷送到派出所拍照存檔。

　　張潮曾有「人不可無癖」之說，按照他的詩化人生觀，癖好被視

1　據胡志偉〈我為什麼鑽研中國現代史？──文學與歷史本是一家〉一
　文所敘，他當時質問老師：「中國軍隊還開到緬甸營救了七千個被圍
　困的英國官兵，師長戴安瀾在短兵相接的肉搏中陣亡，清華畢業的齊
　學啓少將被俘不屈而死，請問八路軍有哪位將官同日本鬼子拼刺刀陣
　亡的？」該文係2005年7月7日在紐約中華公所禮堂接受美國萬傑基
　會頒發新聞文化獎時的即席演說詞。

爲詩人氣質的一個重要因素。古今中外，在任何一個文化生態正常的
社會中，癖好都絕對屬於個人的私事，它豐富了日常生活的情趣，實
屬一個人生命力旺盛的表現。不幸在政治干預無孔不入的新中國，一
個火花收集愛好者的通訊聯繫超出了國界，竟也會成爲惹禍的根子。
通過偷竊手段獲得的日記和信件就這樣充當了罪證。公安局來人將胡
志偉徑直從家中抓走，隨後以反革命罪判了五年徒刑。那一年，他剛
從高中畢業，服刑時尚關在少年犯管教所[2]。幾個月之後，爲了給困
難時期的大上海爭取額外的煤炭，他與兩千名少年犯作爲交換的勞
力，被一列悶子車送到了山西省公安廳所轄的勞改廠礦。那時飢荒已
蔓延全國，但大躍進的餘波仍在勞改隊疲軟地激蕩，胡志偉與同去的
少年犯們就是在那「一天等於二十年」的狂熱下開始了累死累活的勞
動改造。

　　五年勞改期滿，胡志偉仍戴有反革命分子的帽子。在那個無產階
級全面專政的年代，他唯一的出路就是繼續留在原來的勞改單位，當
一名強制留廠(場)就業的工人。從1960年一月開始服刑，到1979年冬
返回上海，胡志偉在山西省公安廳屬下的勞改農場、紗廠、煤礦、磚
瓦廠一共度過了二十個做苦役的寒暑。這一段勞改隊的苦難經歷至今
仍貯存在他的記憶深處，他說他還有很多大的寫作計劃要做，等做完
了他想做的重要工作，到了晚年再慢慢寫他的自述。聽了胡志偉訴說
的遭遇，我不由聯想到吳弘達及其自傳《昨夜雨驟風狂》一書。吳也
是出身上海富家，同樣在勞改隊受了二十年煎熬，其中的後十年正好
也在山西勞改煤礦度過。讀過吳書的人，自可通過其中很多恐怖的情

2　參看李明，(胡筆名之一)編著，《上海灘豪門巨富》(香港：文化藝
　　術，2005)，頁310-311。

景想像胡志偉那一段「人間地獄的生活」。飢餓，勞累，毆打，背
銬，禁閉室和批鬥會，此類中國勞改隊的「地獄變相圖」，在吳書中
已有詳盡的描繪，無需我再贅敘。值得在此一提的則是其他人的勞改
隊回憶錄均未觸及，而獨有胡志偉看到眼中，記在心頭的某些勞改隊
見聞感受。

　　一個人的所見所感在很大的程度上取決於他能見與可感的獨特能
力，在二十年的勞改隊生涯中，胡志偉心中那一縷先入為主的民國情
懷仍對他觀察事物的角度和出發點起到一定的支配作用。那時候從社
會上到勞改隊到處都是用敵我分明的官方尺度衡量每一個人的言行，
胡志偉卻偏偏從他身邊一個獄友「抗拒改造，堅持反動立場」的行為
中看到了國軍下級軍官忠貞不屈的氣節。據他所述，這位前國軍中尉
每逢雙十節必拒絕出工，必以朝東南方向跪拜的方式履行他獨特的慶
賀儀式；而在10月1日，則必絕食一天，以示對中共國慶的抗議。為
此，他被監獄當局打得皮開肉綻，多次戴銬禁閉，以至加刑兩年。但
這位硬漢始終不變其抗拒的姿態，拒不低下頭從狗洞爬出。與胡志偉
同室關押的鄰鋪張履信是持續二十三個月之太原守衛戰的倖存者，曾
任閻錫山的親訓炮兵營營長，他常給胡志偉講述當年堅守太原的慘烈
經歷。從他的口述中，胡不但了解到國軍官兵與那些流行的小說影視
中被過分醜化的形象截然不同的一面，還得知共軍制勝的人海戰術原
來是驅使老弱婦孺打頭陣，在國軍面對陣前的老百姓不忍開火之際，
躲在人肉盾牌後邊的共軍便趁勢衝鋒，一舉攻陷國軍的陣地[3]。

　　與一大批國軍軍官偶然的接觸，對胡志偉後來的研究和寫作起到
了決定性的影響。那是在七十年代中期，數百名剛剛被特赦釋放的國

3　詳見〈我為什麼鑽研中國現代史？〉一文。

府縣團級以上黨政軍特人員被送到胡志偉所在的廠礦集訓，等候調配，其居所正好毗鄰胡的宿舍。在好奇心和收集癖的驅使下，胡冒險混入鄰院採訪了二百多位親歷抗戰的英雄。有一次訪問葛佩琦、劉章飛時，被一公安幹部竊聽，差一點被構陷「二進宮」的下場。為躲過公安幹部經常對留場員工宿舍的搜查，他把記錄談話的日記本藏入炕洞，趁回上海探親之機，將所有筆錄帶回家中，後來均完好無損地轉至香港，為他編寫國共鬥爭史的一系列讀物提供了任何圖書館和檔案庫也找不出來的第一手材料。二十年的勞動改造不但沒把胡志偉改造成專政機器所需要的馴服工具，反而讓他有機會在某些同為囚徒的國軍軍官身上體認到不管多麼殘酷的階級鬥爭也難以摧毀的信念、氣節和人格。正是從那一批國軍將士的言談舉止中得到印證，他更加充實和確認了心中那一息尚存的民國情懷。

在古代中國，史書基本以記事和記言為主，而事與言的行使者總是活生生的人物，所以歸根結柢，中國歷史的重點還是記人，是讓經歷了歷史的人物以其富有個性的言行直接展示人的歷史和國的興滅。或褒揚忠義賢良，或貶斥兇頑奸佞，在歷史的書寫中，正與邪的判定總會形成明顯的對比。當年輕的胡志偉在他的勞改日記上有意無意地記錄下那些經歷了歷史，且已成為歷史構成部分的人物時，他其實就在自覺或不自覺地開始他私修國史的工作了。

與上述寧可受罪也絕不屈從的事例正好相反，胡志偉在勞改隊接觸到的另一類人物則讓他看到了背叛者可恥又可悲的下場。他們是長期潛伏在國軍中的共諜，「解放」前效忠中共，立過大功，「解放」後卻鳥盡弓藏，紛紛遭到了清洗。與胡志偉曾同囚於大青窯煤礦集訓隊（嚴管隊）的葛佩琦就是這樣的人物。內戰時期，葛佩琦在東北保安長官杜聿明的司令部負責新聞宣傳全責，官至少將高位，參與東北國

軍的軍機密務，很多極有價值的軍事情報都由他直接提供給中共上層，爲共軍打勝遼瀋戰役立了大功。像葛佩琦這樣的共諜，在當時其實多不勝數，如今隨著大量的史料陸續披露出來，越來越多的事實已讓我們明顯地看出，所謂毛澤東運籌帷幄，胸有百萬雄兵之類的神話，不過是勝利者書寫歷史的誇張之詞，國軍的很多敗仗在一定的程度上都敗在了葛配琦這類高級情報員的手中。他們做過太多見不得人的事情，更掌握了太多的中共上層企圖永遠封口的秘密，公布他們的功勞，不但有損於黨的形象，更會沖淡毛澤東用兵如神的光彩。正因如此，等到新中國成立，中共由打天下轉入坐天下，那些曾混入國軍內部大幹共諜勾當的人物，便接二連三地淪入被懷疑、受排斥、遭迫害的境地。葛佩琦僅僅由於無人出面證明他的地下黨員身份，不但沒得到論功行賞，封官晉爵的待遇，最終連一個中共黨員的資格都沒混上，以致在滿朝文武彈冠相慶之日，獨有他斯人憔悴，僅撈得一教書糊口的差事。葛佩琦因此而牢騷滿腹，憤憤不平，在大鳴大放中說了不少氣話，結果被毛澤東抓了典型。經毛私下授意，《人民日報》運用其捏造誣陷的慣技，將葛佩琦的言論大肆歪曲後公開在全國批判。葛因此被打成大右派，接著被重判成無期徒刑 [4]。葛佩琦曾向胡志偉懺悔說：「且爲世間不忠其黨者戒！」這位不忠其黨者後半生一直活在企圖翻案的憤戾和罪責之中，直到垂暮才幸獲平反，最終爭到了那張可在地下去見馬克思一面的黨票。葛佩琦總算爲他的可恥背叛贏得了被黨接納的最後犒賞，他的結局讓我想起了電影《集結號》閉幕前那條虛晃了一下的光明尾巴。幸還是不幸，實令人感到荒謬而迷惘。

4　見李昌玉，〈千古奇冤葛佩琦〉，http://www.peacehall.com/news/gb/pubvp/2006/01/200601021452.shtml。

仔細想來，這一委屈忍辱的榮幸歸屬也許正是中共統治下很多中國人可憐的宿命。有位學者借用佛教用語，稱此爲歷史的共業。這就是說，國人的不幸，在於國人與中共共同作業。六十年來，「過去」之所以能夠被死死地封閉，顯然與國人普遍滿足於那一衛生的「現在感」不無關係。

勞改隊一貫都是惡人當道的地方，作家無名氏把中共的監獄比爲蠱甕——一個讓大毒吃小毒，大惡壓小惡的窩巢，犯人中越兇狠越卑鄙的傢伙，越能得到公安幹部的重用。像胡志偉這樣單純憨直的小年輕自然就成了標準的挨打胚子，常被充當獄頭的犯人大組長選作施虐行兇的對象。有一個擔任監工的漢奸犯閃永福對待他特別歹毒，或在他拉著滿車碎石爬坡時揮鞭抽打他的脊背，或在他上批鬥會時掄起棍棒打斷他的肋骨。變節投靠者、漢奸、共諜、兵痞、遊民，民國世代遺留到「新社會」的種種惡棍無賴，如今都窩在勞改隊充當了「黨和政府」的爪牙。他們的爲虎作倀不只給胡志偉製造了身體上的疼痛，人格上的侮辱，同時也迫使他開始思考惡勢力的來源和流向，從超出個人苦難的角度，向那個人與非人的混合域調準著觀察和記錄的焦距。

如上所述，中國的史書以記人爲中心，其中既羅列了大量忠臣義士的英烈事蹟，也充斥了亂臣賊子的暴行，古人之所以用「檮杌」這個怪獸代指歷史——孟子所謂「晉之乘，魯之春秋，楚之檮杌，一也（《孟子‧離婁下》）」——，即因史書的一大功能就是以紀惡的手段達到除惡的目的。「除惡既不能務盡，我們只得紀惡以爲戒——歷史的創造總也開脫不了惡獸的記憶。」[5]可以想像，在無數個礦井坑道

5　　王德威，《歷史與怪獸》（台北：麥田出版，2004），頁103-104。本文中有關「檮杌」一詞的使用，可參看王書「歷史怪獸」的論述，頁97-153。

內累死累活的日子裡，胡志偉對漢奸的憎惡，對變節者的不齒，對中共為奪取政權而不擇手段的種種惡行日漸深入的認識，一件件全都累積在心，釀成思緒，為他有一天獲得書寫的自由而貯存著憂憤的記憶，為打進那檮杌世界內口誅筆伐而隱秘地磨礪著思考的鋒芒。

賣文修史到香江

　　胡志偉移居香港時，他父親年事已高。在那個父妾把持的家庭中，他既難以長期委屈容身，去父親的公司工作，也只能幹一些無關宏旨的庶務。二十年的勞改隊生涯已將他整個的人改變了很多，那裡不只耗盡了他的青春年華，也害得他老大歸來後再也回不到父親的膝下，甚至去醫院探望病危的老父，都受到家中某些人刻意的攔阻。為了活得自在，他只有搬出去自食其力，試著靠賣文為生。

　　被貶為文化沙漠的香港其實另有其獨特的文化產業。新聞出版的極大自由，微妙的政治經濟地緣，中西交融，黑白兩道混雜，國共兩方及其他勢力的對峙並存，所有這些因素促成了香港出版業獨特的商業取向，其中尤以炒賣兩岸新聞熱點和大量出版推銷有關國共政界內幕的書刊而聳人聽聞。在這個大陸的橋頭堡和通向台灣的跳板上，中共似乎有意保留下一塊模棱兩可的領域，以便在眾聲喧嘩中向海外擴散自己的影響。大陸嚴禁出版的書刊，在香港照出不誤；台灣不宜談論的問題，香港的媒體卻可以暢所欲言。長期以來，有關國共鬥爭的祕聞以及兩岸高層人物的逸事趣談，一直都成為香港出版業的熱門選題，影響所及，也造就出一批熱衷此類閱讀消費的公眾，在早茶或晚宴的坐席間，讓那些有趣的談助充實起閒聊的內容。特別是大陸政壇的風雲變化，無論在港英時期還是回歸之後，都時時牽動港人的關

注，均以最新曝光的內容被書刊出版業炒作成賣點。

　　胡志偉最初賣稿賺錢，就是由編寫江澤民、朱鎔基等中共高層人物的傳記專欄寫出了道，成為各報刊和出版社高酬約稿的寫手。他當初若只滿足於編寫此類讀物，一味為暢銷而剪刀加漿糊地生產下去，就是寫得再多，充其量也只能是葉永烈那樣的水平。好在胡志偉沒在報社寫稿佬的路上走得太遠，隨著閱讀範圍的擴大與深入，再加上接觸到不少退出大陸又去不了台灣的耆舊名流，從他們口中斷斷續續聽說到書本上從未讀到的家國痛史和個人恨事，那一縷先入為主的民國情懷又浮上了他的心頭。他最不服氣中共在論及國共鬥爭問題時一貫推行的「成王敗寇」論調，更不相信所謂「歷史必然性」的合理化解釋。於是他逆向思考，追尋起國民黨丟失大陸的複雜原因，從一大堆陰差陽錯的突發事件中理出了中共自詡的那個「必然性」偶然得逞的前因後果。比如，他很早就向自己提出了諸如此類的問題：「究竟那一場歷時四年的戡亂戰爭怎麼會兵敗如山倒？究竟被點名的『戰犯』是否個個都有必究之罪？為什麼其中有些人既名列戰犯，卻又在新朝做了大官？」[6]懷著此類疑問與長期鬱積的憤懣，胡志偉在中國現代史的史料蒐集鉤沉上下起了鑽研的功夫。為還原歷史真貌，肅清「成王敗寇」觀念的流毒，他決心窮餘生之力，開展他獨行俠式的現代史編寫工程。

　　如上所述，中國古代史以記人為中心，但人物的編排則嚴格地歸屬於所在的朝代，從帝王將相到民間英烈，所有的傳記均按朝代的框架被編入一連串斷代的史書。每一個朝代滅亡後，新王朝總會在建立之初召集人才，設立史館，為延續自古以來「存往事垂鑒戒」的史官

6　見〈我為什麼鑽研中國現代史？〉一文。

傳統而認眞爲前朝修史。即使在宋元以降，異族入主中國的局勢下，從帝王到史官，都毫無例外地堅持尊重前朝歷史的原則，一要完好保存前朝留下的史料，二要忠於事實，公平持論。天不變，道亦不變，朝代可以更替，正朔可以更改，但評價正邪、忠奸、善惡的原則卻始終如一。新朝廷的史官不但不會爲護短新皇家的政治利益而毫無原則地醜化前朝，反而會在新修的史書中專設「遺民傳」，以崇敬的態度敘述前朝遺民的事蹟。而變節行爲，貳臣人格，則始終都受到超政治立場的譴責。不管怎麼說，就「一字以定褒貶」的問題而言，在華夏與夷狄的民族對立以及新舊朝廷的政權對立之外，始終都有一個高高在上的歷史道德原則在調整著諸多對立中一致認同的取向。元修宋遼金史，明修元史，清修明史，總而言之，所有的勝利者均未在滅人之國後做那種併其史而滅之的缺德事情。

　　長期以來，西方史學界一直有所謂中國古代無歷史觀念之說，渾不知「國可滅，史不可滅」的修史原則便是中國古代一個最重要的歷史觀念[7]。只是在1949年中共竊據大陸後，這一觀念才遭到破壞和廢棄。中共的黨權政府爲建立其黨天下，一向是只講黨史而無視歷史的。新編的歷史教科書中，一直以中共黨史綱紀中國現代史的敘述，而源遠流長的中國古代史則被套上了庸俗馬克思主義社會發展史的機械模式。相比之下，就繼承和發揚中華文明的傳統而言，中共的所作

7　宋都臨安陷落時，元將董文炳曰：「國可滅，史不可沒。宋十六主，有天下三百餘年，其太史所記，俱在史館，宜悉收以備典禮。」阿圖魯進金史表曰：「蓋歷數歸眞主之朝，而簡編載前朝之事，國可滅，史不可滅，善吾師，惡亦吾師。矧夫典故之源流，章程之沿革，弗披往牒，曷蓄前聞！」明太祖諭修元史諸儒曰：「今命爾等修纂，以備一代之史，務直述其事，毋溢美，毋隱惡，庶合公論，以垂鑒戒。」參看杜維運《與西方史家論中國史學》（台北：東大圖書，1981），頁52-54。

所為還不如入主中原的異族。如要論政權的法統依據,中共甚至比元蒙和滿清更加是外來政權。在五十年代中共執政之初,為掩蓋奪權鬥爭中種種不可告人的事實而急需將國民政府抹黑,從教科書到文藝宣傳,均按照官方的定調大肆歪曲史實,炮製出大量誣衊民國人物的文字。作為向海外宣傳的窗口,香港自然成為印製此類謗書最方便的產地。比如像《金陵春夢》這樣對蔣介石極盡醜化之能事的百萬言小說,便是作者唐人(嚴慶澍)奉中共宣傳部門之命而加急趕製出來的暢銷讀物。為突出1949年以後的新社會全新的面貌,中共官方以「半殖民地半封建」的標籤定性從清末到民國的中國社會,把那一段社會轉型時期描繪成一個萬惡的檮杌世界。中華文明行之已久的價值、角色和是非善惡準則,從此被整個地打了一個顛倒。敵我的劃分被強硬地置於革命與反革命的尺度之下,革命突變成新型的怪獸,舊檮杌紛紛披掛上革命的紅色外衣,種種邪惡、兇殘、奸佞的行為均獲得了正義的藉口。

正是對此一荒謬無道的「顛倒」滿懷不平和義憤,且必欲將其再次顛倒過來而後快,胡志偉以對著幹的方式開始了他私修國史的獨特操作。單幹獨行的操作是十分勞累的,靠稿費生活的他「從未持有過銀行信用卡,但隨身攜帶六種公私圖書館的借書卡,每日耗十餘小時瀏覽群書,以補私人藏書之不足。」僅為追蹤一百零八名「戰犯」的歸宿,他便翻閱了四億多字的資料[8]。胡志偉在求索和甄別上付出的努力的確是艱苦卓絕的,他的堅毅的孤立讓我聯想到雨果小說《海上勞工》中那個頂著寒風惡浪打撈機器的英雄人物吉利亞特。

8　胡志偉,《毛澤東欽點的108名「戰犯」的歸宿》(香港:夏菲爾,2003),頁26。

「戰犯」列傳定褒貶

　　要論說國共的是非功過，首先應確定一個基本的出發點，那就是在國家民族危急存亡的抗戰期間，兩黨及其政要和軍隊各做了什麼事情。這個問題之所以長期以來是非混淆，至今猶難以澄清，是因爲慘烈的抗戰拖垮了國軍，破壞了國民經濟，也劣化了國民政府的行政，國軍雖贏得了抗戰的勝利，卻因此而付出了敗給共軍的代價。反觀中共抗戰中的實際表現，八路軍、新四軍不但從未參加過一次正面與日軍交鋒的大會戰，反趁國共聯合抗日之機加緊擴大地盤，迅速壯大了軍力。眞正發國難財，並最終摘取了抗戰勝利果實的，是毛澤東及其集團，國民政府則在軍事政治破產的局面下灰溜溜退出了中國大陸。八年抗戰史在某種程度上成爲國府遷台後飲恨吞聲的隱痛，從此以後，對那些曾付出重大犧牲的豐功偉績，國民黨從官方到個人都因無意訴說而很少提及。與此同時，尚有成千上萬的軍政人員滯留在大陸，他們統統被列爲反革命分子，在歷次運動中遭到鎮壓或監禁。他們的抗日功績被一筆勾銷，甚至連陣亡將士的墳墓和紀念碑都被平毀殆盡[9]。國軍的抗日史——從地面遺跡到國民記憶——就這樣在「新社會」遭到了全面的清除。大獲全勝的中共政權遂貪天之功以爲己有，六十年來，一直通過黨史化的現代史敘述把自己塑造爲抗戰的中流砥柱。近年來，隨著大陸從黨內到黨外的歷史自覺和大量史實的陸續披露，越來越多的民眾才撥雲見日，漸漸認識到國軍的抗戰功績。

9　參看胡志偉，〈一百零九名在鎮反運動中被殺害的國軍抗日將領名單〉，見台北《傳記文學》第565期(2009年6月)。

特別是2005年抗戰勝利六十週年紀念以來，從大陸出版的書刊和新編的影視節目即可看出，重述抗戰史的暖流已從四面八方湧起，其不可阻擋之勢恰像全球變暖一樣消解著中共所造成的歷史冰封。《南京南京》的上映，正好在此歷史的冰封上融掉了一個巨大的窟窿！應該指出，在促成這一局面出現的眾多有識之士中，用力甚勤，且發聲較早的一個就是胡志偉其人。從某種程度上說，正是胡志偉之類的早鳥先鳴者首先揭出了國軍抗戰的大量史實，才迫使大陸方面半推半就地出版了一系列回應性質的同類讀物[10]。

胡志偉編寫《毛澤東欽點的108名「戰犯」的歸宿》一書，首先出於他長期鬱積的歷史不平之心。在他看來，戰敗歸戰敗，但戰敗者曾立下的抗戰之功絕不容一筆抹煞，這一點乃是他為「戰犯」們立傳的堅固基石，是歷史不管被怎樣歪曲和篡改也磨滅不了事實。面對大陸方面一手遮天的歷史敘事和台灣那邊的保持沉默，胡志偉只有以私修國史為己任，且儼然以「太史公曰」的口氣發言，對書中提及的國民黨軍政要員一一作出了褒貶分明的評定，甚至可視為他自行公布的諡號。比如他讚第一號「戰犯」蔣介石曰：「五千年民族史上驅除頑敵重光國土之曠世豪傑」；讚何應欽曰：「代表中國戰區最高統帥接受日軍投降的副帥」；讚薛岳曰；「指揮三次長沙會戰殲敵十五萬的抗日名將」；讚余漢謀曰：「以民族大義為重，一舉粉碎陳濟棠媚日叛亂」；讚王叔銘曰：「勇敢善戰，親歷抗戰，戡亂大小數百戰的空

---

10 胡志偉一向堅信，「民間的史學探索可以促使官方逐漸開放秘藏史料」，比如他編著的《反攻大陸機密檔案》（香港：富達出版，2005）一書便促使台灣官方推出了《塵封的作戰計劃》。開放求實與禁錮作偽之間的拉鋸戰就是這樣通過個人的力爭而取得了各個突破和步步進逼的結果。所以我們應對任何一個早鳥先鳴者發出的聲音懷有敬意。

軍英雄」……。大書特書這些大「戰犯」個人的抗日功績，這是胡著扭轉「成王敗寇」觀念最具說服力的突破點之一。讀了胡志偉對「戰犯」們抗日功勳所作的評價，相信讀者自會明白國軍當年如何贏得了抗戰的勝利，兩相對比，更會對中共自詡的「中流砥柱」形象有了深入全面的了解。

聯繫本文開頭所說的影片《南京南京》，有必要在此插敘一段南京失守後的抗日戰況。那正是在日軍全面掃蕩江南的時候，在安徽江蘇一帶，彭雪楓、粟裕等分散的土共支隊僅有能力零星地伏擊日偽軍，打死十來個敵人，奪得七、八條步槍。對他們來說，更迫切的不是抗日，而是自身的生存和壯大，是擴大地盤，增強軍力，繳獲更多的武器，特別是從國軍手中繳獲武器。經過陳毅的調遣和鼓動，新四軍終於在1940年10月於黃橋成功伏擊了韓德勤部隊，殲滅了一萬一千國軍官兵，同時也繳獲了大量武器。胡志偉深為不平地指出，「有關皖南事變控訴國民政府的書籍已經汗牛充棟，而且還在繼續增加，但沒有人知道在黃橋事變中國軍的損失———一個國家的正式軍隊，被號稱同樣屬於國家的中共部隊所進攻殲滅。」[11]

若要追究國共內戰的起始和製造分裂的禍首，黃橋之戰就是起始，陳毅及其新四軍就是禍首。中共所謂的戰犯，乃指發動內戰的罪犯。國人所恨的漢奸罪，乃指幫助外敵打自己人的罪行。須知，被殲滅的韓德勤部隊乃是台兒莊戰役中對日作戰的外圍部隊，新四軍如此挫傷抗日力量，試問今日坐在影院中的觀眾：漢奸和戰犯的罪名到底該定在誰的頭上？

11　鄭義編著，《中共十大敗仗———中共官方戰史上刻意被掩埋的篇章》（香港：文化藝術，2006），頁261-262。

　　「戰犯」列傳的第二個創舉是基於不同人物在內戰中的是非功過，對他們做出相應的評價，而「以眞僞衡人品」[12]的尺度在全書中則貫穿始終，可謂繼承發揚了傳統史書「存往事垂鑒戒」的用意。如上所述，胡志偉在中共黑獄中接觸的共諜人物曾給他留下很深的印象。受這一諜情觀念的支配，他後來從事國共鬥爭史的編寫工作，特別偏重從偵探的角度搜索國軍內部的奸細和變節者，寫他們如何竊取情報，貽誤戰事，爲共軍的獲勝做了大量危害國軍的事情。比如，他偵探出衛立煌在東北戰役中所負的罪責，稱他爲「葬送大陸的四大罪人之一」，說他「背負了東北剿匪總部卅萬陣亡將士的血債」。他揭露潘文華爲維持其販賣鴉片的利益而長期勾結中共，在任職西南軍政長官公署期間如何欺騙蔣介石達七個月之久，最後與劉文輝一起投共。對李濟棠、陳明樞等投共者，他特別強調了他們爭權奪利，貪心不足的人格缺陷，讓我們看到此類人物從事政治投機的行爲與其人品不佳的內在聯繫。而對於李宗仁、翁文灝等晚節有損者，則揭露他們反面教員的醜行，將他們投奔中共後受到的羞辱盡行公布出來，讓讀者看到從古至今甘做貳臣者共同的可恥下場[13]。

　　在108個「戰犯」外，胡志偉進一步廣事搜羅，另爲很多潛入國軍的奸細和率眾投降的將領立傳，寫他們的認賊作父與陣前投敵給國軍造成的致命危害。如韓練成在萊蕪戰役中故意陷四十六軍於絕境，張克俠潛伏國軍中十九年，長期向中共傳遞情報，他與何基灃率眾投共，直接導致了國軍淮海戰役的失敗。寫身爲雲南省主席的盧漢如何葬送了西南地區作爲反攻基地的前程，指出他造成的危害更甚於張治

12　胡志偉在該書中開宗明義，即聲稱「且以眞僞衡人品，莫以成敗論英雄。」
13　參看《毛澤東欽點的108名「戰犯」的歸宿》，頁52-60，98-101，151-152，308-309，418-426。

中和程潛。而劉斐和郭汝瑰則被胡志偉指斥爲千古罪人，在他開出的
罪責錄上名列榜首。胡書所錄的五十五個降將後來大都沒有好下場，
據書中所述，郭汝瑰、龍雲、陳明樞等人反右中均被打成右派，文革
中劉善本、黃紹竑被紅衛兵活活打死，張克俠被打成癱瘓，余心清被
逼自殺，鄧寶珊以七十二高齡猶遭毒打，程潛挨鬥後被迫自毀壽材，
在恐懼中死去，張治中在紅衛兵的打罵中自毀所藏文物。五十五人中
非正常死亡者十三人，死於惡疾絕症者十一人，此外，幾乎所有的變
節者到頭來都陷入自取其辱的境地，沒逃脫現世報的惡果[14]。

　　與之形成明顯對比的則是一批寧死不屈的將士，特別是被閻錫山
藉故離去而撇下的太原城內所有堅守到底的官兵，在這部「戰犯」列
傳中，他們的殊死拼搏被描寫得極其壯烈，在國共鬥爭史上留下了戰
敗者血染風采的一頁。代理山西省主席梁敦厚在城破後「預令副官白
光榮備汽油木柴於東花園鐘樓側。及共軍直撲省府之際，梁氏從容進
入鐘樓內仰藥自盡。白副官尊遺命縱火焚遺體以實踐『屍不見敵』之
誓言。……太原特種警憲指揮處處長徐端在共軍攻打該處所在之精營
西邊街時，率所部負墻院工事抵抗，斃敵甚眾，至彈藥告罄時，與部
下三百人高呼『中華民國萬歲』後集體自殺，以汽油焚遺體與樓房同
化灰燼。」被俘將領中始終保持節操者也大有人在，最著名者如黃
維，他在獄中拒絕閱讀《人民公敵蔣介石》一書，在筆記上寫下于謙
詩句「粉身碎骨渾不顧，長留清白在人間」以明志，因此被定爲頑固
堅持反動立場的戰犯而整整關押了二十六年。第十五綏靖區司令官康
澤被俘後一直堅貞不屈，深爲官方所忌恨，在毛澤東臨死前再次反民
國反國民黨的文化革命──毛稱這一場革命爲「共產黨與國民黨長期

14　同上，頁568。

鬥爭的繼續」——中，康澤與大量的國民黨「殘渣餘孽」遭到了滅頂之災。他只有以衰弱的頑抗保持他那被踐踏殆盡的個人尊嚴，最終死在了紅衛兵亂棍毆打之下。陳長捷是國民黨的天津警備司令，他也在文革中受到殘酷的批鬥。為避免累及夫人隨他一再受辱，他狠心用「菜刀先砍死妻子，然後自刎而死。他死後仍表現出剛強不屈的個性，屍體倚在牆角，雖滿身血污，仍手持菜刀，怒目圓睜，屍體僵立不倒。次日，紅衛兵再度上門去揪他，因敲門無人應，乃破門而入，先進去的幾個小流氓一見他持刀怒目的兇相以及倒在地上滿身血污的妻子，都驚叫一聲當場嚇昏過去。」[15]

胡著中的忠義譜與罪責錄由此而形成鮮明的對比，對長期受中共官方教育的大陸讀者來說，他那種強硬地一邊倒的態度和儼然以史官自任的判決性論斷，初讀之下，很可能會顯得過於刺耳和持論陳腐。但必須看到，被顛倒的價值也許正是要經過胡志偉這一死硬的再顛倒處理，那大刀闊斧齊砍下去的敘述方式才足以振聾發聵，產生再顛倒過來的效果。胡志偉豈好死硬好陳腐哉？實不得已也！他從事的是一種反其道而行之的猛活，在長期從事矯枉工作的過程中，他已矯紅了眼睛，以致每每下筆，在偵查共諜和筆伐惡人的方向上不能自己，酣墨揮灑出書寫不盡的文字。

「戰犯」列傳的第三個特徵是通過忠勇義烈之士與奸佞變節之徒的對比，進一步追究國軍內戰中節節敗退，最終失去整個大陸的原因。胡志偉在他的現代史編著中明確地樹立了為民國人物說話的立場，對蔣介石從北伐到抗戰，一直到堅守台灣的功績，他雖然給予了充分的肯定，但論及蔣未能嚴懲貪污官員和抗命將官，導致軍政經濟

15　同上，頁310，214-217，350-352，320-321。

各方面都出了問題的失誤，他也廣泛引用了各派人物和不同角度的批評。在他編著的《蔣介石怎樣失去大陸》一書中，胡志偉特別節錄了陳誠所引唐代陸宣公奏議中的一段話與張靈甫兵敗自殺前上主席書中的陳述做一對比，點出了國軍各部在戰場配合與指揮調遣上存在的嚴重問題[16]。與中共通過不斷的內鬥達到路線統一和力量凝聚的情況正好相反，國民黨政府從黨內到軍內的派系錯雜往往牽制到蔣介石的指揮調遣，造成不必要的內耗，以致渙散了兵力，瓦解了鬥志，最終形成兵敗如山倒的局面。在這種互相掣肘的情況下，蔣介石往往扮演了虐待自家人的嚴父角色，效忠他的嫡系部隊越是能衝能打，在戰爭中越是被推向與共軍拼死一戰的前線，而地方派系的軍隊則因難以全面控制，再加上缺乏信任，就只好任其處於各行其是的狀態。由於各派系之間缺乏溝通，互相猜忌，常常為保存各自的實力而在危急存亡之刻按兵不動，貽誤戰局，以致在全線潰敗時不斷有將領放棄抵抗，為避免本部的犧牲而率眾投靠了中共。

　　自古以來，戰爭首先消耗的多為忠勇的將士，從李廣的自殺，李陵的被俘，直到張靈甫等國軍將領的死難戰場，此優亡劣存之現象實

16　陸宣公〈論緣邊守備事宜狀〉曰：「馭眾而不用賞罰，則善惡相混，而能否莫殊。用之而不當功過，則姦妄寵榮，而忠實擯抑。故使忘身效節者獲誚於等夷，率眾先登者取怨於士卒，償軍蹙國者不懷於愧畏，緩援失期者自以為智能。況又公忠者直己而不求於人，反罹困厄；敗橈者行私而苟媚於眾，例獲優崇。此義士所以痛心，勇夫所以解體也。」再對比張靈甫上書：「以國軍表現於戰場者，勇者任其自進，怯者聽其裹足，犧牲者犧牲而已，機巧者自得其志。賞難盡明，罰沒欠當，彼此多存觀望，難得合作，各自為謀，同床異夢。匪能進退飄忽，來去自如。我則一進一退，俱多牽制。匪誠無可畏，可畏者我將領意志之不能統一耳。」見鄭義編著，《蔣介石怎樣失去大陸》（香港：文化藝術，2006），頁26-28。

為一恒久的軍事悲劇。即使是在獲勝的共軍之中，像粟裕那樣戰績卓著的驍將也難逃「數奇」的命運。他率領的華野在多次戰役中犧牲慘重，到頭來論功行賞，他不但未得到名列前茅的待遇，後來還備受壓制，挨過批鬥，不得不給毛澤東寫長篇的檢討。但這個「數奇」也未嘗不是果報，他那些卓著的戰功哪一次不是靠大量地死人贏得的！在黃橋對國軍八十九軍的伏擊，正是由粟裕指揮。

在〈一百個偶然演變成一個必然〉的長文中，胡志偉最後總結說：「歷史實際上是由偶然性組成的，必然性存在於偶然性之中，從目前已經澄清的歷史事實可知，國民黨敗走台灣絕非人心所向或曰天意，而是由許多偶發事件堆砌積累而成的。」他把所有的偶發事件歸類為十八個類型，以眾多的事例展示了那一系列偶然如何不幸地鑄成了大錯特錯的「歷史必然」[17]。

兩把刷子　刷新汗青

出版的商業化是突破出版審查最活躍的動力。在今日中國一切向錢看的形勢下，很多黨政機關也動起了「靠山吃山」的腦筋，連清水衙門的檔案館都出於創收的目的，開始與出版社積極合作，把他們館

17　《蔣介石怎樣失去大陸》，頁458-496。十八個類型為：一、襄公之仁；二、主帥優柔寡斷舉棋不定；三、粗枝大葉，麻痺輕敵；四、專家判斷失誤；五、忽視情報工作；六、主管官員尸居素餐；七、人事傾軋，以私害公；八、驕兵悍將陽奉陰違，抗命怠工；九、軍閥政客引狼入室，吃裏扒外；十、軍閥作亂的後遺症；十一、軍閥餘孽叛變；十二、啣私怨導致叛變；十三、被俘乞活出賣黨國；十四、為保身家、發橫財而叛變；十五、共諜內奸偷竊情報、策動叛變；十六、共方心理戰、情報戰奏效；十七、僥倖與幸運；十八、外國干涉中國內政。

藏的機密檔案賣出去編書賺錢。上世紀九十年代末，解放軍出版社一氣推出了六大本五十年代解放軍在全國「大剿匪」的紀實讀物，一幕幕頑強抵抗引起血腥鎮壓的大屠殺記錄在事過境遷後從塵封中解密出來，被改寫成建立共和國的功勳劇投入文化市場，提供給公眾的閱讀消費。對後毛鄧時代的年輕讀者來說，既不知紅軍蘇區的暴力分田，更不知八路軍、新四軍抗戰期間的所做所為，一下子被此類讀物引入了那個「天翻地覆慨而慷」的年代，他們只曉得解放軍就是官軍，哪知道當時被清剿的匪徒不久前曾浴血抗擊過日寇！成王敗寇，歷史與現實就這樣在強權的鐵腕下默認了中共的竄改。這批初次披露的材料甫一出版，即讓胡志偉看在眼中，成為他再翻轉過來的大好底片。於是他順手牽羊，按他慣用的對台戲唱法，迅速編寫出版了《反攻大陸機密檔案》一書。

　　胡志偉依然死硬得不辭固陋，偏執得理直氣壯，他手握黑白兩把刷子，把官方敘事的抹黑國軍之處一律刷白，同時把他們自留的白底子整個地刷黑。無庸諱言，這種霸王硬上弓的改寫方式難免有措辭生硬或承接突兀之嫌，特別是對某些大陸背景的讀者，乍一翻閱，很可能會感到十分刺目，難以接受。然而這也正是胡志偉要取得的效果，突出地顯示了他潑辣的風格。讀通了胡志偉編著讀物的人大概都會默認，他的招人嫌惡之點也就是他的難能可貴之處。無人願說能說敢說的，他願說能說敢說，他甚至說出了台灣的總統府國史館至今都說不出來的實話和痛語，其撥亂反正之勢令人大有掃除陰霾後天青氣爽的快感。胡志偉以他孤立的一枝筆對陣整個國家的宣傳機器，為戳破多年來眾口一詞的定局，他只有那樣劈頭蓋腦戳下去，以蠻幹的衝刺方式把他的歷史揭祕和翻案工作推進到他力所能及的地步。

　　他從江浙沿海島嶼間頑抗的黃八妹海上游擊隊寫到順昌縣的百里

暴動[18]，從毀家紓難成立西南反共救國軍的巫傑和黃光輝寫到彝族的滇西青年抗糧軍以及藏族人民被迫的反抗[19]，從西北的白頭軍寫到王

18　為了對付灘滸山島來無聲、去無蹤的黃八妹部一百餘人海上游擊隊，共軍淞滬警備區司令員兼政委郭化若調動了九十八師一個加強營近千人；華東軍區海軍司令員張愛萍抽調了四艘登陸艦、八艘廿五噸炮艦、四艘廿五噸登陸艦。1950年6月15日，共軍十六艘艦艇配合陸軍一個加強營，用三艘坦克登陸艦強行登上灘滸山島，游擊隊僅兩條三桅帆船，自然不堪一擊。接著，共軍又以四個營的兵力及排水量共計五千噸的艦艇，攻占嵊山島、花鳥山島、東、西綠華島，於7月9日全部占領長江口外嵊泗列島，守軍六百餘人大部被殲，黃八妹、丁治磐等僅以身免。
7月15日特擊隊與大刀會徒二百餘人衝進順昌縣洋口鄉，將下鄉徵糧的共軍副大隊長陳德魁以下廿四名官兵全部消滅，奪走剛籌集的二百擔糧食；27日，將樂、建寧、泰寧三縣自衛總隊三百餘眾進攻順昌縣城，激戰六個小時，擊斃共軍縣大隊副連長林財備；9月，特擊隊搶走下鄉檢查工作的順昌縣委書記隨身攜帶的卡賓槍和駁殼槍各一支；10月3日順昌縣大隊幹部饒嗣春返鄉被殺；9月27日全璋琳指揮將樂、南平、順昌、邵武等縣游擊隊與大刀會兩千人同時攻打順昌、洋口及南平縣峽陽鎮，史稱「百里暴動」。見鄭義，《反攻大陸機密檔案》。
19　巫傑和黃光輝均為地方大戶，在共軍強行徵糧的情況下，他們將自家的糧食開倉散給鄉親，號召民眾「破產保產」和「保糧保命」，率眾六千餘人反抗徵糧工作隊。
共產黨占領雲南後，徵糧隊按田畝徵糧，比已往多徵十數倍，於是便激起各族人民反抗。1950年雲南全省湧現游擊隊二百五十多支，逾四萬五千人，以玉溪、楚雄反抗最烈，僅徵糧隊幹部就有六百多人被殺。1950年4月國軍中將范宇舟策動滇豐彝族土司普光才組織滇西青年抗糧軍，轄一個師三個團約千餘人，制裁了徵糧隊員二十多人，奪回數十萬斤徵糧。他們攻打鄉鎮政府，控劫車輛，破壞交通，劫奪倉庫，數百萬斤徵糧被擄一空。共軍出動一個團兵力，在凋翎山大箐溝村捕俘楊永壽，7月公審槍決。圍捕蘇紹時，共軍放出十幾條獵犬將蘇活活咬死。
中共在西藏地方政府糧倉僅剩兩個月存糧時，強行索要兩千噸大麥；共軍駐藏首領張國華幾次催逼要把藏軍收編為共軍，對持不同政見的藏民「釘十字架、凌遲處死、開膛破肚及分屍都是稀鬆平常；砍頭、火刑、毒打至死、活埋、把人綁在狂奔的馬後拖死、倒吊或綁住手腳丟入冰水也層出不窮。為防被害者在綁赴刑場途中大喊達賴喇嘛萬

三祝的豫北先遣縱隊[20]，在有關1949年前後大陸易幟之際全面抵抗形勢的詳盡敘述中，他不只寫國軍殘部的殊死頑抗，同時也突出了各地漢族與其他少數民族守護家鄉，捍衛私人財產的抗暴義舉。這一反徵糧、反土改、反侵犯地方自治權和維護各族宗教信仰自由的武裝鬥爭是自古以來任何一個改朝換代之際都從未有過的反抗，其慘遭滅絕的境況的確讀得人錐心泣血，撫卷長嘆。

在從前，任何新王朝奪權後所打擊的，只限於拒不歸順的前朝統治集團，即使異族入主中原，也從未對地方豪強，富裕大戶或邊陲上的土司及其下屬實施過如此全面而血腥的打擊。因為朝代的更替僅涉及皇權的變更，不管哪一家坐天下，都得與地方上固有的勢力維持共存共治的局面。新王朝儘管打出了一統天下的旗號，卻還會照舊包容著大小不等和層次各異的地方勢力。天高皇帝遠，你坐你的江山，我行我的江湖，區域文化因此而得以紛呈異彩，一代代譜寫著人傑地靈的耆舊佳話。然而中共的占領卻一反往常，他們要建立純粹的共黨天下，因而從一開始就有目的有計劃地破壞了固有的社會生態。如此悖謬的突變自然要引起普遍的抵制與反抗。針對那些誇耀戰功的「大剿

（續）────

歲，還先用掛肉的鉤子扯斷他們的舌頭」，最令人髮指的是「在拘禁僧尼之後，強迫這些單純的宗教界人士當眾彼此行淫，甚至強迫他們殺人」(引自《達賴喇嘛自傳》)。見鄭義，《反攻大陸機密檔案》。

20　白頭軍打著「保回保教」的旗號，提出「依靠地主，團結富農，不管中農，打倒貧農」的政治主張，反共抗暴推向西吉、固原、海源、隆德四縣廿一個區六十七個鄉，波及甘肅涇源、靜寧縣境。
王三祝對農村共幹毫不手軟，僅四個月在滑縣、濮陽、長垣等地就誅殺共幹、武工隊員八百多人，襲擊豫北縣、區中共武裝千餘次，抓捕千多人。……共軍發起總攻，王三祝打開四面城門全面出擊，由於共軍炮火猛烈，一萬四千人全部被俘。城破前，王躲入地道，被奸人出賣。5月25日，新鄉市軍管會公審處決王三祝。一代反共英雄血灑豫北。見鄭義，《反攻大陸機密檔案》。

匪」讀物，胡志偉首先從維護民間武裝權的立場出發，從頭到尾做出了復原歸真的改寫：對那些被作為匪徒殺害和監禁的人物，他濃墨重彩，特別突出了他們忠勇節義，英烈不屈的一面，讓我們看到中共的殘酷鎮壓在多大的程度上斷了地方自治和民間自衛的血脈。必須指出，民國的憲法上雖沒有像美國那樣宣布公民有帶槍自衛的權利，但縱觀華夏歷史，在九州大地上，民間一直都擁有合法自衛的武裝力量。從村社的塢堡到鄉里的團練，正是民間武裝的存在，社會秩序才得以維持，私有財產才有了保障。中共的共產暴行自發起之初，便與這一悠久的民德保障體系勢不兩立。從建軍到建國，從搞革命到搞建設，中共推行的政策本質上乃屬掠奪經濟：慫恿窮棒子掠奪富裕戶，組織無業遊民掠奪勤勞創業者，主導政府掠奪民間。在這種總的掠奪形勢下，捍衛私有財產的力量自然首當其衝，從村社組織到鄉里聯保，一切自衛武裝均成為中共暴力剷除的對象。掠奪者反而打起「剿匪」的旗號，向民間社會展開了空前未有的掃蕩。經此血腥屠殺，中國人口中血性剛烈的成分遭到曠古未有的清洗，再加上此後的鎮反、土改、人民公社化運動和文化革命，幾千年形成的民間社會幾乎被破壞到蕩然無存的地步。私藏槍支從此被定為反革命罪，甚至殺頭之罪，民間起兵的傳統遂斷絕了深厚的根基。

此外，按照胡志偉的描述，國軍殘部的頑強抵抗也是對共軍殘酷屠殺的必然反應。中共對待國軍俘虜的暴行並不次於日寇，不少投降的國軍都是在投降後發覺受騙，因不堪受辱而奮起嘩變，又擺開反共的陣勢。在胡志偉編寫的另一部書《中共歷史謊言》中，通過援引秦基偉部下一名軍官的追憶，胡書毛骨悚然地再現了解放軍虐殺國軍俘虜的恐怖情景。有個外號叫張和尚的連長，經常殺俘虜取心肝下酒，而另一種處理俘虜的方式則是分批押到偏僻處用刺刀捅死，拿他們的

活體來訓練戰士刺殺的技能[21]。一方面中共的殘殺激起了國軍殘部勇猛的反撲，另一方面，暴亂四起的局面又招致更加猛烈的剿匪行動。在此惡性的連鎖反應中雙方都殺紅了眼睛，隨後便引起共方極度恐慌的報復，進而導致了全國範圍內的鎮壓反革命運動。在此新一輪的屠殺中，估計有三百萬人以反革命罪遭到鎮壓。

　　在該書的總結中，胡志偉特別強調了這一場被撲滅的反共游擊戰爭不可磨滅的歷史意義，他說：「幸虧三百萬反共游擊隊拖住了共軍六百萬兵力，使他們急忙圍剿，疲於奔命，遂無法騰出兵力揮兵東渡。直至1950年6月25日韓戰爆發後，美軍巡弋台灣海峽阻止共軍渡海，才使台澎金馬八百萬軍民同胞喘了一口氣。那三百萬反共健兒肝腦塗地，換得了中華民國復興基地台灣五十六年的安定繁榮，也使渴求自由、民主的大陸億萬同胞得以憧憬彼岸的光明燈塔，為中華民族的復興留下了一線希望。」[22]

文字偵緝　筆打不平

　　胡志偉的死硬作風來自他忠誠的守成立場，在今日文壇學界一片標新立異的時潮中，他卻一副狷者有所不為的姿態，寧可被目為守舊落後也不放棄他堅信的價值和尊重的史實，寧可頂撞權威，乃至冒天下之大不韙，也要維護他認為應給予公正評價的歷史人物。為此他介入接二連三的論戰，常引起對立面的圍攻。從幾十年前在勞改隊上會挨批鬥到步入文壇後在兩岸三地的學術會議上挑起爭端，舌戰群儒，

21　李明編著，《中共歷史謊言》（香港：文化藝術，2005），頁70-77。

22　鄭義，《反攻大陸機密檔案》，頁408。

直至惹惱各方論敵而受到電話威脅和肢體踫撞，胡志偉在心理上至今
仍未擺脫受打擊遭迫害的陰影。不同的只是，從前的恐怖來自中共的
專政機器，而後來碰釘子則緣於他鋒芒畢露，一貫嚴於打假和勇於揭
僞。儘管如今的情況已大不同於幾十年前，但就胡志偉個人的感受而
言，中共的淫威及其在文壇學界的傀儡仍對他的言論自由形成蒼蠅般
的干擾，即使他移居香港後一直活動在大陸官方的有效控制之外。

這種長期受排斥的處境迫使他頻頻發出憤憤不平的辯白，乃至常
處於反駁論敵的亢奮之中，以致他發言立論，難免帶有偏激或逆反心
理的傾向。比如，對於近年來因批判孫中山聯俄容共路線而蔓延到否
定孫中山發動國民革命的種種言論，胡志偉自始至終都表現出「堅決
捍衛」的反對態度。為此，他不惜對袁偉時的言論大加撻伐，而對於
陳炯明其人，則做出尋根究底的挖掘，非要將其釘上歷史的恥辱柱不
可[23]。因此他得罪了陳氏家族以及相關人物，在一次學術會議上，爭
論之際，他險些當眾被毆。此外，對李宗仁和白崇禧兩位桂系人物，
他始終站在蔣介石及其代表的國民政府利益之立場上持差不多全盤否
定的論調，在多篇文章中都對他們窮追不捨，極盡搜羅其惡跡之能
事。順延此一思路，他對《李宗仁回憶錄》一書的筆錄編輯者唐德剛
在治學為人上也頗有微詞[24]。多年以來，此類打抱不平的筆戰散見於

---

23 〈文多無据偏多寫，語不驚人死不休——誣蔑孫中山先生「五大罪狀」
是指桑罵槐〉，最初在2001年11月廣東省社科院主辦的「辛亥革命九
十週年學術討論會」上作為特邀論文宣讀，後刊載於台北《傳記文
學》第478期(2002年3月)，以及他發表在《信報》1998年3月11-12日
連載的特稿〈陳炯明也能平反嗎？〉一文。
24 參看胡文，〈我為什麼鑽研中國現代史〉。關於唐德剛，見鄭義編
著，《漏網的歷史——近代名人出格言行錄》(香港：文化藝術，
2006)，頁243-244。

他發表在各報刊上的評論文章，對某些抱殘守缺的學院派或官方豢養的學術權威來說，胡志偉簡直成了很難纏的人物，一個威脅到僞學術存活的克星。

但要認眞論及上述的歷史人物和當代學者，以及相關的問題，都難免會涉及到更爲複雜的史實，多少得勾繪出一個知人論世的系絡，而本人在史料上所知實在有限，爲避免行文枝蔓，本文中只能在此順便一提，很難進一步介入肯定或否定的爭論。以下僅就胡志偉挑起的兩個爭端，稍作討論，藉以明示他當前的思路與早年鐵窗囹圄生涯經歷的聯繫。太史公有發憤著書之議，韓昌黎有「物不得其平則鳴」之說，胡志偉的現代史研究不只是在做通常的學院派學問，從某種程度上說，他就屬於那類「意有所鬱結，不得通其道，故述往事，思來者」的抒憤懣之人。他確實「有不得已者而後言，其歌也有思，其哭也有懷。凡出乎口而爲聲者，其皆有弗平者乎！」治史之於胡志偉，寓有其書寫痛史的個人情意取向，此取向特別表現爲兩個方面：一是伸張他痛恨漢奸的正氣懷抱，二是深化他追蹤諜情的審案意識。

讓我們就從胡志偉狠批三毛所編電影《滾滾紅塵》一事說起。胡志偉對漢奸的痛恨深入骨髓，不只因他在漢奸大組長手下受盡了皮肉之苦，更基於他評價人物的出發點是品質和根性，而非單純的政治立場。因此，在一個人的根性惡劣與賣身投靠之間，他總是一律劃上等號。按他的看法，只要當了漢奸，就不是好人，就該釘上歷史的恥辱柱，絕不許爲其尋找任何開脫罪責的藉口。對於近年來文化界同情個別漢奸文人或爲某些漢奸言行作辯護的現象，他一直滿肚子氣憤。一次在台灣陪伴劉紹唐出席抗戰爆發六十週年研討會上，聽到幾位留美學人發表美化漢奸的論文，他便挺身而出直斥其非，一時間成爲會議上令個別人側目的黑馬。特別是對大陸的周作人熱和張愛玲去世後胡

蘭成遺作被炒作成賣點的現象,他最不能容忍[25],看到影片《滾滾紅塵》美化張胡戀情的情節,他立即找到破綻,拉出來開刀示眾。但批胡蘭成只是志偉寫批判文章的切入口,他進一步要戳破的乃另一老賊的巢穴,那便是與日寇和漢奸扯不清干繫的中共政要。原來經胡志偉這位史海神探的考證,江澤民的生父即爲一漏網漢奸。說來說去,這才是他要從三毛和胡蘭成背後拉出來示眾的主要罪人。胡志偉如是說:

> 這個啞謎直至幾個月前,我見到一本胡蘭成在日本印行的小冊子《歷史的漩渦》才恍然大悟:原來江澤民的父親是胡蘭成在汪僞中宣部的心腹幹將兼社論委員會主任委員。爲胡蘭成、周作人平反,旨在爲江澤民的父親平反造輿論。既然毛澤東能包庇漢奸陳永貴,那麼坐鎮中南海皇宮的江澤民不能爲他父親鳴不平嗎?江澤民混入「革命」隊伍是在抗戰勝利之後,他和周佛海的兩個兒子投奔新四軍出於同樣的動機──爲了「洗底」,只不過江澤民做得更徹底更掩人耳目,他把父親都「換」了,在年年都要申報的人事檔案表格上填寫其六叔江上青爲父親,而把培養他上大學、讓他錦衣玉食的親老子江世俊一筆抹煞了。爲什麼這麼多年,海內外的歷史學家都看不透這一詭計呢?這是因爲漢奸江世俊老謀深算,他擔任汪僞職務四年間,改用江冠千的假名,這一障眼法便瞞騙了後世歷史學家幾十年[26]。

25 〈二十一世紀還需要講究忠孝節義嗎?──論歷代貳臣與當代轉軚分子一脈相承〉,見香港《前哨》月刊(2001年2月)。

26 〈江澤民父江冠千是胡蘭成親密助手──近廿年中共爲漢奸翻案的秘

原來，胡志偉最惋恨的謬誤是日本侵華給中共的壯大所造成的機會，這一歷史的偶然業已給新中國的現代化進程造成了至今猶未袪除的劫難。因此，他在自己的論述和編著中一再向國人強調中共所作所為的準漢奸性質，並盡可能多地偵探出中共在抗戰中所做的見不得人的事情，特別要讓讀者明白，中共集團中普遍存在著一種感恩日本軍國主義的微妙心理。只要通覽一下毛澤東在多次接見日本代表團時「感謝皇軍」的談話，誰都可以看出毛所吐露的此一天機，誰都會對毛如此坦然的放言無忌而大感錯愕[27]。

在從小看《平原游擊隊》長大的一代人中，凡是派仍有人在，我並不指望通過一篇文章糾正他們的花崗岩頭腦。但對後毛鄧一代人，我在此不能不真誠地問一句話：在熱映著影片《南京南京》的今日大陸，難道大受震撼的年輕人也會同樣糊塗地認同毛澤東如此冷血的媚日言論嗎？

胡志偉在中共黑獄中尚有一荒謬之極的受難經歷，順便在此一提，聊作那個「平庸惡」年代諸多愚思愚行之一例。在1968年夏清理

（續）————

　　因〉，見香港《前哨》月刊（2007年2月）。

27　毛在接見日本社會黨委員長佐佐木更三時曾說：「日本軍閥過去占領了大半個中國，因此中國人民接受了教育。如果沒有日本的侵略，我們現在還在山裡，就不能到北京看京劇了。正是因為日本皇軍占領了大半個中國，對中國人民來說已沒有其他出路了，所以才覺悟起來開始武裝鬥爭，建立了許多抗日根據地，為以後的解放戰爭創造了勝利的條件。日本壟斷資本和軍閥給我們做了件『好事』，如果需要感謝的話，我倒想感謝日本軍閥。」接著他又說：「我曾經跟日本朋友談過。他們說，很對不起，日本皇軍侵略了中國。我說：不！沒有你們皇軍侵略大半個中國，中國人民就不能團結起來對付蔣介石，中國共產黨就奪取不了政權。所以，日本皇軍是我們中國共產黨人的好教員，也可以說是大恩人，大救星。」見於《毛澤東思想萬歲》，頁533、540以及姜義華編，《毛澤東卷》（香港：商務，1994），頁636。

階級隊伍及一打三反運動中，胡志偉又循例出任「老運動員」。因爲他姓胡，遂被定爲「大戰犯」胡宗南的殘渣餘孽而多次挨鬥，因強姦罪入獄的獄頭佟慶成用燒紅的捅火棍燙烙他的手背，逼迫他交待與胡宗南的關係。這一在今日看來純粹屬鬧劇的冤獄，在當時可是個很嚴重的「特嫌」問題，作爲局外人，我們很難想像它在胡志偉心理上曾留下何種程度的創傷。從胡志偉後來的閱讀寫作專注中可以看出，早年的誣陷性歪打正打似乎正打中了他的逆反心理，對於胡宗南這位平生從未謀面的國軍將領，他反而生出了滿懷正面了解的興趣。比如在他輯錄的《漏網的歷史》一書中，收錄有關胡宗南高風亮節的言行記錄就較他人爲多[28]。在歷史人物的品鑒上，胡志偉明顯有一種尾生抱柱式的固執，對值得敬重的人物，他勇於做出從一而終的呵護；而對待他所認定的歷史罪人，則堅決予以痛打落水狗的攻擊。正是在此一情意光束的燭照下，他在張戎的毛澤東新傳中找出了不可饒恕的硬傷。這個硬傷就是張戎硬給胡宗南扣上的共諜帽子。

　　若從常理論，胡志偉既然諜情觀念甚高，有更多的作者加入多抓共諜的合唱，豈不增加了反共戰線的熱鬧？胡志偉何必多管閒事，非去插那一手不可？然而胡志偉並非意氣用事之人，更不齒嘩眾取寵的行徑，在他看來，作爲一個傳記作者，即使抓共諜，也得尊重事實，對歷史人物定褒貶應拿出審案般的嚴肅，縱不可置有罪於不顧，也不能嚴打到冤枉無辜的地步。更重要的是，胡志偉一向以眞僞衡人品，像胡宗南那樣一貫言行忠貞的將領，在並無任何鐵證的情況下，豈可僅根據某些似是而非的現象便一口咬定他是潛伏在國軍中的「紅色臥底」人物！爲求證史實，暴露出張戎的虛妄，胡志偉專門採訪了胡宗

28　見該書頁20-21。

南舊部、後官至總統府侍衛長、海軍陸戰隊司令的孔令晟將軍。在此一長篇訪問記中，通過他與孔將軍的問答，讀者自可聽話聽音，從那位權威的見證人口中得出有關胡宗南功過是非的結論[29]。

　　為胡宗南辯誣，只是胡志偉挑戰張戎的起因，除了澄清史實，他更加重視和必欲爭持的乃是傳記作者應遵從的寫作原則和應有的史德。這是他對張戎的要求，也是他對自己的期許。關於中國傳記文學的寫作傳統，胡志偉在他的一篇會議論文中最後總結說：

> 　　中國古代傳記文學是有反腐敗、反暴政、追求光明的思想；愛國家、愛人民，勇於獻身的思想；俠肝義膽、見義勇為、扶弱鋤強的思想以及昂揚奮進、追求事功、百折不撓的奮鬥精神，這是歷代傳記文學的主流，也對五千年中華文化傳統、民族心理、民族性格的形成大有影響。是故今天的傳記文學作者與口述歷史訪錄者，不應脫離反映社會、反映人生、積極干預現實的主流而狹隘地描述個人、內心等枝節。我們今日從事與推動口述史學工作，是要為這個時代留下它的蹤跡，留下它應該給後人留下的鮮活史實。
>
> 　　傳記文學的創作過程比一般文學作品要經歷更多的考證、切磋等，所需的文學素養高於一般小說散文，而發表後所承受的法律責任也高於杜撰的小說作品。傳記

29　〈胡宗南將軍絕不是匪諜！──八七高齡孔令晟將軍訪問記〉，《傳記文學》525期(2006年2月)；另見〈疲兵孤戰捍天地，陸沉最後一將星──紀念胡宗南將軍逝世四十四週年兼斥張戎之謬論〉，載美國《多維月刊》(2006年4月)。

> 文學與口述歷史的創作需要執筆者花費大量時間去編、
> 去寫、去考證,雕章鏤句,去僞存眞;更需要走出書
> 齋,博採眾議,集思廣益,這樣才能避免簡單化、臉譜
> 化,寫出不溢美、不隱惡的優良作品[30]。

　　胡志偉糾錯批評張戎新編毛傳一書,本爲給胡宗南辯誣,結果卻給他自己惹了不少麻煩。應該看到,不管張書中出現什麼錯誤,不管張戎的史才史德有多大的問題,她此書畢竟旨在揭露毛澤東的罪惡,要造成把毛拉下神壇的效果;張書的出版至少迎合了天下反共人士的興趣,算是爲各類仇毛者出了口惡氣。胡志偉替胡宗南辯誣的理由縱可理解,但他的文章妨礙此書中文版出版的後果卻被他的論敵抓在手中,成了指責他居心叵測的口實:你胡志偉全力封殺此書,莫非要爲毛澤東護短?氣急敗壞的張戎倒打過來一耙,其來勢直欲把胡推進共諜的泥坑。一個敏於揪共諜的人物,卻因洗刷了別人的共諜罪名,最後給自己招致了嫌疑。這才是手不動紅紅自染,眞所謂「假作眞時眞亦假,無爲有處有還無」了。結果引起連鎖反應,在他積極參與活動的作家記者組織中,他因此而突然陷入孤立,受到了意外的排擠。

　　胡志偉就這樣一而再,再而三地攪入混戰,因堅持他認死眼的求實尋眞,有時候反鬧得他自己灰頭土臉。特別是他處處爲蔣介石說公道話的言論,連台灣藍營與學界權威亦嫌他「不識時務」,不少相關的學術會議都不再列他於圈內。儘管如此,他至今仍滿懷反駁論敵的亢奮,在短暫的心情敗壞後,突然又精神抖擻,程咬金一般從半路上

30　胡志偉,〈傳記文學、口述歷史與當代史研究〉,宣讀於2006年8月28日在當代上海研究所舉辦的「首屆兩岸口述歷史理論與實務研討會」。

殺將出來，又去捋新的虎鬚，翻新的疑案，迎擊新的圍攻……，即使
在招怨惹嫌的時刻，他仍忘不了窮搜舊時報刊及其它出版物，多次發
掘出被世人遺忘的英傑，把他們值得懷念的功德公之於眾。

　　胡志偉爲黃世仲受陳炯明、胡漢民之冤殺而寫出翻案文章，並投
入精力，籌集資金，陸續出版了這位革命文學家的大量遺著。針對黃
的冤案，他在文中總結說：「凡專制獨裁者意欲消滅異己分子時，總
會顧忌政治罪名引起社會同情與國際干預，而往往捏造『貪污公款』
罪名或借刀殺人，或殺了無辜猶嫁禍於人。」黃世仲案即屬此類迫害
手段[31]。最近，胡志偉又就張莘夫遇刺案撰文作出新探，揭露了中共
在東北光復後如何勾結蘇俄，出賣國家利益，將維護東北礦產開發權
的國民政府接收官員張莘夫殘忍殺害的事實。正如胡志偉辨析黃案時
所說的嫁禍他人伎倆，張莘夫實際乃中共派出的殺手所殺，案發後蘇
軍與共方卻硬說他爲東北匪幫所害[32]。

　　此外，他還撰寫長文，全面揭露新聞界敗類、國民黨叛徒卜少夫
可恥的一生，對這個吃裡扒外的人物作出了極其尖銳的抨擊[33]。另有
一個名叫朱汲的傢伙，是個新舊社會通吃的老混混，一直在香港和大
陸之間打通各級關節，充當司法黃牛，靠坑蒙拐騙大撈其錢，卻始終
以國民黨大老的面目出現，自負爲保護港商台商的大俠。胡志偉對他
作了一次戲劇性考問的採訪，以其洞悉底細的叩問一層層揭穿此人的

31　胡志偉，見〈民國肇建後第一宗政治冤案——辛亥革命功臣黃世仲之
　　死〉，載香港《明報》2003年7月6日，此文還被2003年7月15日新華社
　　《參考消息》轉載。
32　胡志偉，〈張莘夫慘案真相大白〉，見台北《傳記文學》第562期
　　（2009年3月）。
33　見香港《公正報》2000年11月12日，A5版。

吹噓和撒謊，徹底暴露了他爲斂財而效力中共的醜惡嘴臉[34]。胡志偉
的揭批行動和洗冤工作始終貫徹了分明的愛憎，凡受強權與陰謀誣陷
迫害者，他總是揮筆相助，起沉冤於九地之下；凡諂媚助虐中共者，
則一律予以無情的打擊，將他們的畫皮揭光剝淨，直至露出那見不得
人的東西。

在出版界和學術界，他一向親近德高望重的長者。《傳記文學》
主編劉紹唐病逝，他立即撰文讚揚其一生的事業與爲人，褒獎其主編
《傳記文學》，不忘痛史，追求眞理的功績[35]。對錢穆的史學成就，
他特別看重其「帶著很強的道德意識與愛國熱情」，以及「在中國文
化遇到空前危機的情況下，在病態地蔑視和貶低固有文化的時代氛圍
中，他堅定不移地反對奉『西化』爲圭臬的民族虛無主義思想，強調
民族文化的主體性和中國文化自身發展的連續性。」[36]胡志偉此類褒
貶分明大文章還有很多，有興趣者自可上網查閱他博訊博客中冠以幾
百條題目的長篇短章。

追蹤第三勢力　嘔心翻譯工程

無論是電話上通話還是面對面交談，在我的印象中，胡志偉總是
話匣子一開，其勢如打開了水閘。他滿口的訴說欲望，像似害了寫作
壓迫症的樣子，談話中盡是與他的寫作計劃和研究項目相關的人和

34　胡志偉，〈深圳踢寶記──揭開中共黃埔同學會與和平統一促進會會
　　長的畫皮〉，見香港《前哨》(2007年5月)。
35　胡志偉，〈以一人而敵一國，振千仞足垂千秋──哭紹唐先生〉，見
　　台北《傳記文學》第455期(2000年4月)。
36　胡志偉，〈我們民族的眞正脊樑──紀念國學大師錢賓四先生逝世十
　　二週年〉，見台北《傳記文學》第483期(2002年8月)。

事，每談起民國掌故或當今政界文壇的時事，他隨口提到的人名幾如翻開花名冊點名一般，常聽得我稀裡糊塗跟不上趟。與我的人名健忘症正好相反，胡志偉的人名記憶力簡直像雨人的電話號碼記憶力一樣令我吃驚。比如在談到他正在蒐集的第三勢力資料時，他向我敘及的人物及事件便聽得我如墮五里霧中[37]。

　　胡志偉居香港甚得地利之便，在第三勢力人物的搜羅和評論上頗多開拓之功，其中最值得一提的就是翻譯和詳註了四大冊英文打印本的《張發奎口述自傳》。他在譯文中所作的註釋尤其煞費苦心，翻閱中的確可增加讀者對民國史知識的了解。此書英文本的版權是他自費買的，自打從美國哥倫比亞大學圖書館的故紙堆中挖掘出這部口述史的珍品，他竟在不到三年內的時間內將此一大部頭回憶錄譯成中文出版。他考辨還原了上萬個英文拼寫的中文地名、人名、事件名、機構名，僅憑著他一個自學英語者的底子，最終翻譯出如此明晰流暢的中文，這其間所需要的毅力、熱情和學養，所花費的文字苦力和心血，簡直讓我這個嘗過翻譯苦頭的人不敢去仔細設想，偶一想起那過程的艱苦，我都不由得頭皮發冷。把四厚冊英文原稿本轉換成一冊575頁正式出版的中譯本，無異於起死回生張將軍於九泉之下。胡譯本對民國史研究的貢獻需另文專論，實非本文的篇幅所能詳敘。在此，我僅

---

37 關於第三勢力，胡志偉在論文〈傳記文學、口述歷史與當代史研究〉中解釋說：「第三勢力運動是美國中央情報局在國共兩黨之外另行扶植的一股政治力量，參與者奉洋人之命、拿洋人的錢搞軍、政合一組織，其宗旨是反共反蘇，故中共視之為不共戴天的死敵；然而它在港澳與海外又同國民黨的敵後工作爭奪資源、爭奪人才，自然也遭到中華民國政府的抵制，結果是兩面出擊，腹背受敵……。時隔半個世紀，第三勢力的內幕已鮮少為外人所知，所以那數百名第三勢力骨幹的傳記，無論以自傳，抑或以工具書的簡歷形式出現，都出現了一生之中有三、四年空白的奇怪現象。」

舉書中所述的一個歷史事件,與今日大陸正式出版的民國史所記作一對比,即可見胡志偉復活的信史對中共官方編造的僞史所起的揭露作用之大。

那一天又是周劍岐送書上門,我這位免費的amazon.com兼UPS朋友前來與我閒聊時帶了一套大陸新出的《中華民國史》。據他所說,這是大陸目前相當開放和持論較公允的一部民國史,很值得一讀。我拿起那四大本新書略翻了一翻,發覺國內的學者如今果然思想解放,對民國世代的評價已寬容平和了許多,明顯表現出態度客觀的學術性和他們力求「科學」的諸多改進。但對於中共在民國時代的所作所爲,這些善於以旁敲側擊方式點化讀者的編者們仍有很多苦衷,爲過上級審查那一關,他們依舊不得不爲當局諱,對中共當年很多很多見不得人的事情,照樣是婉轉其詞而一筆帶過。周君帶來此書時,我正好讀胡譯張書至1927年12月中共發動廣州暴亂一段。於是順手翻出這部民國新史中的相關章節,想看看該書如何「科學」地敘述那一重大事件。現照抄原文如下:

> 就在汪精衛以爲這場政治風波將被逐漸平息的時候,12月11日,中國共產黨乘國民黨內部紛爭、市內空虛之際,在廣州舉行了武裝起義。雖然起義僅三天就被鎮壓下去,卻給在上海進行政治投機的汪精衛以致命的打擊[38]。

憑什麼可稱作「起義」?起義者三天內都幹了什麼事情?起義又是如

---

38 見張憲文等著,《中華民國史》第二卷(南京:南京大學出版社,2005),頁46。

何被鎮壓下去的？該書均無一字交待。我只有翻出張發奎的口述，以補他們虛晃一槍處留下的空白。一向對共產黨頗持友好態度的張發奎如是說：

　　忠於政府的工會對平亂做出了很大貢獻。共產黨總以為自己善於欺騙人，尤其善欺騙工人，但廣東暴動之事實，證明了工人中被欺騙者實係其中少數。我已講過，參加廣州暴動的就只有廣州市人力車工會的一部分工人及廣州市印刷工會之一部分工人而已。暴動初起時，共黨自感力量不足，意欲煽動工農，擴充軍隊，亦僅拼湊到三二千流氓地痞。機器工會總部原本就在河南，暴動發生後，所有廣州機器工會、廣東總工會、革工聯合會等工會之工人，不但拒絕參加，而且紛紛奔向河南集中……。他們到河南後，反共意識極為堅強，自願組成敢死隊與叛軍作戰。僅十二日一天就有一千多人自動報名剿匪……。

　　在這三天中，共黨殘酷地燒殺。他們四處劫掠，殺人放火，無惡不作。當時中央銀行、財政廳、東堤、南關、西關等處就各有火頭十餘起。全市都陷於恐怖之中。當我騎馬視察災情時，才知道共產黨多麼殘忍。我親眼見到遍地死屍，尤其是河南對面天字碼頭地區，屍體沿馬路一直堵到龍眼洞，堆滿死屍的手推車兜兜轉轉才能穿過街道。我們收埋了兩千多具屍體，其中有些死者是普通的廣州市民。

　　當鄧龍光部團長陳公俠趕到南堤珠光里人力車工會

> 會所時，五百多個人力車伕正好集合出發，每人攜帶五
> 加侖汽油一桶、火柴一盒、報紙一捆，準備到全市各處
> 放火。陳團長依法逮捕他們，……設若陳團長沒有及時
> 拘捕他們，整個廣州市將陷於一片火海，這是一幅多麼
> 慘絕人寰的景象呀！
> 有多少人死於暴亂與平暴？我估計有五、六千人……。[39]

史實勝過一切雄辯的論述，這就是胡志偉以及今日海內外秉承歷史良
知的學者們努力還原歷史真實的重大意義。隨著越來越多的史實被披
露出來，中共集團通過隱瞞和歪曲所偽造的歷史華袞勢必破爛剝落下
去，直至裸露出他們平庸惡俗的真相。

餘論

　　據張發奎敘述，平暴中被殺的暴徒多係無知的盲眾，真正在背後
煽動鬧事的共產黨要員如葉劍英、葉挺之流，都早已為自己安排好退
路，在目睹大勢已去時遠遠逃到了香港。因談到殺人，我的思緒不由
得又倒回影片《南京南京》的場景。那裡面槍殺平民的日軍是入侵者
和征服者，他們侵入中國就是來殺中國人的。他們明目張膽地殺人，
為的是以屠殺恐嚇中國人的抵抗，同時張揚他們的軍威。他們兇惡得
十分本色，絲毫都不懼怕自己的雙手上沾滿血腥。因為他們以強者自
恃，除非你比他們更強，有力將他們打翻在地，那時候他們哪怕引頸

39　參看張發奎口述，夏蓮瑛訪談及記錄，鄭義翻譯及校註，《蔣介石與
　　我——張發奎上將回憶錄》（香港：文化藝術，2007），頁159-161。

就戮。

而中共則向來以中國人民的救星自詡，他們在道德的自我完成感上最為痛快的一刻就是大喊和指責帝國主義以及國內反動派殺人。為了在勞苦大眾中贏得代言人的擁戴，他們必須用「大喊」和「指責」激起盲眾的仇恨和衝動，讓其在失控中幹出殺人放火的事情，然後再用那一灘血——盲眾的和無辜者的血，以及敵人的血——染紅他們革命的旗幟。要衡量他們的根性，其實連「兇惡」兩字都不配。他們並無勇氣直接面對兇惡的外敵，卻很熱衷作外敵在中國搞顛覆的代理，他們是另一類買辦，直接從俄國和共產國際那裡販賣革命。請繼續讀張發奎的陳述：

> 在燕塘龍眼洞一帶，我們撿拾了六具俄國人屍體，每人都佩戴著紅帶。你要明白，隱藏在東山俄領事館的一批俄國人策劃了這次暴亂。當我軍到達時，這六個俄國人來不及逃回領事館，就跟隨叛軍逃竄，最終被我部下抓獲處決。……薛岳的部下進入東山俄領事館時，領事館職員正在焚燒重要文件。見到這些文件時，他極為震怒。士兵們救了火，繳獲了大量文件。薛岳把文件交給我，我呈交中樞。十二月十四日國民政府同蘇聯斷絕外交關係[40]。

好了，我不用再往下抄了。類似的陰謀再寫十本、百本書也是寫不盡的。那一切都屬於被封閉的「過去」，那一切也正是中共要死死

40　同上，頁160。

地封閉「過去」的原因。這個集團在很大的程度上就活在那一封閉的
基礎之上。土改時被打死的地主富農往往是訴苦會上憤怒的群眾打死
的。反右中被揪出的右派多是群眾揭發的,他們當了右派,還在自己
的右派群中互相揭發。文化革命中死於非命者上千萬,有的死於紅衛
兵之手,有的死於造反派拷打,有的死於各派武鬥,更有大量的人死
於「畏罪自殺」。六十年來,中共專政下受迫害而死者不知有幾千
萬,他們大都死在毛主席、黨中央和各級黨委所運動的群眾之手。黨
並沒有像日本兵那樣公開地揮刀或開槍殺向平民,黨始終把自己的黑
手上背在身後,而且都套著很衛生的手套。但由於黨而被殺的中國人
卻要比日軍之所殺多好多倍,其殺人的手段也更為卑劣和狠毒。

　　《南京南京》放映後,還要不要重拍「黃橋之戰」?要不要重拍
國共內戰、土改鬥地主、反右鬥右派、苦難時期餓死人、紅衛兵打死
人、天安門廣場大屠殺……?如果要重拍,該怎麼拍?中國的觀眾已
經讓六十年來的非現實主義或反現實主義的文藝作品養壞了品味,所
以突然面對《南京南京》那樣回歸現實主義的作品,乍見銀幕上出現
頗有冷峻的歷史感的畫面,有不少觀眾的神經都受了很大的刺激,有
人甚至因某種不習慣而看不下去。

　　由此看來,「解放過去」的工程之是否得以順利進行,就不只是
一個黨准不准許的問題了,國人是否消受得了,那才是更大的問題。
還是馬克思那句老話:「要求拋棄關於自身處境的幻想,也就是要求
拋棄那需要幻想的處境。」共產黨領導下的中國人已過慣了需要幻想
的生活,讓大家拋棄那需要幻想的處境,眼下還不是那麼容易。有很
多很多人,特別是看《平原游擊隊》、《渡江偵察記》等影片長大的
一代人中的某些人,你剝奪了他們的幻想,他們會倍感失落,會覺得
被你抽去了精神支柱,會因此而心裡空蕩蕩得活不下去。悲夫,在咱

們的同胞中，就是有些人活得如此之賤！就這一反諷的實際情況而言，中共並非純粹從外部強加給中國人的災難，它一直寄生在苦難中國的整體上，它正是需要幻想的中國人自身的虛妄和噩夢。

應該指出，胡志偉在現代史研究上的突破也存在著他自身的局限：他講出了國民黨失去大陸的諸多原因，但對共產黨如何贏得勝利，至今揭示得還不夠深入；他的黑白兩把刷子的確刷出了明快的再顛倒，但對歷史和世事中黑白混淆的領域，社會變遷中陰陽未定的形勢，他的論文和編著中尚缺乏細微的分析。有所明往往會相應地有所蔽，我在此並無求全責備之意，一代人只能完成一代人可做的事情。胡志偉曾經是勞累和折磨中幾經瀕死的人了，生活已將他固著在挖掘過去的勞作之中，命運派給他西西弗斯的角色，他注定要這樣「殉史」地蠻幹下去，在勞苦的寫作壓迫症中求證他的存在的意義。

在「解放過去」的大工程中，胡志偉已盡了他開荒牛的努力，他至今仍在苦力般矻矻終日，繼續為此工程工作。這是一個漫長艱巨的工程，真正的完成將在70後、80後、90後以及其後幾代人的身上。我相信他們更有勇氣面對真實，更有條件拋棄幻想，也更有能力救回過去。我相信，中國人最終會重建起民族記憶，走出歷史的陰影，在那源頭活水滋潤的「現在感」中與古為鄰，日新其德。等到不再有那麼多庸眾可供煽動，可使盲從的時候，中共集團也就趨於形存實亡，最終喪失其助長「平庸惡」的效能。

2009年5月

第六章

從傳統到現代的悲愴變奏

——漫議李劫的歷史敘述和人文關懷

一、一個上海本地人的底氣

　　也許是我頭腦裡先入爲主了有關上海人的刻板形象，在美國結識了來自上海的李劫，我一直都沒把他的上海籍與通常的上海人聯繫在一起。他的軀體是粗壯的，有著碼頭裝卸工負重的肩背和足球守門員虎踞的蹲勢。他的頭顱是碩大的，前額下僵持著不善交際的憨直和略顯羞澀的執拗。他的口才遠非他的筆鋒那麼流利，小小的爭辯都會使他激動得臉色漲紅，一時間有點語塞。他爲人處事，並不精明，更乏世故，在精明世故者的眼中，他肯定顯得十足的痴呆。初到美國時，他告訴我他要寫《商周春秋》、《吳越春秋》等大部頭小說，乍一聽來，似顯得有點誇張。然而他確實寫作勤奮，筆頭雄健，幾年後那些書果然都陸續殺青，一一在國內出版，且贏得各方好評。後來在一次會議上遇見李劫，我問他出了那麼多書，所得的收入如何。他有點不好意思地對我說，書商和委託人都對他置之不理，不只應付的錢沒有如數照付，就是想多要幾本樣書贈我一閱，至今都要不到手。說起此類窩囊的遭遇，他顯得神情無奈，卻並無怨憤情緒，僅淡淡提說幾句即沉默下來，好像都怪他不懂行自找了倒楣。李劫至今仍缺乏算計的

心眼，要形容他那副落拓的神氣，我覺得與黃庭堅筆下的晏幾道——
「人百負之而不恨，己信人，終不疑其欺己，此又一痴也」——倒有
一拼，但無論如何，都與外間對上海人諸多負面的說法對不上號。

　　沒想到我這朦朧中的感覺還真的於李劼其人有所契合，最近讀了
他在香港出版的新書以及談論鄉音的散文[1]，才發現李劼本人的自我
定位與我上述的觀察頗多類似之處。原來上海人還有他們在上海內部
的區分，生長在浦東南陸家橋的李劼乃「上海本地人」也。本地人是
上海的原住民，他們住在鄉村與城市的分界線上，沾了些大都會的光
暈，卻遠在鬧市的繁華之外，與洋場上混得闊，里弄內叫得響，居委
會到區政府跑得勤的上海人相比，自然就有了涇渭分明的區別。本
來，這區別多帶有城裡人對鄉下人的歧視或老上海對外來戶的排斥，
如今讓李劼接過來再做重新的界定，就有了一種「否定之否定」的意
味。

　　想當初，這個來自浦東的孩子，面對城裡的上海人，也曾有過嫌
自己口音土氣的羞愧，那時候，從出生地帶來的浦東人身份自然對他
造成過一定的壓力。但後來涉世漸深，閱歷增長，仍不失其本地人底
氣的李劼充分領教了上海人的世故和精明，讀碩士學位的時候，又看
到他特別敬重的導師也未能免俗，種種讓他難以適應的情況攪擾得他
驀然回首，從那個曾使感到難堪的本地人身份背後，他終於認定了一
直支撐他挺起腰桿不退縮的東西。那就是他學不來世故和精明的心
性，以及不盲從而好深思的頭腦。這樣看來，李劼這個「上海本地
人」的自我定位，實已超出城對鄉、洋對土那種狹隘的地域性排他觀

1　李劼，《梟雄與士林——20世紀中國政治演變和文化滄桑》（香港：晨
　　鐘書局，2010）。另見〈鄉音‧申曲‧上海本地人〉，「博訊博客」，
　　李劼文集(http://boxun.com/hero/lijie)。

念，而逆向爲對它的反動。其反動表現爲兩個方面：就內向而言，是返回他腳下的土地，返回個體生命的本眞狀態，返回內心存養他自己的底氣。就外向而言，是他那個未能免俗的導師所順從所迎合的，他不順從也不迎合，導師不敢做以至不再想做的，他偏要去做，而且定要做得不同凡俗。

這就使得在大學教書的李劼與學院小世界內的人和事難以和諧相處，以致摩擦日增，難以在其中繼續廝混而被迫出走。直至他移居到思想學術自由的美國，學院內還是沒有他插足的餘地。李劼只好在他腳下的立錐之地上紮營苦熬，作一塊棄置在帝國大廈下的頑石，在居大不易的曼哈頓過起了上海亭子間的寫字生涯。無用和局外反而使他在身心上得到了極大的解脫，或草地上打坐運思，或打一通太極吐納運氣，或在頭腦與內心貫通時敲打起鍵盤寫他想寫的文字。這些年來，他驚人地多產，至今已寫出了一大堆與學院內那些條條框框漸行漸遠的文章和專著。

二、深重的文化失樂園情懷

1980年代的中國學界是一派「何不策高足，先據要路津」的局勢，在那個新秀們都忙於介紹新理論借用新方法競相建學科占地盤的年代，李劼卻在漫無邊際的閱讀中上下求索。對他來說，書籍的可讀性無分於中西新舊，而在於能否觸發靈思和疏解心結。別人趨時，他卻背時；別人肆意弄潮，他偏熱心溯源。他那個「上海本地人」的底氣似乎對上海的洋場性———一種殖民地型的現代性———有著本能的抵制，以致在西方論著的接受上都顯得頗爲偏食。對最早進入現代的英國及其政治經濟學說，實在看不出他有什麼興趣。對推銷時髦和出口

後現代理論的法國，他甚至不屑一顧。而對後進於現代，且拖曳著尼伯龍根指環和浮士德精神餘暉的德國，李劼則心有靈犀，觸類而旁通，一相遇便甚爲投入。比如像斯賓格勒《西方的沒落》和海德格《存在與時間》等上世紀前期的中譯名著，讓李劼讀起來就倍感有緣，讀得他心底長期埋藏的今昔斷裂感靈機觸發，產生了強烈的文化失樂園感懷。他的思路恍若捲入時間隧道，從此確定方向，不只與海內外喧鬧一時的唯「後」（post-）派背道而馳，更以其向「前」（pre-）看的眼光透視到往古。比如對奢談後現代理論的中國學界，他就曾俏皮地譏諷說：「911之前，哪怕是以十分輕鬆的口吻談論諸如福柯和德里達都顯得十分嚴肅，而911之後，不管人們以如何嚴肅的姿態論說福柯和德里達，都會顯得相當可笑。」[2] 在此類過於精巧和考究的學術操作中，李劼看扁了理論販賣者炫耀的作勢和方法搬運工競技的徒勞，回望20世紀初中國和西方諸大師，他不勝蒼茫頹敗之感。

這是一種跨不進現代門檻，更不向現代殿堂低頭的崇高仰慕情調。斯賓格勒對現代文明的質疑有浮士德精神和德意志昔日的輝煌可撐腰桿，可壯底氣；海德格對柏拉圖主義的批判有他的前蘇格拉底時代可供嚮往，可資對抗。李劼的挑戰卻顯得形影孤單，徒具其頑石般的死硬。他的可悲——也可說是中國文化人的可悲——在於既缺乏可壯底氣的文化資源，又置身今昔斷裂的精神坎陷。中國自19世紀受西潮衝擊，經列強欺辱以來，國人對傳統社會及其文化的信心已喪失殆盡，再加上1949年以來主流意識形態對固有價值序列的破壞造成了嚴重的錯位和倒置，尤其是大陸的文化人，所遭受的精神創傷最爲慘

2　見李劼，《中國八十年代文學歷史備忘》（台北：秀威資訊科技，2009），引言。

重。一個人在後毛時代可以極端地批毛和反共，卻未必能跳出毛共的話語輻射圈重新辨認毛共糟蹋過的事物及其價值。對今日的批毛反共者來說，比較簡單，也更爲快意的做法就是把黨天下的種種弊病與早被批倒批臭的封建專制聯繫在一起，籠統地納入中國的專制傳統。即使像李劼這樣勇於獨立思考的作者也難免不受其影響。

　　錢穆在其《國史大綱》開卷第一頁即對該書讀者提出四個必備的信念，其第三條曰：「所謂對其本國已往歷史有一種溫情與敬意者，至少不會對其本國已往歷史抱一種偏激的虛無主義(即視本國已往歷史爲無一點有價值，亦無一處足以使彼滿意。)，亦至少不會感到現在我們是站在已往歷史最高之頂點(此乃一種淺薄狂妄的進化觀。)，而將我們當身種種罪惡與弱點，一切諉卸於古人(此乃一種似是而非之文化自譴。)。」李劼的國史觀既在錢穆的批評之中，又旁逸出此批評之外，這卻是李劼與同樣遭受精神重創的文化人有所區別之處。說他在錢穆的批評之中，是因爲他基本上沿襲五四以來的成說，把西周以降的歷史籠統地歸結爲中央集權和思想專制。說他又旁逸出此批評之外，是因爲談到殷商時代，他卻別有「一種溫情與敬意」的推想。他先是從《紅樓夢》的序幕受到啓發，把《山海經》中的神話世界確定爲華夏民族及其文化生命的源頭，進而對王國維的〈殷周制度論〉作出創造性的偏解，在殷亡與周興之間劃出一條斷裂的分界。這一劃分爲李劼的歷史敘述另闢出一片天地，也便於他把毛共已糟蹋過的歷史一股腦圈入周以後的朝代，然後在有關殷商部落聯盟的信息碎片中鉤沉殘跡，從而展開他文化復樂園的發掘工程。

　　正是從這一源頭出發，李劼建立了他評說歷史走勢，勾繪人文風景的觀覽架構。他有關駱駝、獅子和孩子三種文化的劃分說顯然挪用了尼采有關人生三階段論說的名目，在這一基礎上，他進而融合斯賓

格勒和奧修有關歷史和生命的論說，把那三個名目額定爲文化類型，並將其與歷史在生命的身體、頭腦和內心三個層面交相對應，互爲映襯，抽繹出更多的頭緒，編成錯綜的網絡，對中國歷史的進程展開了一種他稱之爲「生命全息輪迴」的描述。對中國文化在身體層面及其駱駝型的缺陷，李劼一仍五四以來的反傳統語調，極盡其貶斥撻伐的能事；而對西方文化在頭腦層面及其獅子型的局限，則站在斯賓格勒和海德格的立場上給予了應有的批判，最後融和兩位德國哲人反現代性的話語與老莊禪宗爲一爐，對生命內心層面的返回極力讚賞，明顯地表現出他追慕遠古的文化回歸旨趣。「道者，反之動。」李劼的反動直指返回生命的童稚狀態和人類社會的本初面貌。《山海經》於是成爲激發他想像的神譜，經過他浪漫的審美想像，那部巫覡方輿誌中的世界被描繪爲華夏先民的地上樂園，向我們通常多把它當作荒誕不經之說藐視的眼睛呈現出一幅文化生命緣起史的壯闊圖景。

李劼的文化失樂園情懷是由強烈的文化空缺感引起的，這是一種「前不見古人，後不見來者」的蒼茫情緒。在失去的歷史地平線上極目遠望，他實在不甘心在被否定的中華文明中找不出一點孕育自由民主的因素。正是在此一期待視野的導引下，他從王國維有關殷周制度的論述中窺見了稀薄的可能，於是便把「天子諸侯君臣之分未定」這一前周狀況確定爲建立他人文關懷譜系的理想起點。李劼的這一創意可討論的價值不在其可被實證的學術意義，而在他所欲呈示的問題之深度及其必須克服的難度。應該指出，以領會語言芬芳爲志趣的李劼並無意於繁瑣的考證，更未受過這方面的訓練，這是他與他讚賞的王國維之間一層凍結的隔膜。但也正是他對語言芬芳特有的嗅覺，又使他得以直接領悟到王國維寫那篇考證性質的〈殷周制度論〉所要抒發

的文化失樂園情懷。在痛感歷史斷裂的情緒上，李劼的確與王國維發
生了感應。而正因他對學院式的做學問並不十分在意，反倒使得他比
那些做死了學問的學者更接近大學問家王國維苦悶的內心。因此，儘
管眾多的論者把王國維的自沉簡單地視爲陳腐或保守，李劼卻能以其
少年老成的心態，參照陳寅恪的「文化遺民」精神光譜，重彩點染出
王國維棄絕濁世的高貴姿態。但讀者若仔細閱讀〈殷周制度論〉，對
王國維的深意能有更進一步的領會，則不難發現，李劼在盛讚王國維
的固守精神，並把此精神升華爲一種審美人格之同時，卻對王所固守
的那個制度及其價值一筆帶過，未加詳析，更沒把兩者連繫在一起作
深入探討。

　　對殷周兩朝的區別，王國維到底是如何描述和評價的呢？在指出
周的「立子立嫡」之制、廟數之制和同姓不婚之制不同於商之後，王
國維特別強調說：

> 　　古之所謂國家者，非徒政治之樞機，亦道德之樞機
> 也。使天子、諸侯、大夫、士各奉其制度典禮，以親
> 親、尊尊、賢賢、明男女之別於上，而民風化於下，此
> 之謂「治」；反是，則謂之亂。是故天子、諸侯、卿、
> 大夫、士者，民之表也；制度典禮者，道德之器也。周
> 人爲政之精髓實存於經。
>
> 　　……夫商道尚鬼，乃至竊神祇之犧牲，卿士濁亂於
> 上，而法令隳廢於下，舉國上下，惟奸究敵仇之是務；
> 固不待孟津之會、牧野之誓，而其亡已決矣。……是
> 殷、周之興亡，乃有德與無德之興亡；故克殷之後，尤
> 兢兢以德治爲務。

通觀〈殷周制度論〉一文，王國維崇周抑商的態度自始至終都十分明顯，他反復強調和讚賞的是由周的制度和典禮所確立的秩序和倫常。正是建立了這一價值和等級的序列，區分了尊卑、親疏和遠近，維繫了傳統社會幾千年的倫常秩序，李劼——也包括普通的中國人——平日所看重的尊嚴，所講求的品性和境界，才有了可落實的位置。中共所顛覆和變態扭曲的正是這一維繫了千百年的序列。傳統的價值是在人群中自然形成的等差內各安其份，從而使個人的品位得到相對的提昇。中共造成的結果則是在人爲的拉平中導致全體的劣化，這實在是毛共體系對中華民族造成的致命重創。就我個人的體察和領會來說，不管是殷人的率民以事鬼神還是周人的事鬼神敬而遠之，都共享有其祭天地而敬神鬼以明明德的維度，王國維之所以能指點出周人爲政的精髓，錢穆之所以能秉持其「溫情與敬意」對待國史，顯然與他們還能在此一維度中感知事物和知人論世有一定的關係。對王國維來說，清王朝的滅亡與歷代王朝的滅亡顯然有著根本的不同，那不只是一姓江山的失去，因而已不同於已往那種易姓的改朝換代。清王朝的滅亡帶來了傳統社會的終結，王國維及其一代人生息養育於其中的天地神鬼之維度也隨之摧折，這才是陳寅恪所說的「赤縣神州值數千年未有之巨劫奇變」。因此，王的自沉便不再是固守一個遺民的「節」，而是無法進入失序的現代社會，他「義無再辱」的決絕乃出於預感到由共和而共產的恐怖，即使他沒有早自殺，最終也逃不脫晚自殺甚或被殘殺的下場。這樣看來，早自殺在民國，無論如何也比晚自殺在反右或文革知機而明斷了。

在王國維的心目中，商周之際的變革，「自其表言之，不過一姓一家之興亡與都邑之轉移，自其裡言之，則舊制度廢而新制度興，舊文化廢而新文化興。又自其表言之，則古聖人之所以取天下及所以守

之者，若無以異於後世之帝王；而自其裡言之，則其制度文物與其立
制之本意，乃出於萬世治安之大計，其心術與規模，迥非後世帝王所
能夢見也。」王國維所描述的這個大突破(break through)不免令人聯
想到雅斯貝所標舉的「軸心時代」，即西元前800年到200年間同時在
中國、印度、中東和希臘思想認識上出現的大突破時代。可以說正是
確立了宗周的秩序，對人世變化的預測逐漸由巫覡的求占卜轉向史官
的錄史跡，天命觀代之以新興的革命觀，從祖先的世界與神的世界含
混不清演變爲兩者的分立，所有這一切漸入理性的變化才開啓了此後
諸子百家爭鳴的局面。

　　與雅斯貝的盛讚理性光輝正好相反，對邏各斯中心主義
(logocentrism)持批判態度的海德格卻在柏拉圖的「理念」和亞里士
多德的「範疇」中看到了存在的沉淪。爲了強調眞理的無遮蔽狀態，
他的目光轉向「另一個開端」，返回到前蘇格拉底思想家的狀態，對
神話與英雄史詩所呈現的氣魄和力度表現出特有的思古之幽情。這是
一個很複雜的問題，非三言兩語可在此說清，行文至此，之所以順便
提及，是考慮到心儀海德格的李劼也許正是從海氏此一惟解蔽的取向
受到啓發，也想在趨向秩序化和理性化的宗周時代之前另闢出一塊豐
饒的文化園地。因此，他一讀王國維這篇文字便受到感召，但隨後所
做的卻是與王同床異夢的工作。

　　李劼與王國維的根本差異在於，王的歷史斷裂感建立在他固守華
夏傳統價值序列的堅實基礎之上，即使斥他爲頑固，他也頑得完整，
固得忠誠。他的〈浣溪沙〉一詞有句曰：「掩卷平生有百端，飽更憂
患轉冥頑。」他那種甘願冥頑的態度是始終一致和死心塌地的，是死
去也無怨無悔的。他並沒有文化空缺感，眞正苦於文化空缺的其實是
李劼自己。爲走出毛共話語糟踏過的歷史廢墟，清除文革中所感染的

否定性思維炎症，李劼只有另闢開端，重新發明新的起點。在李劼的書寫中，誤讀與偏解於是成爲他思想認識上獲得自贖的一種天啓，他抓住了「天子諸侯君臣之分未定」這個殷商時代的明晃晃線索，爲他反大一統王朝的歷史敘述確定了一個極富有彈性的跳板。

三、獨特的晚近歷史觀

有關商周之際巨變的辨析可就此打住，在這個問題上，過分的實證性爭辯勢必與李劼一併陷入考據的泥潭。如果說李劼那一陣起跳前的晃悠已聚足了氣勢，那麼眞正值得他腳踏實地，踩出一條路徑的領域則屬於他所說的「晚近歷史」及其有關話語英雄的敘述。

晚近歷史是李劼多年來用力之所在，也是當今學界與民間普遍關注的問題。我在以前的好幾篇文章中反復提到過近年來大陸從黨內到民間歷史意識普遍覺醒的可喜現象，隨著官方教科書及其相應的文藝宣傳日益失去光彩而漏洞百出，從黨校教授到民間獨立撰稿人，從報刊網站到影視製作，很多有心人都在近現代中國史方面做著重新檢討的工作。這是黨天下解體過程中一個伴隨著的效應，也屬於解體黨天下有效的手段之一。世道在變，人心之所向在變，揭穿六十年「偉光正」的謊言，還原歷史眞相，已是今日眾多的人文關懷者不謀而合的義舉。50後的李劼雖生也晚，在這方面卻別具「春江水暖鴨先知」的敏銳。對這一段遭毛共話語糟蹋的歷史重作梳理，進而爲晚清民國諸子樹幡招魂，於是便成爲他撰寫舊作《論晚近歷史》及新著《梟雄與士林》兩書的動力和宗旨。

流行的歷史觀對「天下大勢分久必合」的趨勢向來一致看好，一統天下總是被謳歌爲太平盛世，王朝的臣民不管過著多麼豬狗不如的

生活，只要皇帝的金殿上出現了萬國衣冠拜冕旒的盛況，就被認爲是形勢大好，值得在正史上大書特書。可以說，正是這種缺乏地方自主性的一統期待深入人心，致使挑戰中央的地方勢力始終難以壯大，幾千年的王朝更迭演變下來，竟沒有爲民主體制的形成積累下一點地方自治的堅實基礎。在李劼的歷史敘述中，這一片江山如此多嬌的黑風景成了他胸中的千古恨事。因此，在強烈地批評中央集權專制之餘，他關注的重點轉向了「晚近歷史」，他試圖在清末民初的巨變中探討出有可能向地方分權發展的趨勢。在《梟雄與士林》一書的開頭，李劼即對聯省自治的可行性作出了盡可能令人信服的論述。他的議論是雄辯的，綜述是博洽的，他那種滔滔不絕的「隆中對」讓我想起了一個名叫Déjà Vu的美國電影。在我的眼前，李劼博客的網頁現在就是影片中那個高科技裝置「時空之窗」，而他的地方自治論就是跳入那窗戶，追蹤到事態變化的關捩點上，去搶救歷史的追悔行動。

　　克羅齊深信，「歷史學是以實在的個體性和具體性對實在進行的直觀把握。」李劼說他「不再以理念爲轉移，從而也不再以尋找規律爲然，僅僅以歷史的人物和故事作爲描述的對象。」[3] 可以說，正是官方的馬列教條和黨史教科書造成的反動使李劼回歸到傳統的直觀把握。或《世說新語》式的人物品評，或王船山《讀通鑑論》式的縱橫議論，在評梟雄而說士林的人物臧否中，他以紛然雜列的賦體筆法鋪陳了一幅百年來政治演變和文化滄桑的寫意長卷。該書無論從規模還是容量上來說，都堪稱設想大膽而運筆恢宏。這樣的嘗試雖屬草創，所搭的架構雖有待充實和深化，但從國內到海外，學院中還未見有人

3　李劼，《中國語言神話和話語英雄──論晚近歷史》（「李劼思想文化文集」之三）（西寧：青海人民，1998），頁4。

敢像李劼這樣冒險去亂流中垂釣，不管多麼掣肘也要捕一條大魚。

　　閱讀《梟雄與士林》這本書，你會感受到游擊戰或突擊隊一般動不動就襲擊過來的議論衝殺，連珠炮式的人物類比明暗斑駁，光怪陸離，每當行文到偏激得讓你受不了刺激的時候，突然就會冒出幾句刀中肯綮的妙論，閃現一道撐開了歷史癥結的洞見。李劼並不是一個分寸感把握得老練的精雕細琢者，我稱讚他的文字不用「才學」，而用「才力」，不用「學識」，而用「膽識」，就是要突出他那不嫌重復，不避繁冗，不揣鄙陋，總是在反復申說中汪洋恣肆侃下去的非學院操作，就是要強調他的創作力源自內心與頭腦間充沛的貫通，而不是從文本到文本，靠引文的連綴來填充篇幅的餖飣補苴。就是憑著那一竿子捅到底的勢頭，他總要把話說過頭，甚至說得特損，一直說到別人觸摸不到的癢處或痛處。

　　毋庸否認，此書中有些偏激的言辭很可能會引起某些讀者的反感，但也正是靠那種肆意武斷的言辭所產生的力度，李劼讓他的讀者在不滿和拒斥之餘往往會受到振聾發聵的撼動。書寫上的「先知者」大都具有敏銳的社會感應，他們在扶乩一樣的奮筆疾書中所發的狂言與其說是他們個人的臆斷或妄想，不如說是在一定的程度上被動地傳導了集體無意識的湧動。李劼的很多放言縱論冥冥中似乎就傳達了後毛共時代國人歷史意識覺醒中信息混雜和思慮躁亂的狀態，鬱積在很多人心中的歷史追悔情緒就這樣通過他的筆端發出了眾聲喧嘩的混唱。比如說如果沒有孫中山為建黨軍而聯俄容共，就不會有中共的壯大這一萬劫不復的災難等事後諸葛的假設，在一定的程度上就傳達了近年來網上的諸多言論對這位「國父」大肆問責的聲音。進入了這一語境的氛圍，你再讀到李劼加給孫中山頭上的「流氓」帽子，斥其「上斷改良之路，下啓國共之禍」等說法，也就不感到特別突兀和多

麼逆耳了。就是在這種犀利的話語轟擊下，受感染的讀者不由自主地
偏離了定向思維的舊軌，對晚近歷史曾經可能的走勢，又多了一條思
路。

在李劼的這本新作中，諸如此類的「如果」式追悔尚有很多，究
其原因，無非是百年來的黨派殘殺和階級鬥爭留下了過於沉痛的歷史
教訓，以致當代的歷史敘述者多懷有逆反的心理，對武裝革命常表現
出極度厭惡的態度。包括李劼在內，當今歷史敘述中很多激烈言論多
已超出通常的學術討論範疇，而泛化為某種社會怨憤的傳聲筒效應，
所有此類博客文字的即時宣洩和隨意揮灑，均可視為群體的歷史不平
感憑附在某個書寫者身上的迷狂現象。就此而言，李劼的歷史敘述儘
管具有鮮明的個性色彩，但作為敘述者，他在一定的程度上也可以說
是被動地代言了群體的歷史怨憤。這樣的恣肆嘲罵極具快意恩仇的閱
讀效果，李劼為此而犧牲的學術代價在外界盡可以受到譏議，但於他
本人則不失為一場話語狂歡的宴饗。所以我在為《梟雄與士林》所寫
的書後評語中宣揚此書：是投入學術黑龍潭的醒醒石，是撒向民間讀
書人的開心果。李劼總算實現了他早在《論晚近歷史》中所立下的目
標：「將歷史從社會的桎梏下解放出來，交還給個人；將歷史從教科
書的刻意編碼中消解出來，還原為生命。」[4] 現在，在他的書寫症狀
中，他這個個人終得以充分展示，而他的生命也從中煥發了異彩。

通觀全書，我個人最欣賞的是李劼對所謂「群情」、「民憤」、
「公議」等中國特色的「饜興論」所發的誅心之論。早在談論曾國藩
處理天津教案的文章中，他就對當時朝野間的「清議」和一煽動即起
鬨的暴民作過響亮的鞭笞。無知才會無畏，暴民的暴力便來自他們的

4　同上。

無知無畏。他們是帝制暴虐下養成的惡狗，是發出敵對行動的御用工具，沒有唆使，便不知誰是可狂吠的對象，只是在他們把洋人視爲朝廷的敵人時，他們對洋人的攻擊才達到群情激憤的地步。李劼對暴民的剖析不難令人聯想到大搞階級鬥爭時期的革命群眾，文革中的紅衛兵，還有今日的憤青，乃至五毛黨之流。更爲可惡的是李劼稱之爲「清議家」的人物，他們「是一批朝廷惡少，坐在看台上給暴民加油，向洋人做鬼臉，在曾國藩腳下使絆子。……清者，無責任干係也，議者，信口開河亂說一氣也。假如洋人愛國，爲了自己國家的利益，他們得拿出實力；然而中國朝廷中的這批清議家喊愛國，卻只要隨便論說便可以了。因爲他們不是眞正的愛國者，而只是愛國主義拉拉隊；因爲他們沒有愛國之心，只是像逗鳥玩女人一樣地玩玩愛國主義，逗逗天津的暴民。一旦大火燒到他們身邊，他們保證溜得精光。」[5]

為共產黨所蠱惑的左傾文化人和熱血青年，就是晚清的清議家在抗戰時期的變種。在當時那種群情激憤的形勢下，去街上高喊抗日的口號很容易，但若要不怕被指責爲「漢奸」而發出緩抗日的勸阻，卻成了難之又難的事情。在解析中共的愛國煽動如何獲勝的一章中，李劼明晰地指出了中日兩方軍力對比的懸殊以及中國陷入的國際困境。同樣是揭露中共利用抗日壯大自身的卑劣眞相，在《誰是新中國》那本書中，由於作者愛國義憤之氣太盛，又深受毛共話語的熏染，其長篇大論的批共文字便顯出了十足的「共腔」，讀其書未終篇已讓人感到厭棄。與之相反，李劼則從漢唐已逝，華夏民族的陽剛之氣大衰說起，抓住了中國人普遍的軟骨頭要靠嘴頭和筆頭來壯威的愛國口號病

5　同上，頁149-150。

症。他痛批此類人「敦促他人禦敵，比禦敵本身還要理直氣壯。於是，道德的語言暴力，最後在愛國狂潮中演變成了肉體的消滅」[6]針。對當時的國際形勢，李劼的歷史敘述再次展開「時空之窗」的搶救行動：除了替議和派叫屈，他還嚴加指責蔣介石沒有效仿張伯倫的綏靖政策，把日軍引向中國最險惡的鄰邦蘇俄。同樣披露史達林如何促使中國牽制日本的以鄰為壑之策，辛灝年把蔣介石歌頌到讓人覺得肉麻的地步，而李劼則率直批評蔣介石如何被迫地媚愛國之俗，以致實行冷酷的焦土政策，拿中國人民的生命財產去堵截日軍的長驅直入。蔣的被迫之舉之所以令人甚感扼腕，是因為國軍的奮勇抗日和前仆後繼在電影上看起來雖悲壯慘烈，事實上卻正好為趁抗日之機充軍力擴地盤的八路軍打了堵槍眼的前鋒。李劼向我們冷峻地指出：「共產黨的任務就是煽動大眾高唱血肉築長城，一直唱到國民黨不得不把自己的部隊拉出去築長城。毛澤東當年高喊諸如擁護蔣委員長領導抗日之類的調調，其潛台詞就在於，請蔣委員長率領軍民去用血肉築長城。秦始皇喜歡築長城，毛澤東也喜歡築長城，因為都是用他人的血肉為自己的江山築長城，何樂而不為？所以《義勇軍進行曲》理所當然地被選作國歌。」[7]

　　李劼剖析的「血肉長城策」是點到了中共屬害的一手，但置諸今日的歷史敘述，這個「策」又不宜肯定得太死，不可把它渲染成神乎其神的謀略，事先定好的計策。我在有關中共建國六十週年大慶的一篇短文中說過：「中共的革命歷史基本上是一個不斷求取倖存的歷史，他們勝利得太僥倖，得意得也很可恥。」這一僥幸是僥了那個特

6　《梟雄與士林》，頁43。
7　同上。

殊歷史時期的倖，投了國內外局勢陰差陽錯的機。歷史並無合理性和
必然性可講，曾經有過的戰爭更非演義上編排得那麼符合必勝的邏
輯。戰爭充滿了隨機的情境，中共的眾多戰績都是倖存的選擇逼出來
的血路。更需要補充說明的是，「血肉長城」戰術的施用不只消耗國
軍於八年抗戰，緊接著也致使國軍潰敗於四年內戰。但關於毛澤東及
其中共的革命話語在打敗蔣介石及其國民政府的過程中所起的巨大作
用，李劼的議論卻似有誇大，甚至不無本末倒置之嫌。什麼叫「成王
敗寇」論？那就是勝利者獲勝後運用已掌控的話語權所散布的權力話
語。它是為修補當年的寒傖和缺失而事後設置的說辭，是為裝飾獲勝
的豐碑而編造的革命神話。歷史敘述者若以為「成王」在當年逐鹿時
就已經憑強勢的革命話語大獲了民心，毛澤東僅靠幾篇論文就在黨內
確立了領導地位，那就未免把打天下的事情和黨內鬥爭的隨機性事變
想像得過於簡單，而不自知其為後置話語所蒙蔽了。如果我們再來一
次「時空之窗」的返回當年，去圖書館翻檢那時候的報刊書籍，從文
字圖片中獲得的印象也許適得其反：偏處延安的中共幾乎沒有什麼聲
音，作為話語權的掌控者，蔣介石及其國民政府的話語覆蓋面要比邊
區的新華社廣被多了。三民主義天天都在空講，委員長的《中國之命
運》到處都在散發，但那些話語不管宣傳得多麼強勢，無論如何也起
不了強壯國軍的作用。他們最終還是敗在了共軍的人海戰術之中，敗
在了驍勇多謀如林彪、粟裕之類將帥的鬣狗式圍殺和禿雕式殲殘之
中。為贏得那場戰爭，共軍付出的生命代價及其耗費的民眾資源是非
常血腥，極其慘烈的，真正身歷其境而倖存下來的將士，大都因不堪
回首而吞沒了痛苦的記憶。中共不仁，以人命為草芥；中共英明，鑄
犧牲為豐碑。凡看過馮小剛電影《集結號》而有所領悟的人，我想都
該知曉這個道理。鄧小平所走的資本主義道路叫作「摸著石頭過

河」，解放軍當年打老蔣，何嘗不是爬過死人堆向前迫進？獲勝後所散布的話語，不過給戰死的枯骨貼金箔，為大地的瘡痍蓋錦緞罷了。種種後設話語，都是武裝奪了權的善後處理，是暴力和殘殺的合法化論述，一件件精緻的「成王敗寇」包裝盒罷了。

與編輯過的毛主席著作言論相比，實際處事中的毛澤東被動和平庸的成分就要濃厚多了。是中共及其臣民平庸的配合，把一個平庸者縱容到如此荒誕的偉大。毛從來也沒肩負過大統帥的指揮重任，他那個共黨的中樞位置與其說雄踞於運籌帷幄，決勝千里的制高點上，不如說是僅領銜簽署已起草好的電訊，以某種被擱置在局外的身份來協調局內諸重量級人物之間的緊張關係，在別人都各司其職，各盡其能的情況下，趁人家無暇去發空論之機，他自己抓起話筒，做了一些能起到潤滑作用的論說工作。只是在建國後，各司其職的重量級人物越來越專享各自領域的權勢，致使那簽署文件的手常插不上手，主持會議的嘴更插不上嘴，手和嘴漸露出多餘和空洞的窘態，偉大領袖才開始憤然於自己被閒置的落寞。手於是偏要伸進別人的領域胡攪，嘴更要對自己不懂的事亂說，不再滿足於僅以領袖形象出現在大會和媒體上的毛澤東便與周圍的實幹家日益摩擦，頻生衝突。衝突到最後，便爆發了他發動的文化大革命。所謂毛主席的革命路線，最終的目標就是廢掉所有各司其職的重量級人物，哪怕荒廢所有的領域，只要全黨全軍全國人民都只看他揮手，只聽他張口，並全都一致向他揮手和張口，振臂山呼「萬歲萬歲萬萬歲」。李劼的敘述寫到後邊，他甚至覺得用「流氓」稱呼毛澤東及其一夥都高抬了他們，掃視七千人大會，他看到的竟是這等模樣：「近看是一夥無知無畏的草莽，遠看是一群史無前例的瘋子。」李劼的速寫何其傳神！然而，如此低劣的勢力竟然在有利的時勢下獲了勝。這不只是晚近歷史對中國人的揶揄，恐怕

也是這個民族自己的業報。連毛澤東本人心裡都清楚自己的僥倖，曾經半醒悟半自嘲地引一句古人名言警告江青說：「時無英雄，遂使豎子成名。」隨著毛的著作黴菌一樣鋪天蓋地，散發到全中國所有識字或不識字的人手中，毛的權力話語最後只化簡成兩個字，那就是「萬歲」。

就在他大獲全勝的峰巔時刻，毛隱隱感到一種被擁戴得過了頭的恐懼：他那個偉大領袖的形象越來越與他現實存在中的個人分身而去，高大到要將他這個人的存在壓倒的地步。林彪的折戟沉沙更激起了他的末日恐懼，他覺得，必須在臨死前清除可能使他死後受辱的標誌，制止自己被偶像化的趨勢。因此他發出自毀其像的命令，要趁他還有一口氣的時候緊急刹車，以免自己被製作成鍾馗爲他人守門和打鬼。一個拆除毛像的行動在嚴密的遮蔽下暗中展開，全國各地都放倒了大小不等的毛主席塑像。可悲的是，毛最終竟沒能逃脫被製作成偶像的下場，結果連自己的屍體都不能入土爲安，被動物標本般陳列在紀念堂作爲黨國的辟邪符和鎮國之寶。納西斯（Narcissus）因自戀而自溺，留下了主體殉情於自我幻影的美麗神話。毛則陷入了與納西斯相反的荒誕處境，他清醒地意識到一個外在於他的形象向他摟抱過來，夢魘一樣使他窒息，然而他束手無策，眼睜睜看著自己陷入麻木，最終失身於他的偉大領袖的形象。

除了批判「憤情愛國」，李劼對汪精衛曲線救國公正的的理解與還原也值得在此一提。針對那些被稱爲「賣國賊」的人在當時爲救國所做的事情，他從中抽繹出所有的「愛國賊」都不具備的忍辱勇氣，進而給汪精衛諸人爲國難掏大糞，替民族擦屁股的一雙雙髒手洗刷出了一定的清白。與胡志偉浮躁的「漢奸憎恨」情結相比，李劼的歷史敘述具有明顯的悲憫情懷。他之洗髒手而不懼弄髒了自己的手，就是

要讓我們明白，一個人從事「我不下地獄誰下地獄」的急務，的確有
很多曲裡拐彎的難處和塵封在暗角的苦衷，在事過境遷的今日，還是
有必要都拿出來亮到明處，予以順乎情理的理解和澄清。原來，「號
稱愛國的往往把國家弄得一團糟連賣都賣不出去，而被指責賣國的又
卻原來是最具愛國立場的。」所以李劼立論，有時偏要背離趨光向陽
的通則，特意走向蒙上了歷史積垢的灰色人物，從他們身上晦暗的色
調中辨認出可供品鑒的精神光譜。

　　在他組建的政治－人文譜系上，曾國藩可謂他所選拔的諸多「文
化角色」（cultural personae）中一個打開場的首要人物。這位自1949年
已降，一直被官方教科書定性為「漢奸、劊子手」的人物有幸在八十
年代後漸漸恢復名譽，自岳麓出版社推出《曾國藩全集》，唐浩明的
長篇歷史小說《曾國藩》投放書市，再加上蔣介石和毛澤東被披露為
他的兩大粉絲，最新編印的曾國藩家書和奏議一時成為比較熱門的讀
物。李劼特意關注曾國藩，倒不是去湊書市的熱鬧，而是在他平生的
事功上看出了由傳統向現代順勢轉型的某種可能。

　　Persona是一個面具，一種人物類型，是被作為敘述者的代言人
推上前台的粉墨亮相。李劼所憎恨的大一統天下一極是朝廷皇權，一
極是被中共追封為「農民起義」的江湖暴力。曾國藩之所以被紅朝教
科書貶為劊子手，眾所周知，是因為他率領湘軍，鏖戰江南，最終平
定了洪楊之亂。從近年來披露的一系列太平天國暴行不難看出，洪秀
全若真推翻滿清坐了天下，必然是更加專制的惡性循環。在李劼的人
物譜系中，這個把「西方最落後的形式和東方最落後的內容」結合在
一起的魔頭，被定性為蠢動的「身體」，被定位於溺人的「泥潭」，
同時也被歸類為毛澤東的原型，總而言之，被指斥為晚近歷史上眾梟
雄最壞的根子。

　　從曾國藩在近年來的形象刷新可以看出，傳統的價值序列正在新的層面上復位，中共所建立的革命暴力道統已遭到世人普遍的唾棄。李劼之讚譽曾國藩及其地方自衛武裝，是著眼於曾國藩那種非江湖非朝廷的第三勢力，是看重他鏈結江湖和朝廷的作用，是由他的赫赫功業看出了晚近中國地方自治的可能性和社會力量開始崛起的姿態。此外，曾國藩又是洋務運動的首創人，他的「採夷氣」和「師夷智」而非「師夷技」的洋務上策，明顯地表現出由傳統創造性長入現代的轉型方式，他可謂中國人在技術和知識上自覺接受現代化的開創人。他的沒有被充分闡述的事功——也就是李劼所說的「曾國藩事功的無言意味」——所顯示的可能去向，爲李劼的晚近歷史敘述延伸出了一條理想的虛線，儘管有國共武裝革命那已成事實的實線沉重地壓在那裡，壓得這條虛線斷裂殘破，似有若無，像一條湮沒於沙漠的細流。

　　李劼的勘探和復原使這條斷流的虛線依稀浮出晚近歷史的地表，也勾動了他重新發現民國人物的深情追懷。所謂人文關懷，就是在政治和審美的序列上評說那些文化人的生命情調，比較它們的文化品質，也順便抒發李自己的抑塞磊落的襟懷。正如他在《梟雄與士林》一書中所說：「文化首先不是通過文字承傳，而是經由生命本身延續。因此，文化的繁榮與否，首先不在於著書立說的豐貧，而在於人物的精不精彩。人文環境的自由與否，也在於能不能出現千姿百態的人文精英。」[8] 在此書的下篇「人文圖景 精神光譜」中，隨著背景由明轉暗，人物的精彩在對比中蒼黃反復，文化思想被現實政治拖入了難以分解的糾纏，文化人在新舊社會的遭遇遂出現了令人唏噓的變化。

8　　同上，頁38。

四、對比分明的文化精神光譜

　　1949年中共政權的建立，在李劼描述的精神光譜上劃下了一道裂痕，按照流行已久的習慣說法，那就是所謂的新舊社會之分。這個一刀切的劃分才真正造成了「赤縣神州值數千年未有之巨劫奇變」，它不只造成斷裂，更徹底顛倒了既有的價值序列。李劼的文化空缺感正是這一斷裂砍下的傷殘，他那個商周之際巨變的懸想在很大的程度上即扭曲地倒映了他眼前此一惱人的現實。從土改、反右到文革，到「六四」，直到今日的腐敗，罄竹難書的殘殺和迫害已證實被稱為新社會的六十年比歷史上任何時期都更為罪惡和奴役，用「解放」一詞來標誌此一劃分，於中國人實為可悲的諷刺。特別是對那些追隨黨而後來被黨一腳踹開的人士和被告知翻了身而實際上還在受壓迫的人們，「既有今日，何必當初」那句老話，才是最傷心而又恰當的警示。近年來，這個新社會已爛得不能再爛，民國懷舊熱於是悄然興起，「萬惡的舊社會」不只被發現有很多值得懷念之處，而且當時的不少舊事物已在陸續返回。社會亦如生命，它不管受到怎樣的殘傷，總會向正常的狀態復原。李劼推出了這一系列人文精神光譜，就是要呈現新舊社會的強烈對比，把被顛倒的一切再顛倒過來，扶回原先的正位：「從清末民初到49年的民國年代，是與春秋戰國遙遙相望的諸子時代；百家爭鳴，百花齊放。而自49年以降，一黨專制，獨尊馬列，思想劃一，精神單調。整個精神光譜只剩下革命的紅色與被專政的黑色。」[9]

9　同上，頁281。

　　因此，李劼的品鑒仍堅持其青睞「前」（before）而鄙薄「後」（after）的標準，越是在「解放」後被貶斥爲守舊的人物，他越是傾注了錢穆所說的「溫情與敬意」；越是讓他們曾一度蒙塵的光彩重見天日，越是對比出「解放」前人文環境的自由和優越。而對浮躁、激進、追隨中共如郭沫若之流者，李劼則一律冷眉橫對，白眼相向，時不時來幾句奚落，乘便就罵他一個痛快。其敘述方式以人物類比爲構架，形成人物的互文化關聯，其序列好比文本與文本之間互相參照，構成「照花前後鏡」的脈絡。在一派豐富多彩的人文圖景中，人物之間的交叉對比和重疊類推如樂曲迴旋往復，似對舞變換著搭配，大量的文化人被作爲不同的「文化角色」或成雙或分組地推向了聚光燈下的舞台。

　　王國維和陳寅恪無疑是李劼光譜中的靈魂人物，凡抵制革命而傾向改良者，多在他接納之中，特別是那類伯夷叔齊般耿介的遺老，每提及他們頑固的言行，李劼總會表示一定的偏愛。比如，對西學根底深厚，足跡遍歐陸的辜鴻銘，李劼不惟不鄙視他偏要留辮子拜小腳的言行，反欣賞其成年人的智慧中不失孩子心靈的學術老頑童姿態，在涉及中國文化精髓的問題上，連這位怪才的某些奇談怪論，也都給予了欣賞性的辯解。清末民初，中國社會處於守舊與開明混雜交織的時期，舊學深厚的文化人初接受新學，好比茁壯的樹幹嫁接上異域的奇葩，那一種老樹吐新芽的文化光彩極大地得益於他們的傳統士人教養。比如像以文言翻譯西洋小說而著稱的林琴南，就曾憑仗他古文大家的章法，把一曲茶花女翻新到「斷盡支那蕩子腸」的境地。而章太炎及其早期革命黨人的人格魅力則明顯來自江湖遊俠的骨氣。甚至對殉清的梁濟，李劼也不怎麼苛責他的迂腐，反寬容他因「精神枯竭」而自殺的勇氣，至少對他「死勸」天下的態度表示了一定的理解。但

對其子梁漱溟，對那位多年追隨毛澤東而不小心弄得傷了臉的紅朝食客，李劼就有了很大的保留。李劼的褒貶始終都表現得好惡分明，眼睛裡容不得任何人與毛澤東沾上邊的一星沙子。比如像熊十力這樣在學界被捧得很高的人物，就因其一封封給毛澤東寫信效忠，在此書的精神光譜上就被毫不遷就地撥到晦暗的一端。包括對曾經秉持自由主義理念，而後來政治上失意的羅隆基、王造時、儲安平諸人，李劼也堅持一分為二的角度，把人們對此輩被打成大右派的同情和肯定暫懸置在一邊，專就他們左傾激進和上賊船的選擇作出了追根究源的分析。對五四以降文藝界「革命憤青」的撻伐則出手最狠，使我忍不住要抄在這裡供討厭此類人物的讀者一覽稱快：他們是「郭沫若、成仿吾、蔣光慈、李初梨，馮乃超等等一干根底淺薄卻急功近利的文學青年。他們好比一個文化上的水泊梁山，以組織文學社團的方式聚嘯山林，然後在城市裡燥動不安；直到最後讓毛澤東統領之後，才開始安靜下來，仿佛一群野娼，終於有了歸宿。這群革命的小騷貨，其激進的衝動與其說基於文化理念，不如說是出自一種遲到者的焦灼。朝著辛亥革命望洋興嘆倒也罷了，讓他們不安的是，參與新文化運動也遲了半拍。他們急不可待地衝上歷史舞台的當口，新文化運動早已開場。於是，他們只能想方設法與新文化運動諸子攀比，誰更革命。」[10]

　　對左傾激進的批判，舉此一斑，已可窺全豹。李劼的精神光譜中最精彩的區域還是偏向了淵默潛沉者一端。像陳寅恪這樣以墨色的濃淡顯五彩的人物，李劼的偏愛幾乎達到了從一而終的地步，論及陳的作品，橫看成嶺側成峰，連咳唾都拾作珠玉。出於他上海本地人對上海洋場性本能的抵制，李劼對假洋鬼子式的才子學人最不能忍受，相

10　同上，頁228-229。

比之下，陳寅恪就有了「趙孟之富貴，趙孟能賤之」的超脫，而正是陳這種化洋入中的境界，成了李劼對陳極為嘆服的一點。陳寅恪留學歐美，精通數種外文，但他卻是留學之意不在學位，只在乎所學，一張文憑也不帶地飄然歸來，一步踏上導師講席，長衫落拓，專在冷門學問內求新知。這就是民國世代那個以真才實學為重，按士林聲譽擇人的寬鬆環境，其中的自由度別具傳統中國社會重推舉的選拔特色。但自「解放」以來，事事都需經黨委政治審查，不要說陳寅恪那樣的優越待遇一去不返，僅一個留學資本主義國家的經歷，已不知讓多少熱心從海外回來報效祖國的學子被打成右派而挨批受整，甚或因特務嫌疑而投入監獄。在新月派諸子中，像梁實秋等隨國府遷往台灣者，都有幸繼續煥發餘生的光輝，而留在大陸接受新社會改造者，大都像邵洵美那樣被迫害致死。

時窮節乃現，精神光譜的亮度總是與人格的力度和厚度成正比的，但與書本知識的高低多少無關。像馮友蘭那樣號稱大儒的人物，文革中竟然下作到跟風批孔鬧劇，逢迎江青，在李劼的光譜中，此老便被貶入最低下的暗處。錢鍾書學貫中西，論學問，在新舊學者群中幾乎無人可與比肩，只可惜為了明哲保身，曾順從地進了毛選英譯的翻譯班子，因此被李劼按上「紅朝御譯」的帽子，其亮度就要比在沉默孤寂中蟄伏下來，淡然倖存的施蟄存——蟄存蟄存，名塑其人——遜色了幾分。

讀李劼這本書，一直使人感到快意的語調，便是他是非分明的態度和正反判然有別的對比，他的精神光譜如一面鏡子，明確地區分出「解放」前後的天地之差，斷然扭轉了毛共話語製造的顛倒，讓我們照出了自由賦予文化人的光彩，也看清了專制加於他們的不幸和所製造的醜惡。但換一個角度來看，至少就我本人而言，又不能不懷疑，

李劫與毛共話語針鋒相對的針尖和鋒刃是否在刺向對手的較量中也曾受到對手的感染？比如，他對孔孟或儒家從頭到尾，見縫插針的狠批猛打，就隱隱流露出評法批儒運動所遺留的某種精神創傷，乃至大批判文風掃過的烙印。儒既不限於孔孟，也不全等於哲學史或思想史教科書上所說的「儒家」，更不可籠統地混同於所謂的「封建禮教」。更何況在整個前現代中國，無論在書本上還是在現實中，主流的價值序列一直都在鞭笞朋黨，辨別義利，區分清濁，嚴明地剝離出有別於仁人志士、高風亮節等高貴人格的賤儒、俗儒、僞儒……等儒林中呈蛻變衰頹狀的消極成分。任何事物都不存在一個純粹絕對的本質，特別是文化資源和思想流派，在其源流深遠的流變中，既有趨向衰頹的一面，也有不斷更新的一面。像儒這樣貫串了中國歷史和文化的東西，尤應在求眞的區分中探尋它可被轉化到現代的成分，激發它本來就潛在於我們個體生命深處的健動因素。撇開書本上李劫所厭惡的「儒學」不談，從曾國藩無言的事功到王國維〈殷周制度論〉對德政的讚賞，直到陳寅恪不「囿於儒」卻也並未抵制儒的儒化學養，在在都表明，作爲精神養料的儒魂──未必非要稱之爲「學」──已滲透和整合於傳統文化和日常生活，並成爲支撐士林精英的人格力量，以致泛衍至本書的精神光譜，豐富了它的光彩，增強了它的亮度。這的確是所有人文關懷者有待深入探討和各自仔細琢磨的問題。

　　特別是在社會轉型期的今日中國，更須針對近來官方的祭孔鬧劇，于丹之流的讀經炒作展開討論和批判，從而驅除霧障，在逐漸明晰起來的視野上播出熹微的光亮。這是我在此特別要提醒李劫的一點。因爲李劫在這個問題上痛打的多屬於毛共話語已打過的落水狗，而當今的要務則要高懸批判的照妖鏡，透視中共當局和腐敗學術集團所推出的另一系列文化角色，特別是那些被用來借屍還魂的角色。它

在借傳統文化之屍，欲還毛共話語之魂，它對儒家和所謂國學的捧場比五四的打倒孔家店傷害更大，比批林批孔運動更其荒謬。它那種以油漆舊家具的方式來裝飾胡溫盛世的操作，乃至把孔子學院作爲後共產木馬送往全世界的戰略，對儒學以至整個國學，所造成的歪曲和污損要更甚於以往，而可能造成的世界性危害，在目前尚難以準確估量。

儒家固然與中央集權和思想專制有聯繫，但倒掉專制這盆髒水並不意味著將傳統中浸潤著儒魂的東西一併倒掉。同理，民國並不全等於蔣介石國民黨政府，李劼精神光譜上的百年中國文化人之所以光彩四溢，大都因爲他們活在民國時代，享有自由揮灑的條件，而且他們多生於清季，去古未遠，多少都有些傳統文人剛毅儒雅的底氣。民國，這個上承接傳統，下連接「現代」的世代就這樣以其新舊的互濟聚集爲豐澤沃壤，餵養了他們的精神底氣，包括毛澤東在內的老一代共產黨人，也全都對此有所耳濡目染，自然也屬於來自民國的成員。所以，倒掉毛共話語這盆髒水，並不意味著將共產黨人及其「新社會」與連接民國的臍帶一刀割斷。毛澤東早在「解放」初期就語重心長地說過，「在拿槍的敵人消滅以後，不拿槍的敵人依然存在。」拿槍的敵人即被殲滅和趕出大陸的國軍及國民政府，不拿槍的敵人就是他認爲遍布於黨內外的資產階級。從本質上講，毛在黨內所搞的一系列鬥爭以及由此而波及全民的歷次政治運動，都意在清除不拿槍的敵人，就是要將反對資產階級的鬥爭和運動進行到底。

一代人有一代人的人文精神，每一代的人文精神就是那一代的時代精神的倫理力量和審美亮度。脫離了具體的時代精神而泛談人文精神，很容易流於詩意的美文和浪漫的理想。所以，談20世紀的人文精神光譜，在突出20世紀作爲民國世代的具體的歷史狀況之同時，很有

必要仔細地辨認其光波中資產階級文化的要素。如果說王國維、陳寅恪諸大師的光彩與傳統的剛毅儒雅有更深的淵源，而在吸收西學後又融入了資產階級文化的「優美與明慧」（sweetness and light）[11]——這正是王國維得以在弄甲骨而寫商周之後又撰文論美和陳寅恪晚年轉而談才女「頌紅妝」的緣由和文化資源——，那麼，上海書生顧准和姑蘇女子林昭的精神璀璨被選在光譜中壓卷作結，就具有再作進一步討論的意義了。

在胡傑的紀錄片《尋找林昭的靈魂》中有一個片段，林昭的當代崇拜者們大概都未必注意到其中發人深思的含義。胡傑所訪林昭的同學中有個名叫李雪芹的，她說的話可謂擊中了問題的要害。李雪芹出身湖南農村，自稱當年在北大讀書時穿著和舉止都很土氣，言談中表現出她對林昭既有所羨慕，又有所警惕而拉開了距離的樣子。即使時隔幾十年，她在與胡傑交談時那一副世事洞明的神氣，仍能傳達出當年一個來自工農大眾的學生與右派學生林昭之間強烈的對比。她說的話看似陳詞濫調，但卻比其他所有受訪者或激昂或沉痛的言談更具有亮點，所以我不惜篇幅，要照抄在下面：

> 我是農村長大的，我就死咬定毛澤東是代表農民的
> 利益，她就沒有這個思想。她一直上海的貴族生活，她
> 衣服都送到洗染店去洗，平常禮尚往來，你看，她有紀
> 念冊，還有詩人給她題詞，完全是俄羅斯貴婦人。我們
> 見都沒見過。她什麼書都看過，她真是代表了中國先進

11　See Matthew Arnold, *Culture and Anarchy* (Cambridge: Cambridge University Press, 1993).

的資產階級。這無產階級革命，她不接受，她恨到這種地步。而中國當時進行無產階級革命的嘗試，是成功不了的。作爲代表資產階級絕對民主自由的反抗，遭到滅頂之災，這很明顯就看得出來。就是這麼回事。這個無產階級革命多殘酷啊，經過幾十年，失敗了，不搞了。所以說，她要唱《國際歌》，她要講馬克思主義什麼的，她講錯了。不是的，她就是代表中國先進的資產階級。但先進的資產階級成功不了，掌握不了權啊！你看，秋瑾不就死了嗎？孫中山他們爲了中國的自由民主，爲了今天這樣的日子，死了多少人！她就是一個。我們那時比較無知，徘徊在資本主義與社會主義之間，不太清楚，所以就活下來了。就是這麼回事，知道吧？不像她那麼純粹……。

李雪芹在林昭那種高貴氣質及優雅情調──即「優美與明慧」──前的自慚不如，正是毛澤東在陳獨秀、瞿秋白、王實味等包括顧准在內的很多共產黨人面前相形見絀的尷尬之所在。資產階級或小資產階級這一稱謂之所以在革命隊伍中被一批再批，以致在中文語境中純粹弄成貶義，帶有了原罪，就在於李雪芹所死咬定的「農民利益」與被定性爲資產階級的林昭在格調上格格不入，勢不兩立。其實毛澤東哪代表了眞正的農民利益，紅軍鬧土地革命，除了給農村的流氓無產者提供了報復富人和分人財產的機會，與馬克思所說的無產階級革命根本扯不上關係。如果毛共眞代表農民的利益，就不會有後來的土改、公社化、餓死人，以及今日繼續掠奪農民土地等三農問題了。毛共所代表的是中國農村社會無法轉型到「現代」的落後面：從經濟上

說，是土地資源無法轉化爲工商資本的瓶頸；從文化上說，是貧窮造成的無知、卑賤、粗暴等村野的劣質東西在物質生活難以迅速富裕的情況下對剛開始萌芽的城鎭資本主義文明產生的嫉妒、排斥和仇視。我評論李劼此書，一直勾勒他引出的晚近歷史之虛線，現在已引至「曲終人不見」的地步。李劼所強調的地方自治，所讚美的人文精神，其實與現在我終於點出的現代化和資產階級只隔了一張紙，一點即通，並無什麼隔閡。不必一提到資產階級就想到巴爾札克的小說或茅盾《子夜》中的反面人物，就是聯繫到馬克思《資本論》中的剩餘價值和剝削，其實連馬克思本人，都明顯地屬於資產階級文化孕育出來的知識分子。按理說，每一個人都想成爲有產者，實現現代化，最終就是要讓人人都成爲有產者。有產才有條件追求自由和維持尊嚴，才會煥發出「優美與明慧」的人文精神。李劼最後推出的顧准和林昭，準確地說，就是黨內外資產階級的代表人物。這算是他那本書臨結尾的神來之筆，是在「曲終人不見」的一刻，忽然間現出「江上數峰青」的人文景觀。

　　上海本地人李劼一直都在有意無意地把江浙文化精英與湖南的毛氏同鄉群作爲明暗對立的色調而列入光譜，實際上他已凸現出資產階級文明與落後農民意識的對立，也流露出他對「優美與明慧」的歆慕。只不過李劼偏於古典浪漫情調，多傾心於《紅樓夢》、《山海經》的詩意引力，因而在談林昭的精神光譜時，更多地強調了她吳越女子的陽剛在基因譜上與補天女媧的淵源，卻未能就江南一帶自五口通商以來經濟繁榮和西潮東漸的環境等方面論述徐志摩、邵洵美、施蟄存、顧准和林昭這些人及其家世所受的有益影響。江浙vs湖南，就是先進的資本主義經濟和資產階級文化vs落後的小農經濟和經毛共粗俗化的無產階級文化。氣質和情調是個人在其具體的現實生活中養育

出來的東西，而非來自抽象觀念的轉化或文字的習染。從李雪芹提到林昭有紀念冊，說林是俄羅斯貴婦人時頭往後一仰，嘴角微撇，目睛斜轉那神態語氣，即可想像毛澤東當年在延安面對莫斯科回來的一群布爾什維克型中共領導人心裡的酸葡萄滋味和看不慣來自上海亭子間文化人的氣頭之所在了。高貴就這樣成了高貴者的墓誌銘，而低俗的一群則在平庸如毛澤東者的煽動利用下以粗賣粗，一味按自己的低俗標準由高向低拉平，以至將中共奪權後有可能沿著新民主主義路線發展的虛線粗暴地踏斷，倒退到類似洪秀全的「身體」和「泥潭」，結果還理直氣壯地打起根本與之不相干的無產階級革命旗號。狡黠的李雪芹深知革命化暴民的殘酷，她只好隨大流平平安安過自己平庸的日子，六十年來，大多數國人就這樣平庸化活下來了。激憤者或指斥他們可恥，悲憫者則多同情他們的可哀。至於林昭，可以準確地定性為秉承吳越民氣血性，接受了資產階級自由精神洗禮的一位民國女子。在起初，她只是要維護她個人言論的自由和個性尊嚴，她率性而為，她坦然向專制與殘暴的槍眼走去的姿態讓人聯想到德拉克洛瓦《自由領導人民》那幅油畫中自由女神的市民形容。她那受不了一點委屈的倔強和強烈的敏感，也令人聯想到李劼最為推崇的紅樓人物林黛玉。林昭頭腦中根本沒有什麼「英雄」或「聖女」的觀念，正如李雪芹所說：「她特別熱情，特別極端，感情太豐富了，愛的就太愛，恨的就太恨。」。在反右之初，她勇敢地站出來仗義執言，對那些積極分子的反動，純粹是性情的反動，是晴雯、林黛玉式的反動。只是後來她被打成右派，隨著抵觸情緒的增強而受到的迫害越來越重，她才越來越看透中共的極權本質，才越來越強化了她捍衛自由的信念。用類似於中共革命烈士神話性質的話語和形式悼念這位殉難者，在某種程度上是對她的歪曲，如果鬧過頭，甚至是對她的玷污。林昭的妹妹在接

受自由亞洲電台記者張敏的採訪中說得很樸實很明確，她說她姐姐最喜歡自稱的是「青年自由戰士」，進而總結說：「她並沒有想當英雄。就是爲了人的尊嚴，就是爲了她的那種信念。我覺得好多人以爲她是要怎麼樣，但是我覺得她是很自發的，並沒有要人們認爲她怎麼樣，只是很自然。」「她並沒有想要人家捧她爲一個什麼先驅，或者什麼英雄。她就是一種本能的、一種自然的要求，或者一種理想。這可能就是她、我跟現在一般人對她的那種評價的不同。」[12]

　　隨著毛與蔣的去世，本書稱之爲梟雄的天下早已成爲永遠的過去。而進入21世紀的網路世界，帶有傳統色彩的士林人物及其書寫也都花果飄零，無復後繼有人了。教育在孵化文憑和學位，學術在增生高級職稱，學術會議和大學出版社在生產學術產品。巨大的惟數量複製品堆積如山，堵死了質量經營者創新的生路。在千千萬庸眾捧紅了韓寒的今日中國，在汪暉們內媚當局，外通低俗漢學家的全球化一統天下，李劼只能依然陷於頑石般的孤立，堅硬得無比乾旱。

　　毛共的革命並沒有倒盡王朝專制的髒水，卻砍掉了華夏文化的核心價值，留下了一個拉崗式菲勒斯中心（phallocentrism）缺位的局面，進而由平庸的毛及其集團填充了那個位置。他們是沐猴而冠的一群，前害怕傳統士林的文化正宗，後嫉恨資產階級的自由戰士，高喊了多少年的反封建反資產階級鬥爭，實質上乃是民族文化敗家子賴在正位上恐懼地撒潑，狂妄地叫囂。因自己的陽剛不舉，竟妄想閹割盡天下的男子；因自己缺乏「優美與明慧」，不知摧殘了多少自由戰士心性的剛強烈女。直至文化革命鬧到毛像如巨型的菲勒斯林立全國各地，政治淫亂了中華人民共和國的氣候。結果鬧得全黨全軍全國人民陰陽

12　張敏，〈林昭胞妹彭令範訪談錄〉，見「自由亞洲電臺」網站。

失調，不男不女，華夏民族，喪盡元氣，神州風水，斷絕地脈。

　　三十年來的改革開放，僅一隻腳踏入了現代。由於另一隻腳還未拔出前現代泥坑，由於菲勒斯中心仍被篡位，由於正義尚未轉型，改革開放從起點上便發育不良。執政當局及其話語推行者們始終一副偷情做賊的模樣，一面祭拜著毛的靈位，一面陷入毛所怯場的致命誘惑，以致出現了資產階級尚未健康成長，便衰頹到後現代狀況的烏七八糟。這是李劼的文化失樂園情懷所碰到的困境，也是他續寫文化人精神光譜不能不面對的挑戰。

2010年5月11日

聯經評論
百年中國的譜系敘述

2011年6月初版　　　　　　　　　　　　　　定價：新臺幣350元
有著作權‧翻印必究
Printed in Taiwan.

著　　　著　康　正　果	
發 行 人　林　載　爵	

出　版　者	聯 經 出 版 事 業 股 份 有 限 公 司	叢書主編　沙　淑　芬
地　　　址	台 北 市 基 隆 路 一 段 1 8 0 號 4 樓	校　　對　林　易　澄
編 輯 部 地 址	台 北 市 基 隆 路 一 段 1 8 0 號 4 樓	封面設計　蔡　婕　岑
叢書主編電話	(0 2) 8 7 8 7 6 2 4 2 轉 2 1 2	
台北忠孝門市	： 台 北 市 忠 孝 東 路 四 段 5 6 1 號 1 樓	
電　　　話	： (0 2) 2 7 6 8 3 7 0 8	
台北新生門市	： 台 北 市 新 生 南 路 三 段 9 4 號	
電　　　話	： (0 2) 2 3 6 2 0 3 0 8	
台 中 分 公 司	： 台 中 市 健 行 路 3 2 1 號	
暨 門 市 電 話	： (0 4) 2 2 3 7 1 2 3 4 e x t . 5	
高 雄 辦 事 處	： 高 雄 市 成 功 一 路 3 6 3 號 2 樓	
電　　　話	： (0 7) 2 2 1 1 2 3 4 e x t . 5	
郵 政 劃 撥 帳 戶	第 0 1 0 0 5 5 9 - 3 號	
郵 撥 電 話	： 2 7 6 8 3 7 0 8	
印　刷　者	世 和 印 製 企 業 有 限 公 司	
總　經　銷	聯 合 發 行 股 份 有 限 公 司	
發　行　所	： 台 北 縣 新 店 市 寶 橋 路 2 3 5 巷 6 弄 6 號 2 樓	
電　　　話	： (0 2) 2 9 1 7 8 0 2 2	

行政院新聞局出版事業登記證局版臺業字第0130號

國家圖書館出版品預行編目資料

百年中國的譜系敘述/康正果著 . 初版 .
臺北市 . 聯經 . 2011年6月（民100年）. 336面 .
14.8×21公分（聯經評論）
ISBN　978-957-08-3816-9（平裝）

1.社會變遷　2.中國史

540.92　　　　　　　　　　　　　　100009271

聯經出版事業公司

信用卡訂購單

信用卡號：□VISA CARD □MASTER CARD □聯合信用卡

訂購人姓名：_____

訂購日期：_____年_____月_____日 （卡片後三碼）

信用卡號：_____ _____ _____ _____

信用卡簽名：_____(與信用卡上簽名同)

信用卡有效期限：_____年_____月

聯絡電話：日(O)：_____夜(H)：_____

聯絡地址：□□□ _____

_____

訂購金額：新台幣_____元整

（訂購金額 500 元以下，請加付掛號郵資 50 元）

資訊來源：□網路 □報紙 □電台 □DM □朋友介紹
□其他 _____

發票：□二聯式 □三聯式

發票抬頭：_____

統一編號：_____

※ 如收件人或收件地址不同時，請填：

收件人姓名：_____ □先生 □小姐

收件人地址：_____

收件人電話：日(O)_____夜(H)_____

※茲訂購下列書種,帳款由本人信用卡帳戶支付

書　　　名	數量	單價	合　　計
	總　　計		

訂購辦法填妥後

1. 直接傳真 FAX(02)27493734
2. 寄台北市忠孝東路四段 561 號 1 樓
3. 本人親筆簽名並附上卡片後三碼(95 年 8 月 1 日正式實施)

電話：(02)27627429

聯絡人:王淑蕙小姐(約需 7 個工作天)